数字贸易：理论与应用

李晓钟　胡馨月　主编

西安电子科技大学出版社

内 容 简 介

本书分为基础篇、理论篇(上)、理论篇(下)与应用篇。书中基于中国及全球数字贸易蓬勃发展的事实背景，在综合有关传统国际贸易理论的基础上，试图从贸易理论、贸易模式、贸易壁垒以及贸易规则与监管等视角向读者提供一个比较完整的数字贸易分析理论框架，并从宏观层面的"一带一路"数字化建设和微观层面的数字贸易企业的经典案例两个维度增强本书的应用性。

本书致力于提供一个数字贸易的全景描述，将数字贸易中涉及的理论与实践纳入逻辑严密的统一分析框架中，内容新颖，体系完整，深浅适度，可作为高等院校经济管理类专业的教材，也可供从事经济研究、企业管理、对外经贸工作的人士学习参考。

图书在版编目(CIP)数据

数字贸易：理论与应用 / 李晓钟，胡馨月主编. —西安：西安电子科技大学出版社，2023.4
ISBN 978-7-5606-6779-9

Ⅰ.①数… Ⅱ.①李… ②胡… Ⅲ.①国际贸易—电子商务 Ⅳ.①F740.4-39

中国国家版本馆 CIP 数据核字(2023)第 020257 号

策　　划　陈　婷
责任编辑　陈　婷
出版发行　西安电子科技大学出版社(西安市太白南路 2 号)
电　　话　(029) 88202421　88201467　　　　邮　编　710071
网　　址　www.xduph.com　　　　　　　　电子邮箱　xdupfxb001@163.com
经　　销　新华书店
印刷单位　陕西天意印务有限责任公司
版　　次　2023 年 4 月第 1 版　　2023 年 4 月第 1 次印刷
开　　本　787 毫米×1092 毫米　1/16　印张 14.5
字　　数　338 千字
印　　数　1～3000 册
定　　价　39.00 元
ISBN　978-7-5606-6779-9 / F

XDUP 7081001-1
如有印装问题可调换

前　言

当今世界正经历百年未有之大变局，全球产业链、供应链因非经济因素而面临冲击，国际经济、科技、文化、安全、政治等格局都在发生深刻调整。面对更加不稳定、不确定的世界经济复杂局面，发展数字经济是各国推动经济尽快复苏的关键举措，并已成为世界经济增长的潜力所在。数字贸易是数字经济的重要组成部分，也是数字经济最主要的一种国际化形式。以跨境电子商务为代表，数字贸易已经开始展现其蓬勃的生命力。据海关统计，2021年，中国跨境电商进出口总额1.92万亿元，较上年增长了18.6%，其中，出口1.39万亿元，同比增长28.3%；进口0.53万亿元，同比下降0.9%。2020年通过海关跨境电子商务管理平台验放进出口清单同比增长63.3%。可以预见，未来数字贸易将成为国际贸易与商务的主流，而制造业以及其他相关产业也将受益于此，逐步实现数字化、智能化升级。

与数字贸易蓬勃发展不相称的是，就目前来看，学界与业界尚未对数字贸易这一概念达成广泛的共识。原有对数字贸易的理解已经无法满足新形势的需要，而建立在全新实践基础之上的数字贸易概念又迟迟得不到确立，使得学界针对这一相关领域的研究与讨论无法得到有效开展，业界同样无法对行业未来的发展趋势进行科学的预判。因此有必要对数字贸易进行一次全面的梳理，在原有理解与全新实践的基础之上，明确数字贸易的内涵与外延，形成一个被有关各方所普遍接受的数字贸易定义，以便更好地推动数字贸易的发展以及相关领域学术研究的顺利进行，进一步助力全面开放新格局的形成。

本书正是基于以上背景编写的。在结构安排上，本书分为基础篇、理论篇(上)、理论篇(下)与应用篇四篇，秉承诠释概念、昭示理论、解析规则、尊重应用的专业特色，在内容上力求做到去粗取精、与时俱进，将基础、理论与应用纳入一个完整统一的框架内。就具体内容而言，基础篇共分三个章节，分别从数字贸易概述、全球数字贸易发展现状与趋势以及中国数字贸易发展现状与趋势三个方面对数字贸易最基本的定义、特征、发展态势进行导入。理论篇分为上下两篇，其中理论篇(上)用古典贸易理论、新古典贸易理论、贸易保护理论以及当代国际贸易理论等四个章节对经典贸易理论进行梳理；理论篇(下)则从贸易理论视角、贸易模式视角、贸易壁垒视角以及贸易规则与监管视角，将数字贸易这一新型贸易模式对传统国际贸易理论发起的挑战进行比较研究。应用篇则从宏观层面的"一带一路"数字化建设和微观层面的数字贸易企业的经典案例两个维度对数字贸易的应用进行讨论与分析。

本书的特色包括：

(1) 内容新颖。数字贸易本身是一个不同于传统国际贸易的新型贸易模式，因此本书偏重数字贸易的新特征、新现象、新理论、新规则的介绍，并把最新的研究成果收入其中。

(2) 体系完整。在设计本书框架结构时，作者参阅了大量国内外相关的代表性教材，结合自己多年的教学经验，并考虑中国学生的文化背景及基础教育养成的吸纳知识的偏好，设计本书的结构体系。本书按照基础篇、理论篇及应用篇的逻辑结构谋篇布局。

(3) 联系实际。本书在对数字贸易概念和理论进行论述的同时，设立了专门的应用篇，从宏观层面和微观层面两个角度，补充大量的数字贸易经典与最新案例，注重理论与实际的结合，力图给学生应用数字贸易学基础与理论知识的充分机会，使之能够学着"像经济学家那样去思考"(曼昆语)。

(4) 适用范围广。在内容的难易程度方面，本书补充了基本的国际贸易理论知识，既能满足国际贸易专业学生的需要，又适合非国际贸易专业读者阅读。

(5) 便于教学使用。本书在每章章首有学习目的与要求，每章章末有复习思考题和推荐阅读文献，可以使学生既明确学习目的和要求，又便于复习、总结和提高。

本书是由杭州电子科技大学经济学院李晓钟教授和胡馨月副教授共同完成的。其中，第一篇基础篇和第四篇应用篇是由李晓钟教授编写完成的，第二篇理论篇(上)和第三篇理论篇(下)是由胡馨月副教授编写完成的。在编写第十三章数字贸易典型案例的过程中，我们得到了浙江省国际数字贸易协会副会长兼秘书长戴从容女士和浙江省钱塘数字贸易研究院秘书长罗国正先生的帮助。硕士研究生张文佳和韩本登收集整理了部分数据资料。在此一并表示感谢！

另外，在编写中我们参考了大量国内外学者的著作和文章，还使用了中国商务部、浙江大学中国跨境电子商务研究、中国信息通信研究院、世界贸易组织、世界银行等主要国际机构的文献与资料，以及近年的大量相关报刊文章以及网络资料。在此，对以上资料提供者以及作者深表谢意。

由于作者水平有限，书中难免有疏漏之处，恳请专家、学者及读者批评指正。

李晓钟　胡馨月

2022 年 12 月

目　录

第一篇　基　础　篇

第一篇 基础篇

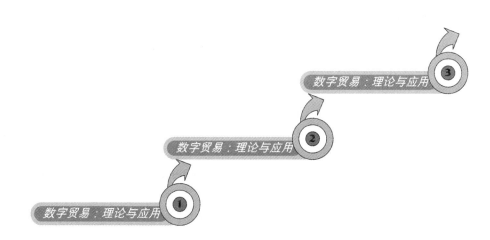

第一章　数字贸易概述

通过本章的学习，了解数字贸易产生的背景与动因及发展历程，掌握数字贸易的定义与分类，明确数字贸易与传统贸易的区别与特点。

第一节　数字贸易的产生与发展

数字贸易的兴起源于数字经济，是商贸活动发展的一个新阶段，其产生并非一蹴而就，而是全球化和数字经济发展到一定阶段的产物。数字贸易早期的表现形式主要为电子商务，随着数字技术的不断渗透与发展，数字贸易的形式以及边界也在逐渐发生改变。

一、数字贸易的产生

20 世纪 40 年代以来，第三次工业革命席卷全球，计算机、大规模集成电路的发明与应用使得互联网等信息技术快速发展，改变了社会和企业的运作方式，数据与信息的存储和处理能力达到了前所未有的高度，由此引发了一系列市场变革，数字经济应运而生。伴随着数字经济的蓬勃发展，大量数据和以数据形式存在的数字贸易开始出现，在原有物理国家基础上形成了"数字国家"。连接各国之间关系的纽带不仅仅是实体的货物或者传统的服务贸易，国家间数据和以数据形式存在的服务的流动成为一股新的力量，从而引发了全球数字贸易浪潮。数字贸易的产生与形成以及发展不是简单偶然的，从其动因来看，主要有如下三个方面：

第一，经济全球化的推动[1]。数字贸易发展初期正值经济全球化呈现新的发展趋势的新阶段[2]。具体而言：首先是开放驱动，即世界各国之间的关税、非关税措施，服务业市

---

[1] 张燕生. 适应经济全球化新形势，构建开放型经济新体制[J]. 当代世界，2014(3)：5-8.

[2] 中国信息通信研究院发布的《数字贸易发展与影响白皮书(2019)》中指出，"从哥伦布发现新大陆起，人类进入了全球化时代。第一次全球化，地理局限的突破使得全球贸易成为可能，初级产品的贸易开始出现；第二次全球化，一、二次工业革命的到来极大地提高了生产力，工业制成品贸易大幅增长；第三次全球化，以国际组织和规则为基础的国际治理体系日益完善，推动国际分工进一步深化、细化，中间品贸易开始兴起；第四次全球化，数字经济的发展使得国际间经济关系从物理世界转向了数字世界，以信息交互为基础的跨境电子商务开始蓬勃发展，以及以数据和数据形式存在的产品和服务贸易快速增长"。

场准入，贸易投资便利化等措施，都在向更加开放的方向调整，从而出现有利于各国企业积极参与国际交换、国际合作和国际竞争的新趋势；其次是市场驱动，即市场规则和市场竞争规律正在成为支配全球资源配置格局的决定性力量，从而不断改善全球经济福利，引领更多国家参与到全球化中；最后是创新驱动，即知识积累、技术进步和高端人才集聚正在成为一股新的推动经济全球化的力量，在全球范围内迅速崛起[①]。得益于开放驱动、市场驱动、创新驱动等新发展趋势，数字贸易应运而生，同时，数字贸易也成为开放驱动、市场驱动、创新驱动的载体，并进一步推动了经济全球化。

第二，新产业、新技术支撑与新需求推动的协同作用。随着全球经济的快速发展，全球产业结构不断升级，其中以信息产业为主导的高新技术产业带动的服务业比重日益增加，并不断促使服务贸易结构进一步向知识、信息密集型发展。这些产品和服务一般不需要物理存储，并具有无形性和易传播的特征，具有成为数字产品的天然优势。这种新型的、高级的产业结构可以说为数字贸易的发展提供了巨大的支撑作用；另外，诸如云计算、人工智能、大数据、区块链等新型技术的发展，也为数字产品的传播、电子化交付等提供了极大的便利，促进了数字贸易的出现。同时，经济快速增长与经济全球化的扩张激发了消费者对产品和服务个性化、特殊化需求的激增，进一步从需求的角度推动了数字贸易的出现。

第三，全球贸易治理新规则的推动[②]。为了应对全球化的新发展，回应以全球价值链为代表的新贸易模式的要求，以美国为首的西方发达国家，试图通过构建国际经济新秩序、新规则和新格局重新打造不对称的规则优势，以维护西方国家的利益及其在全球经济中的中心地位。而数字贸易正是以美国为首的西方发达国家推进全球贸易治理新规则的着眼点和着力点。

二、数字贸易的发展

通过梳理美国多个机构发布的数字贸易定义(简称美国版定义)，以及其他国家对数字贸易的相关研究资料，本书将数字贸易的发展历程大致划分为以下三个主要阶段。

(一) 萌芽期(1998—2009 年)：电子商务为主要形式的阶段

这一阶段，在美、欧、日等发达国家和地区乃至全球，数字贸易这一概念都尚未被提出，更多采用的是电子商务这一术语来表述电子化的国际贸易活动。早在 1998 年，世界贸易组织在第二次部长级会议上设立了电子商务工作计划，首次提出了电子商务这一概念，并将其定义为用电子方式生产、分销、营销或交付货物和服务的过程。但是该项议题在随后的近 20 年并未得到充分重视。同时，在这一期间电子商务发展本身经历了两个阶段。第一个阶段是电子商务 1.0 阶段(1998—2003 年)。这一阶段电子商务活动采取网上展示和线下交易相结合的形式，主要是展示商品信息，并不涉及商品或者服务的跨境流动和网络交易。第二个阶段是电子商务 2.0 阶段(2004—2012 年)。这一阶段电子商务活动逐步表现为一套

---

① 李忠民，周维颖，田仲他. 数字贸易：发展态势、影响及对策[J]. 国际经济评论，2014(11)：131-141+8.
② 东艳. 全球贸易规则的发展趋势与中国的机遇[J]. 国际经济评论，2014(1)：45-64.

完整的电子交易模式，包括交易、支付以及物流等在内的销售流程都采用电子化方式实现，在线交易平台开始形成[①]。

(二) 过渡期(2010—2013 年)：数字产品与数字服务贸易为主要形式的阶段

在这一阶段，数字贸易主要指通过互联网等技术实现电子化交易的商业活动，其标的仅包括数字产品和服务。例如，在此期间，Weber(2010)[②]在其研究数字经济背景下的国际贸易规则的文章中指出，一般意义上，数字贸易是指通过互联网等电子化手段传输有价值产品或服务的商业活动，数字产品或服务的内容是数字贸易的核心。而国内学者如熊励等[③]也在该时期提出了数字贸易的概念，将全球范围内的数字贸易概括为以互联网为基础、以数字交换技术为手段、为供求双方提供互动所需的数字化电子信息，实现以数字化信息为贸易标的的商业模式[④]。2013 年，美国国际贸易委员会(USITC)在《美国和全球经济中的数字贸易》的第一次报告中首次正式提出了数字贸易这一概念，认为数字贸易是依托互联网为基础，以数字技术为手段，利用互联网传输产品以及服务的商业活动，包含国际国内两大部分，并细化了数字贸易的标的，主要包括：数字内容、社会媒介、搜索引擎、其他数字产品和服务等四大部分。由于该阶段的数字贸易标的的范围相对狭窄，将实体货物的贸易排除在外，与经济现实脱节较为严重，因而很快被全新的概念所替代。

(三) 成长期(2014 至今)：实体货物以及数字产品和服务贸易的阶段

相较于前一阶段，在这一阶段，实体货物被纳入数字贸易的交易标的中，强调数字贸易是由数字技术实现的贸易。2014 年，美国国际贸易委员会在《美国和全球经济中的数字贸易》的第二次报告中对 2013 年提出的数字贸易的内涵进行了修订，重新将数字贸易界定为"互联网以及基于互联网的技术在产品和服务的订购、生产或交付中扮演重要角色的国内和国际贸易"，这一定义明确指出，数字贸易不再仅仅包含数字化的产品和服务，而是包括：使用数字技术订购的产品与服务，如电子商务平台上购买的实体货物；利用数字技术生产的产品与服务，如存储软件、音乐、电影的 CD 和 DVD 等；基于数字技术递送的产品与服务，即该机构发布的前一版定义中所包含的内容。随着数字技术的发展，经济模式逐渐发生了改变，越来越多的商业活动采取了数字化的方式。针对这一新形势，2017 年，美国贸易代表办公室进一步将数字贸易的内涵进行拓展，不仅明确地指出互联网上销售的产品属于数字贸易，而且还将实现全球价值链的数据流、实现智能制造的服务以及无数其他相关的平台和应用纳入数字贸易范围中。

---

① 蓝庆新，窦凯. 美欧数字贸易的内涵演变、发展趋势及中国策略[J]. 国际贸易，2019(07): 48-54.

② WEBER R. H. Digital Trade in WTO law taking Stock and Looking Ahead[J]. Ssrn Electronic Journal. 2010,5 (1): 1-24.

③ 熊励，刘慧，刘华玲. 数字与商务[M]. 上海：上海社会科学院出版社，2011.

④ 马述忠，房超，梁银锋. 数字贸易及其时代价值与研究展望[J]. 国际贸易问题，2018(10): 16-30.

第二节　数字贸易的定义与分类

目前，世界范围内尚无统一标准界定数字贸易。不同组织、机构、国家对其概念界定的视角、内涵、外延均存在一定差异，其分类也因界定的框架不一样而具有一定的差异化。根据界定范围的不同，本书将数字贸易概念划分为美国版定义、OECD-WTO 定义以及中国版定义。

一、美国版定义与分类

美国是最早正式界定数字贸易的国家。早在 2013 年，美国国际贸易委员会就首次提出了数字贸易的概念，认为数字贸易是指通过互联网传输货物或服务的商业活动，主要包括数字内容、社交媒介、搜索引擎、其他数字产品和服务等四大类；同时指出，数字贸易作为极具挑战的新议题，其内涵与外延仍处于演变之中。2017 年 8 月，美国国际贸易委员会(USITC)对数字贸易进行完善，认为数字贸易是"通过互联网及智能手机、网络连接传感器等相关设备交付的产品和服务"，涉及互联网基础设施及网络、云计算服务、数字内容、电子商务、工业应用及通信服务等六种类型的数字产品和服务[1]。这一修订也进一步印证了数字贸易边界的动态变化。

二、OECD-WTO 定义与分类

2020 年 3 月，经济合作与发展组织(OECD)、世界贸易组织(WTO)、国际货币基金组织(IMF)在其更新的《关于衡量数字贸易的手册》中指出，数字贸易是"所有通过数字化形式订购和/或交付的贸易"。按照交易性质，具体包括数字订购贸易(digitally ordered)、数字交付贸易(digitally delivered)、数字中介平台赋能贸易(platform enabled)等三个部分。

(1) 数字订购贸易与电子商务概念互为替代，强调"通过专门用于接收或下达订单的方法在计算机网络上进行的买卖"。该模式不包括以电话、传真等形式达成的交易，仅覆盖通过网页、外部网、电子数据交换达成的交易。其支付环节及货物或服务的交付通过线上或线下完成均可。

(2) 数字交付贸易指的是服务贸易的数字化转型部分，主要是指通过线上交付的贸易内容，强调"通过 ICT 网络以电子可下载格式远程交付的所有跨境交易"。包括可下载的软件、电子书、电子游戏、流媒体视频、数据服务等，但不包括有形货物的交付[2]。

(3) 数字中介平台赋能贸易指的是搜索引擎、社交媒体等互联网平台促成的贸易和平台本身提供的有偿和无偿中介服务，中介平台为供应商提供设施和服务，但不直接销售商品。其典型代表为跨境电商，例如阿里巴巴、亚马逊、淘宝、京东商城等。

综上，OECD-WTO 框架的定义的本质在于全部采用数字化技术支持或利用数字化技

---

① 盛斌，高疆. 超越传统贸易：数字贸易的内涵、特征与影响[J]. 国外社会科学，2020(4)：19-20.
② 同①.

术本身所产生的贸易都属于数字贸易范畴。

三、中国版定义与分类

浙江大学中国跨境电子商务研究院在《世界与中国数字贸易发展蓝皮书(2018)》中对数字贸易进行了定义，即数字贸易是以现代信息网络为载体，通过信息通信技术的有效使用实现传统实体货物、数字产品与服务、数字化知识与信息的高效交换，进而推动消费互联网向产业互联网转型并最终实现制造业智能化的新型贸易活动，是传统贸易在数字经济时代的拓展与延伸[①]。

中国信息通信研究院(简称中国信通院)在《数字贸易发展与影响白皮书(2019)》中也对数字贸易进行了界定，指出数字贸易是指信息通信技术发挥重要作用的贸易形式，其不仅包括基于信息通信技术开展的线上宣传、交易、结算等促成的实物商品贸易，而且还包括通过信息通信网络(语音和数据网络等)传输的数字服务贸易，如数据、数字产品、数字化服务等贸易[②]。

商务部国际贸易经济合作研究院在《中国数字贸易发展指数报告(2020)》中对数字贸易的概念进行了界定。定义数字贸易是依托信息网络和数字技术，在跨境、研发、生产、交易、消费活动中产生的，能够以数字订购或数字交互方式实现的货物贸易、服务贸易和跨境数据流动贸易的总和[③]。

结合中国数字贸易特别是跨境电子商务实践的全新提炼以及国内各大研究院的报告中对数字贸易边界的界定，本书认为，数字贸易是指通过信息通信技术形成贸易方式的数字化和贸易对象的数字化的一种有别于传统国际贸易的新型贸易形式。按照数字贸易的典型特征可分为贸易方式的数字化和贸易对象的数字化。

(1) 贸易方式的数字化是指传统贸易过程中的各个环节与数字技术深度融合，如电子商务、线上广告、电子支付、数字海关、智慧物流等，从而带来贸易效率的提升和贸易成本的降低，表现为传统贸易方式的数字化升级。

(2) 贸易对象的数字化是指数据和以数据形式存在的产品和服务贸易，一是研发、生产和消费等基础数据，二是图书、影音、软件等数字产品，三是通过线上提供的教育、医疗、社交媒体、云计算、人工智能等数字服务，表现为贸易内容的数字化拓展。

第三节　数字贸易与传统贸易的区别及特征

数字贸易作为一种新型的贸易模式，与传统贸易相比，存在一些新的特征。

---

① 马述忠，房超，梁银锋. 数字贸易及其时代价值与研究展望[J]. 国际贸易问题，2018(10)：16-30.
② 中国信息通信研究院. 数字贸易发展与影响白皮书(2019 年)[R]. 北京：中国信息通信研究院，2019：1-32.
③ 中国商务部国际贸易经济合作研究院. 中国数字贸易发展指数报告(2020)[R]. 北京，2021.

一、数字贸易与传统贸易的区别

数字贸易是传统贸易在数字经济背景下的拓展与延伸，是一种新型的贸易模式。两者之间的区别如表 1-1 所示。

表 1-1　数字贸易与传统贸易的区别

比较点	传 统 贸 易	数 字 贸 易
① 驱动因素	劳动力、资本、技术以及地理位置、基础设施和制度因素等	数据、信息和数字技术
② 时空属性	交易周期长，受地理距离制约程度大	不具有严格的时间、空间属性
③ 行为主体	存在中间机构，并以大型跨国公司为主体	中间结构逐步消失，中小企业以及个人消费者逐渐成为主体
④ 交易标的	货物、服务以及生产要素	传统商品，数字化产品与服务
⑤ 运作方式	固定场所、纸质材料以及传统运输方式	互联网平台、数字化材料、运输与传递等
⑥ 贸易构成	货物贸易比重较大	服务贸易占比增大，货物贸易中数字技术密集型产品比重上升，而数字化有形产品比重下降
⑦ 监管体系	监管机构：海关、商务部或者国际组织；监管规则：贸易制度及国际贸易协定	传统贸易监管机构及制度之外，还需对数据进行监管

资料来源：作者根据马述忠，房超，梁银峰(2018)[①]以及盛斌，高疆(2020)[②]文献资料整理所得。

第一，驱动因素不同。在传统国际贸易中，劳动力要素、资本要素、技术以及地理位置、基础设施和制度因素等均是一国比较优势的来源。然而，随着移动互联网、人工智能、大数据等信息技术的发展，劳动力要素逐渐被机器人、人工智能等新技术所替代；电子商务、电子支付等新型贸易模式的出现也极大地降低了物理基础设施和空间距离对国际贸易的制约作用；数据、数字技术相关的知识密集型资本与无形资产的重要性却在显著提升。在数字经济背景下，以数据要素为核心的数字技术以及收集、使用和分析数据的能力逐渐成为各国形成并维持竞争优势的主要因素，成为数字经济快速发展的驱动因素以及争抢的战略核心资源。此外，传统的制度因素对一国竞争优势的影响也逐渐降低，取而代之的是数据流动监管、数字知识产权、个人隐私权、数据保护制度等新型监管模式与制度安排。

第二，时空属性不同。传统国际贸易交易时间周期较长，容易受商品价格变化、货币汇率波动等因素的影响。而数字贸易中，数字技术大幅提高了交易效率，贸易的时间大大缩短。同时在空间安排上，传统贸易在固定经营场所和常设机构发生，受物理因素以及地理距离的制约较大，而数字贸易中，网络的出现使得交易主体双方不受空间、地理及其他物理因素的限制。

第三，行为主体不同。传统贸易的交易过程中，供需双方需要通过代理商、批发商、

① 马述忠，房超，梁银锋. 数字贸易及其时代价值与研究展望[J]. 国际贸易问题，2018(10)：16-30.
② 盛斌，高疆. 超越传统贸易：数字贸易的内涵、特征与影响[J]. 国外社会科学，2020(4)：19-20.

零售商等诸多中间机构来进行交易。但在数字贸易中，B2C、C2C 等商业模式的普及使得供求双方之间的直接交易成为可能。此外，贸易门槛降低，更多中小企业参与到了贸易活动中。

第四，交易标的不同。传统贸易的交易标的主要是货物、服务以及生产要素等。在数字贸易中，交易标的呈现复杂化的趋势，除了传统的商品外，数字化产品与服务也都将成为数字贸易的交易标的。

第五，运作方式不同。在贸易场所上，传统贸易需要固定的交易场所，并辅以其他的纸质证明材料、单据等，而数字贸易中数字平台代替了传统的交易场所，并辅以无纸化、电子化的交易材料。在贸易运输上，传统贸易主要采用海运、火车等较为传统的运输方式，而在数字贸易中则主要通过邮政、快递等方式寄送，对于部分跨境电商企业采取海外仓、保税仓模式，数字产品与服务的贸易则采取数字化的递送方式。

第六，贸易构成不同。首先在服务贸易领域，新技术的发展创造了提供服务贸易的新方式，扩大了跨境交易的服务范围种类，从而使得服务贸易占比提升。根据 WTO 的研究显示，从 2005 年到 2007 年，服务贸易平均每年增长 5.4%，高于同期货物贸易增速；其次在货物贸易领域，数字技术的产生与发展，使得可数字化商品的贸易比重不断下降，同时由于数字技术对通信成本、运输成本、监管合规成本和交易成本的大幅削减，诸如时间敏感型商品(time-sensitive goods)、认证密集型商品(certification-intensive goods)、合同密集型商品(contract-intensive goods)等产品的贸易往来将会得到提升[①]。

第七，监管体系不同。传统贸易中，各国的海关、商务部以及 WTO 等国际组织是主要的监管机构；各国国内的贸易制度、多边、双边国际贸易协定是约束贸易行为的主要法律规范。而数字贸易中，除了对传统货物和服务贸易进行监管之外，还要对数据及其与之相关的数字产品进行监管，其监管对象、监管方式、监管主体、监管范围都将比传统贸易更为复杂。

二、数字贸易的特征

第一，虚拟化。这是数字贸易最突出的特征，包括要素虚拟化、交易虚拟化以及传输虚拟化。首先，数字贸易生产过程中使用的知识和信息具有典型的虚拟化特性。其次，交易在虚拟化的互联网平台上进行，并使用虚拟化的电子支付方式。最后，数字产品与服务的传输通过虚拟化的方式进行[②]。

第二，集约平台化。数字贸易能够运用集约化平台迅速协调所需要的生产要素，从而促进生产过程各环节的集约化管理，较大程度实现价值的创造。具体而言，数字化平台作为数字贸易的核心，通过数字化技术精准匹配全球数字贸易买卖双方需求，为其提供数字化营销、交易、金融及供应链服务的一揽子数字化外贸解决方案，从而在这个完整的商业生态系统中发挥关键的行业引领和服务作用。

第三，普惠共享化。数字技术的出现极大地降低了进入海外市场的门槛，微观上促使了更多中小企业进入国外市场，宏观上也给予了更多发展中国家参与国际经济活动的机会。

---

① 盛斌，高疆. 超越传统贸易：数字贸易的内涵、特征与影响[J]. 国外社会科学，2020(4)：19-20.

② 马述忠，房超，梁银锋. 数字贸易及其时代价值与研究展望[J]. 国际贸易问题，2018(10)：16-30.

第四，个性化。与传统贸易提供标准化商品及服务不同，在数字贸易时代可以根据大数据分析，为消费者带来更多的个性化服务，同时依托全球资源提供给消费者更多的选择空间，进一步激发消费者个性化选择的需求。

专栏 1-1　展现数字贸易活力与韧性

近年来，信息技术蓬勃发展，数字贸易已成为经济高质量发展的重要因素。2019 年 11 月，《中共中央　国务院关于推进贸易高质量发展的指导意见》明确加快数字贸易发展。"十四五"规划和 2035 年远景目标纲要提出，提升贸易数字化水平。本期邀请专家张琦(国务院发展研究中心对外经济研究部部长)，就相关问题(与传统贸易相比，数字贸易有哪些特点? 全球数字贸易发展状况及趋势如何?)进行探讨。下面为张琦的观点。

新一轮科技革命和产业变革加快推进，数字经济广泛渗透、数字化转型蓬勃展开，数字贸易应运而生，对贸易模式、对象、结构、格局产生深远影响，推动全球产业链、供应链、价值链和创新链深刻变革，成为国际贸易与经济增长的新引擎以及新一轮经济全球化——数字全球化的重要驱动力量。数字贸易由信息通信技术赋能，以数据流动为关键牵引，以现代信息网络为重要载体，以数字平台为信息枢纽和有力支撑，是国际贸易创新发展的一次巨大飞跃，是贸易模式的一种革命性变化。作为新的国际贸易形态，数字贸易内涵不断丰富，虽然各方对其定义表述尚不统一，但对其本质内涵的认识趋于一致。经济合作与发展组织(OECD)、世界贸易组织(WTO)和国际货币基金组织(IMF)将其定义为通过数字订购和数字交付开展的贸易，通常认为包括跨境电子商务、数字服务贸易、商业存在等方式。与传统贸易相比，数字贸易特征突出体现在两方面：一是贸易方式的数字化，二是贸易对象的数字化。贸易方式的数字化，是指面向贸易全流程、全产业链的数字化转型，是数字技术在货物与服务贸易领域的广泛应用，由此催生出跨境电商、智慧物流、线上展会等新业态。同时，通过在线交付促进各类服务贸易，特别是文化、教育、研发、咨询等实现跨境服务提供。贸易对象的数字化，是指以数据形式存在的要素和服务成为国际贸易中的重要交易对象，大体分为三类：信息通信技术(ICT)服务贸易，包括电信服务、信息服务、软件复制和分发的许可证等；ICT 赋能的服务贸易，包括数字金融、数字教育、数字医疗、工业互联网等；具有商业价值的数据要素跨境流动。近年来，数字贸易规模快速扩大、重要性持续提升，为产业变革与企业全球化发展带来前所未有的巨大机遇和全新挑战，给世界经济带来深刻变革。一是为贸易发展和经济增长注入新动能。数字贸易催生了新业态新模式，创新了服务提供方式，极大拓展了贸易的广度和深度，助力各环节增效提质，为贸易结构调整和新型服务发展带来新机遇，2020 年全球数字服务贸易规模达 3.13 万亿美元。二是拓展了全球服务贸易的发展空间。近年来，全球数字服务贸易稳步增长，新冠疫情全球大流行更凸显了数字贸易的发展韧性和巨大潜力。2020 年全球服务贸易受到严重冲击，同比下降 20.0%，而疫情防控对通过数字手段交付的服务贸易影响有限，加速金融、保险、教育、医疗等传统服务贸易数字化转型，在线办公、云计算等新兴数字服务产业获得难得的发展机遇。2020 年全球数字贸易在服务贸易中的占比从 2011 年的 48.1%提升至 62.8%，2020 年一年就提高了 11.6 个百分点，在全球服务贸易中的主导地位逐步显现。三是增长的关键动能是贸易对象的数字化。从细分领域看，过去十年，ICT 服务贸易发展最快，在数字服务贸易中所占比重最大且在持续提升。四是数字贸易集中度高且集中度持续提升。数字经济、平台经济的规模效应显著，发达国家优势较为突出、市场占有率较高，全球服务贸易规模排名前十的国家中，发达国家占据 8 席，发展中国家仅有中国、印度。五是商业存在模式仍是数字服务贸易的最主要模式，2020 年商业存在模式在数字服务贸易中占比高达 66.1%。发达国家凭借其较强的产业竞争力、海外投资与国际化经营的丰富经验，商业存在模式所占比重更高。六是推动全球价值链发生深刻变革。数字贸易降低了全球价值链中通信、物流、匹配等成本，推动国际分工更加专业化、价值链不断延伸。数字服务要素在投入和产出中的比重不断增长，成为价值链的重要组成部分和影响因素。数字基础设施联通，跨境数据自由有序流动、集成开发利用，将促进产业加速变革并创造出巨大增值空间。数字经济时代已然到来，数字贸易展现出较强的活力与韧性，成为经济全球化的稳定器和新引擎。为抢抓新机遇，近年来主要经济体普遍将数字贸易发展作为国家发展规划、政策法规、对外经贸合作和国际规则制定的重点，力求构建良好的制度环境。未来，国际竞争将更趋激烈，推动数字贸易开放发展与合作的意义更为重大。

资料来源：徐向梅. 展现数字贸易活力与韧性[N]. 经济日报，2022-5-27(11).

复习思考题

1. 数字贸易是如何产生的？

2. 简述数字贸易的发展历程。

3. 什么是数字贸易？它与传统国际贸易的区别在哪里？

4. 数字贸易有何特点？

5. 当下已经步入大数据时代，数据已经成为重要的生产要素，成为推动经济发展、质量变革、效率变革、动力变革的新引擎。尤其是在新冠疫情冲击全球经济的背景下，数字贸易的重要性更加凸显。试结合现实，分析疫情背景下，数字贸易面临着什么样的机遇和挑战？

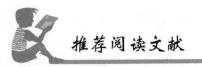

推荐阅读文献

[1]　马述忠，房超，梁银锋. 数字贸易及其时代价值与研究展望[J]. 国际贸易问题，2018(10)：16-30.

[2]　熊励，刘慧，刘华玲. 数字与商务[M]. 上海：上海社会科学院出版社，2011.

[3]　盛斌，高疆. 超越传统贸易：数字贸易的内涵、特征与影响[J]. 国外社会科学，2020(4)：3-13.

[4]　World Trade Organization. Book Launch: Research Handbook on Trade in Services[EB/OL] (2021-04-12). https:// www.wto.org/english/news_e/spra_e/spra 154_e.htm.

[5]　UNCTAD. Estimates of Global E-commerce 2018, UNCTAD[EB/OL](2021-04-13). https:// unctad.org/en/PublicationsLibrary/tnunctadict4d15en.pdf. 2019.

第二章　全球数字贸易发展现状与趋势

学习目的与要求

通过本章的学习，了解全球数字贸易发展现状与特征，了解美国、欧盟、日本、印度等主要经济体的数字贸易的发展现状和特点，明晰全球数字贸易发展的趋势。

第一节　全球数字贸易发展现状与特征

近年来，全球数字贸易增速与占比均呈现稳步增长态势。世界贸易组织(WTO)《2020年世界贸易报告》指出，各成员国正在推进数字化转型升级，新一代信息技术的推广应用扩展了服务贸易数字化的范畴。根据联合国贸易和发展会议(United Nations Conference on Trade And Development，UNCTAD)统计数据，在 2010—2020 年间，全球可通过数字形式交付的服务出口规模从 1.87 万亿美元增长至 3.17 万亿美元，如表 2-1 所示，年均增速 5.42%，2020 年占全球服务贸易出口的比重首次超过六成，达 63.55%，数字贸易在全球服务贸易中的主导地位正逐步显现。

表 2-1　全球可数字化交付的服务出口及同比增长变化情况(2010—2020 年)

指标	年份										
	2010	2011	2012	2013	2014	2015	2016	2017	2018	2019	2020
可数字化交付的服务出口额/万亿美元	1.87	2.14	2.22	2.37	2.60	2.52	2.60	2.81	3.12	3.23	3.17
同比增长率/%	6.28	14.44	3.74	6.76	9.70	-3.08	3.17	8.08	11.03	3.53	-1.86
占服务贸易出口总额的比重/%	47.14	47.98	48.20	48.62	49.57	50.32	51.17	50.91	51.18	51.79	63.55

资料来源：UNCTAD。

数字贸易作为代表数字经济时代未来发展方向的现代贸易形式，是互联网技术与现代贸易的深度融合，在创新商业模式、提高贸易效率、降低贸易成本、打破贸易壁垒方面具备显著的竞争优势。数字贸易已经成为当前贸易发展的新趋势，为全球经济发展注入了新动能、开辟了新空间，成为世界各国当前发展的焦点领域，并呈现出一系列新的特征。

一、各经济体对数字贸易高度重视

随着数字经济时代的来临，世界经济整体处于动能转换的换挡期，世界各国不断加快数字经济战略部署，其中美欧日尤其重视数字经济发展，相继出台一系列数字经济发展战略，并将重点聚焦于数字贸易，推动了自身乃至全球数字贸易的发展。

美国在数字经济和数字贸易的发展上始终走在最前面，从 1998 年美国商务部发布《浮现中的数字经济》报告以来，全球数字经济的发展大幕正式被美国所揭开。从 1998—2019 年美国发布了 13 部有关数字经济的重磅报告，探讨了数字经济和数字贸易发展的前沿问题，引领了全球数字经济发展浪潮，成为全球数字经济的绝对领航者。自 2013 年以来，美国数字经济战略的重点开始聚焦于数字贸易，企图推动全球信息及数据自由流动，2013 年 USITC 发布的《美国和全球经济中的数字贸易》第一次报告中首次明确提出了数字贸易的概念，为美国数字贸易发展指明了方向；2014 年和 2018 年先后发布的《数字经济与跨境贸易：数字化交付服务的价值》以及《北美数字贸易》，更是有力推动了美国数字贸易的发展，使得美国成为全球数字贸易的引领者[①]。

欧盟为打破境内数字市场壁垒，在数字单一化市场、数据保护以及人工智能等重点领域推动数字经济和数字贸易发展。欧盟早在 2009 年便相继发布了《数字红利战略》以及《未来物联网战略》，其目的在于释放数字红利频段、刺激无线业务和互联网的发展；2015 年欧洲联盟委员会启动了《数字化单一市场战略》，该战略的重点开始向数字贸易聚焦，其目的主要是期望通过消除成员国之间的法律和监管障碍，实现数据资源自由流动，进而为个人和企业提供优良的数字产品和服务；2017 年欧洲议会国际贸易委员会通过了《数字贸易战略》，以期通过制定相关政策保障跨境数据自由流动来促进欧盟数字贸易发展。

日本以科技创新为重点，在智能制造及数字化人才等领域推动数字经济和数字贸易发展。早在 2001 年和 2009 年日本就先后出台了《e-Japan 战略》及《i-Japan 战略》，提出要强化信息化知识的普及教育及加大信息教育和数字技术设施的投入，为数字经济发展培养高端数字技术人才；自 2013 年起每年定期制定《科学技术创新战略》，重点推动数字技术创新发展；2018 年经济产业省出台了《通商白皮书》，呼吁政府要应对数字贸易时代，并强调数字贸易是日本企业发展的良机[②]。

其他国家也高度重视数字贸易的发展。例如，印度自 20 世纪 90 年代起就将信息产业，尤其是软件服务业作为重点发展方向。2014 年印度政府提出了印度制造(Made in India)战略，2015 年印度政府又提出了数字印度倡议(Digital India Initiative)，以期实现印度制造业和信息产业的协同合作与优势互补，提升印度信息产业的国际竞争力。发展数字经济，已上升为印度的国家战略。印度政府在数字经济的基础设施领域至少提供了以下关键支持：其一，推出"阿达尔"电子生物识别系统。2010 年 9 月，印度开始推行"阿达尔"计划，收集居民的住址、照片、指纹、虹膜等数据，为每个居民提供独一无二的 12 位身份证编号，并与手机号和银行账号绑定。截至 2019 年 12 月，约有 12.5 亿的印度人口(接近总人口的95%)拥有了该数字身份信息。其二，统一电子金融支付接口。2016 年 4 月，印度国家支付

---

① 蓝庆新，窦凯. 美欧日数字贸易的内涵演变、发展趋势及中国策略[J]. 国际贸易，2019(6)：48-54.
② 同①。

中心推出了统一支付接口，通过数字支付接口将未被银行服务覆盖的居民人口引入正规金融系统。统一支付接口与"阿达尔"绑定，当一个数字身份与"阿达尔"支持的支付系统连接时，可以通过使用"阿达尔"认证的任何银行进行在线交易。其三，通过政策鼓励建立基于印度本地的供应链网络，这主要是指印度政府日前推出的总额为 2 万亿卢比(1 卢比约合 0.09 元人民币)的制造业促进计划，旨在吸引本国和海外资金投资印度制造业，推动制造业升级换代，从而使印度成为世界制造业供应链的重要组成部分，这将直接促进与数字经济相关硬件的产出。印度国家转型委员会的负责人康特说，到 2025 年，印度数字经济将创造高达 1 万亿美元的经济价值，其中一半将来自不同经济领域涌现的新数字生态系统[①]。

中国对数字贸易高度重视。2019 年 11 月，《中共中央　国务院关于推进贸易高质量发展的指导意见》提出提升贸易数字化水平。2020 年 4 月，商务部、中央网信办、工业和信息化部联合发布通知，推进我国数字服务出口基地建设，将其建设成数字服务贸易的集聚区与重要载体。2021 年 3 月，《中华人民共和国国民经济和社会发展第十四个五年规划和 2035 年远景目标纲要》也提出要提升贸易数字化水平。2021 年 11 月，经国务院批复同意，商务部印发《"十四五"对外贸易高质量发展规划》明确提出提升贸易数字化水平，强调创新引领，将深化科技创新、制度创新、业态和模式创新放在突出位置，将贸易数字化、内外贸一体化等国际贸易新趋势列入十大主要任务，为外贸创新发展提供指引。可以说，推进贸易数字化发展是国家在深度研判当前国内外形势下做出的重要判断和创新举措，起到了引领发展的关键作用，将在未来一段时间内，为我国贸易高质量发展、服务构建新发展格局提供不竭动能。

二、各经济体发展跨境电商势头强劲

近年来，全球的跨境电子商务保持高增长态势。由麦肯锡发布的《中国跨境电商市场研究白皮书》显示，全球跨境电商交易额预计将从 2016 年的 0.4 万亿美元增长至 2021 年的 1.25 万亿美元，年增速约 25.59%，全球跨境电商仍有较大的发展空间。2018 年全球跨境电商 B2C 市场规模达到 6750 亿美元，2019 年为 7800 亿美元。据世界贸易组织(WTO)发布的一份报告显示，2020 年全球货物贸易总额下降了 5.3%，但全球 B2C 跨境电商贸易总额不降反升，预计将从 2019 年 7800 亿美元上升到 2026 年的 4.8 万亿美元[②]，年均增长率高达 29.64%。

从国别来讲，发达经济体电子商务发展较成熟，但发展中国家潜力巨大。根据联合国贸易和发展会议(UNCTAD)发布的电子商务指数，在 2018 年，排在前 10 位的国家依次为荷兰、新加坡、瑞士、英国、挪威、冰岛、爱尔兰、瑞典、新西兰、丹麦，均为发达经济体，俄罗斯、巴西、中国、南非、印度等发展中国家的排名依次为 42、61、63、77、80。从电子商务市场规模来讲，中国、英国、韩国、丹麦等国家网络零售占比均已超过 10%，其中，中国名列第一。同时，根据 statista 预测，2018—2022 年期间，印度、印度尼西亚、南非、墨西哥等发展中国家的电子商务年复合增长率约为 15%，美国、日本及部分欧盟国家的年复合增长率分别为 8.3%、6.2% 和 8.0%。与美日欧相比，发展中国家的电子商务具有较高的增长潜质。从电子商务交易主体来讲，企业与企业(B2B)之间的交易额占绝大多数，根据相关统计，全球电子商务交易额中 B2B 占比从 2014 年的 76.9% 上升到 2017 年的 82.8%，随

---

① 张亚东. 印度数字经济发展"加速度"[J]. 环球，2021(10)：36-37.

② 周武英. 全球 B2C 跨境电商发展迅猛[N]. 经济参考报，2021-07-05(2).

着企业信息化水平的提高，将会给国际贸易注入新的活力。

三、美日欧等发达经济体发展数字服务贸易更具优势

美欧日等发达经济体是当前数字经济和数字贸易的领导者，正逐渐将各自的影响范围进行对接并形成有益于自身的数字利益圈，拥有全球数字贸易规则制定的主导权。如表 2-2 所示，发达经济体在数字服务贸易中的国际市场占有率超过服务贸易和货物贸易，发达经济体在数字服务贸易领域具有更突出的优势。

表 2-2　2019 年三类经济体贸易出口规模国际市场占有率情况

指　标	发达经济体	发展中经济体	转型经济体
数字服务贸易出口额/亿美元	24 310.0	7203.9	411.9
数字服务占比/%	76.1	22.6	1.3
服务贸易占比/%	67.9	29.8	2.2
货物贸易占比/%	51.7	44.9	3.5

资料来源：联合国贸发会议、中国信息通信研究院。

从数字服务贸易发展的总量来看，2019 年美国、日本、欧盟的数字服务贸易出口额分别为 5341.80 亿美元、1160.65 亿美元和 12 575.97 亿美元，三大经济体的出口总额在国际市场的占比为 59.76%。在 2019 年数字服务贸易排名前 10 的经济体中，有两个国家是发展中国家，印度出口额为 1479 亿美元，名列第五，中国出口额为 1436 亿美元，名列第八，在世界数字服务贸易出口中占比分别为 4.6% 和 4.5%，与美欧相比仍有较大差距。

从数字服务贸易的出口结构来看，三类经济体的 ICT 服务出口占比均出现较大幅度的上升。如表 2-3 所示，在 2010 年到 2019 年，发达经济体的 ICT 服务、其他商业服务占比上升，而金融服务、保险、知识产权服务占比都出现了下降；发展中经济体的 ICT 服务、知识产权服务、保险占比都出现了上升，而其他商业服务、金融服务、个人文娱服务都出现了下降；转型经济体的 ICT 服务、知识产权服务占比都出现了上升，而其他商业服务、金融服务、保险服务、个人文娱服务都出现了下降。

表 2-3　2019 年各经济体细分市场数字服务出口占比及变化　　　　单位：%

经济体	指　标	保险	金融服务	知识产权服务	ICT服务	其他商业服务	个人文娱服务
发达经济体	占比	4.1	17.8	15.3	19.1	41.1	2.7
	占比变化(2010—2019 年)	-1.2	-2.9	-0.5	3.6	1.0	0.0
发展中经济体	占比	4.9	11.3	4.4	26.7	50.7	2.0
	占比变化(2010—2019 年)	0.6	-1.4	2.2	3.7	-4.2	-1.0
转型经济体	占比	1.6	3.8	3.3	37.3	51.1	2.9
	占比变化(2010—2019 年)	-0.9	-2.5	1.0	17.4	-14.1	-0.9

资料来源：联合国贸发会议、中国信息通信研究院。

从数字服务贸易的国际市场占有率来看，如表2-4所示，在2019年发达经济体在各细分市场上，国际市场占有率均超过60%，其中，知识产权服务、金融服务、个人文娱服务的国际市场占有率超过80%，这也表明发达经济体在各细分数字服务出口中具有绝对优势。但在2010年到2019年间，仅个人文娱服务的国际市场占有率有所上升，其他都出现了下降。发展中经济体在细分数字服务国际市场占有率基本在20%上下，在2010年到2019年间，除个人文娱服务的国际市场占有率下降外，其他都出现了上升。转型经济体由于国家数量少，国际市场占有率和占有率变化都较小。

表2-4　2019年各经济体细分市场数字服务国际市场占有率及变化　单位：%

经济体	指　标	保险	金融服务	知识产权服务	ICT服务	其他商业服务	个人文娱服务
发达经济体	占有率	73.2	83.8	91.8	69.0	72.0	80.9
	占比变化（2010—2019年）	-9.7	-2.9	-4.7	-3.4	-1.6	3.2
发展中经济体	占有率	26.3	15.8	7.8	28.7	26.4	17.7
	占比变化（2010—2019年）	10.0	3.0	4.6	2.8	2.2	-2.7
转型经济体	占有率	0.5	0.3	0.3	2.3	1.5	1.5
	占比变化（2010—2019年）	-0.2	-0.2	0.1	0.6	-0.7	-0.5

资料来源：联合国贸发会议、中国信息通信研究院。

美欧日是全球数字服务供给核心区，主导全球数字服务市场。由表2-5可知，美国在知识产权、文化娱乐、金融、信息、工程研发等细分子项中占比较高，且计算机、金融、管理咨询与工程研发等细分子项还出现影响力提升的趋势。日本在知识产权方面占比较高，且多个细分子项的影响力都所有提升。欧盟在计算机、与工程研发、信息等子项中占据绝对的发展优势，而且在信息、保险、文化娱乐等子项的影响力还出现提升。

表2-5　2019年美欧日数字服务贸易细分子类国际市场占有率　单位：%

经济体		电信	计算机	信息	保险	金融	知识产权	管理咨询	工程研发	文化娱乐
美国	占比	8.74	6.74	25.90	11.84	26.07	28.69	18.01	25.12	28.44
	占比变化（2014—2019年）	-5.46	1.86	-3.31	-0.12	0.79	-6.46	2.84	3.06	-3.65
欧盟	占比	36.35	51.57	41.21	32.94	32.16	32.28	32.33	41.29	37.97
	占比变化（2014—2019年）	-1.6	-0.56	8.84	1.36	-1.19	-1.81	-1.73	-2.29	3.62
日本	占比	1.57	0.91	0.76	1.81	2.65	11.41	1.54	3.87	1.13
	占比变化（2014—2019年）	0.2	0.43	0.16	0.66	1.11	0.91	0.47	-0.52	0.46

数据来源：联合国贸发会议数据。*此处欧盟指不包含英国在内的欧盟27国。

四、美日欧主导数字贸易规则制定话语权

随着数字贸易的不断发展，国际社会高度关注数字贸易议题，在多边、双边等贸易谈判中，数字贸易已成为谈判的焦点。美欧日纷纷依靠各自在数字贸易上的优势，向全球推广各自的数字规则和理念，力图在即将到来的数字贸易浪潮中占据主导权①。

美国作为数字经济的绝对领航者，拥有一批在全球占据主导地位的数字公司巨头，为美国从国外带来规模庞大的跨境数据流，使得美国在数字贸易中受益良多，进而使得美国在数字贸易规则的制定和推广上取得了领先优势。因此，美国在数字贸易上企图打造数字贸易规则的美式模板，并以签署自由贸易协定的方式进行推广。美式模板的重心是保持全球数字市场的开放，从而使得美国能够在数字贸易中获胜，其在美韩自由贸易协定中提出了美式模板 1.0，首次明确了跨境数据自由流动的原则；美国退出的 TPP 谈判提出了美式模板 2.0，强调要促进数字贸易、信息自由流动以及开放互联网；2018 年《美墨加协定》提出了美式模板 3.0，强调要取消跨境数据收费和数据本土化限制，开放政府公共数据但禁止要求企业披露源代码和算法。数字贸易规则的美式模板是美国以自身立场所构建的贸易规则新体系，彰显了美国意志，是美国企图主导数字贸易国际规则，为全球设定具有约束力标准的具体体现。

欧盟以构建数字化统一市场为目的，通过签署的数十个自由贸易协定(FTA)，提出了一系列有关数字贸易的章节，如电信章、金融章、投资章以及知识产权章，最终形成了体现欧盟政治体制和文化价值观的数字贸易规则的欧式模板。欧式模板主要聚焦于三大领域，分别是推进跨境数据流动、完善知识产权保护以及促进视听合作，但欧盟在数字贸易规则谈判上坚守隐私保护及视听例外两大红线。相比美式模板而言，欧式模板尚未形成完整的体系，与美国相比仍然存在一定的差距，其仍然在不断与数字贸易大国的博弈中完善贸易规则。

日本既缺乏美国的绝对实力，又缺乏欧盟的政治地位及市场筹码，因此其采用借势推广的策略和逐步引领的方针来向全球推广其数字贸易规则。一是借 TPP 之势谋取全面与进一步跨太平洋伙伴关系协定(CPTPP)数字贸易主导权。自美国退出 TPP 后，日本由于自身的经济优势与其余 11 国较为顺利地签署了 CPTPP 协议，并保留了 TPP 协议中有关数字贸易的核心诉求。二是借欧盟数据贸易圈之势谋取数据保护的主导权。日本与欧盟签署日欧经济伙伴关系协定(EPA)中，日欧双方在电子商务领域做出了相应承诺，日本从此加入了欧盟数据贸易圈，从而在与圈外国家谈判时取得数字贸易规则上的竞争优势。三是借多边会议之势推广数字贸易规则理念。2019 年 1 月达沃斯世界经济论坛上日本首相安倍晋三呼吁，要促进跨境数据的自由流通，日本作为 2019 年 G20 峰会的主办国，拟通过讨论全球数据治理来推广其构建的基于信任的数据自由流通体制。日本通过这三次借势，正逐步跻身全球数字贸易规则的引领者行列。

随着数字贸易的不断发展，国际社会高度关注数字贸易议题，在多边、双边等贸易谈判中，数字贸易已成为谈判的焦点。可以预见，随着数字贸易在国际贸易中所占的比重越来越高，各国也将会制定出更多符合自身发展需求的数字贸易规则主张，以期在日后的国际数字贸易往来中占据先机。

---

① 蓝庆新，窦凯. 美欧日数字贸易的内涵演变、发展趋势及中国策略[J]. 国际贸易，2019(6)：48-54.

第二节　国外主要经济体数字贸易发展现状及特征

当前，在数字经济的引领下，数字贸易发展迅猛，世界经济已经呈现数字驱动的新发展趋势。数字贸易的快速发展受到国际社会高度关注，数字贸易对全球经济增长的影响已逐步超越传统贸易和投资，改变了世界贸易的格局，成为拉动经济增长的重要动力。本节以美国、欧盟、英国、日本、印度为例，剖析这些经济体数字贸易发展的现状与特点，总结其经验，以期为我国数字贸易发展提供有益思路。

一、美国数字贸易发展现状与特点

美国数字产业体系完善，网络基础设施发达、数字技术创新能力引领全球，推动了美国数字贸易蓬勃发展。根据 UNCTAD 统计，2010—2020 年，美国可通过数字形式交付的服务出口规模从 3379.24 亿美元增长至 5330.93 亿美元，占世界总额的近 1/5，年均增速 4.66%。如表 2-6 所示，2010—2020 年，美国可数字化交付的服务出口占服务贸易出口比重持续保持在 50%以上；在 2020 年，可数字化交付的服务出口占美国服务贸易出口的比重首次超过七成，达 75.55%，充分体现了数字贸易在美国服务贸易中占主导地位。

表 2-6　美国可数字化交付的服务出口及占比情况(2010—2020 年)

指标	年　份										
	2010	2011	2012	2013	2014	2015	2016	2017	2018	2019	2020
可数字化交付的服务出口额/亿美元	3379.24	3777.23	3995.53	4156.24	4429.58	4454.01	4604.06	5022.95	5119.25	5289.73	5330.93
占服务贸易出口总额的比重/%	58.06	58.59	58.34	57.77	58.51	57.95	58.96	60.24	59.41	60.36	75.55

资料来源：UNCTAD。

美国数字贸易发展位于全球第一，究其原因，主要有四个方面：

其一，美国高度重视数字贸易发展，已将其提升到国家发展战略层面，并认为这是保持其国际竞争力和统领地位的关键要素。自 1998 年以来，美国商务部等颁布了一系列报告和法案，如《正在出现的数字经济》《数字经济 2000》《美国和全球经济中的数字经济》等，数字经济和数字贸易在推动美国经济复苏、增加就业以及提升社会福利等方面起着重要的作用。根据美国国际贸易委员会(The United States International Trade Commission，USITC)测算，数字贸易对美国实际 GDP 的贡献率达到 3.4%~4.8%，并增加了 240 万个就业岗位。

其二，美国对数字贸易加强顶层设计，并通过多边、双边谈判将其数字贸易自由化主张推向全球。美国围绕服务先行贸易促进策略，通过外交和贸易协定等途径降低和消除其他国家非关税贸易壁垒以扩大美国的数字服务出口，通过国内法律法规和贸易协定负面清单等途径设置贸易壁垒保护美国薄弱产业或特定产业，并通过强有力的贸易救济体系保护美国国内产业和知识产权。一方面，美国贸易代表办公室成立专门的部门持续跟踪各个国家制定的数字贸易壁垒并发布《外国贸易壁垒评估报告》，对数字贸易壁垒对美国及其企业造成的影响进行分析评估；另一方面，美国在国际合作过程中积极推进全球数字贸易的自由化进程，如美韩自由贸易协定中规定了数字贸易规则，明确了处理跨境信息流动的协定；在 WTO、TTIP、TISA 等双边协定以及 G20 等国际合作交流过程中提出促进跨境数据流动，提高数字素养，开放数字贸易市场，将消除数字贸易壁垒、推动数字贸易自由化作为主要议题之一[①]。

其三，美国对 5G 等新一代数字基础设施加强布局和建设，以夯实其数字产业发展优势。2020 年 12 月 15 日，美国国防部发布题为《5G 技术实施方案》的报告，为《国防部 5G 战略》提供了路线图，将通过促进科学、技术、研究、开发、测试和评估工作，加快 5G 技术的进步与应用，并进一步开发 5G 系统、子系统和组件的新用途，推动其数字贸易的发展。

其四，美国数字技术和产业的绝对优势。美国拥有全球最大的云计算服务市场规模，占据全球云计算行业规模的 60% 左右，主导着全球云计算服务行业[②]。2019 年，美国数字服务出口继续排名全球第一，达到 5341.8 亿美元，进出口总额达到 8450.3 亿美元[③]。

二、欧盟数字贸易发展现状与特点

欧盟数字贸易近年来呈快速增长态势，在服务贸易中的占比不断增加。根据 UNCTAD 统计，2010—2020 年，欧盟可通过数字形式交付的服务出口规模从 6968.23 亿美元增长至 12 411.89 亿美元，年均增速 5.94%，可数字化交付的服务出口占服务贸易出口比重从 2010 年的 47.88% 上升至 2020 年的 64.15%，如表 2-7 所示。

表 2-7　欧盟可数字化交付的服务出口及占比情况(2010—2020 年)

指标	年　份										
	2010	2011	2012	2013	2014	2015	2016	2017	2018	2019	2020
可数字化交付的服务出口额/亿美元	6968.23	8056.59	8145.53	8967.06	10 083.97	9523.92	10 003.55	11 032.28	12 413.51	12 934.00	12 411.89
占服务贸易出口总额的比重/%	47.88	48.94	50.05	51.05	52.88	54.12	55.10	54.68	54.88	56.10	64.15

资料来源：UNCTAD。

欧盟数字贸易的发展战略具有典型的欧盟特征，具体来讲：

其一，欧盟内部的数字一体化。从欧盟内部成员国开始打破各国之间的数字贸易壁垒，建立欧盟内部的互联互通机制，推动内部数字贸易自由化，进而形成欧盟自身主导的数字贸易体系。2010 年欧盟正式发布《欧洲数字议程》，主要是针对信息技术的快速发展对未

① 汪晓文. 国外数字贸易发展经验及其启示[J]. 贵州社会科学，2020(03)：132-138.

② 蓝庆新，窦凯. 美欧日数字贸易的内涵演变、发展趋势及中国策略[J]. 国际贸易，2019(6)：48-54.

③ 中国信息通信研究院. 数字贸易发展白皮书(2020 年)[R]. 北京，2020.

来欧盟经济的持续影响以及影响欧盟信息技术发展的七大障碍和解决措施做出了相应阐述，其核心就是发展信息技术，建立数字欧盟。2015 年欧盟委员会又发布了《数字单一市场战略》，试图在欧洲内部营造一个数字化商品、资本和服务自由流动的市场，加强欧洲各国间的数字互联互通，推动欧洲一体化的进程。报告提出了要为个人和企业提供更好的数字产品和服务，进一步推动跨境电子商务的繁荣发展，加强对于消费者权益的保护，为电子商务提供更高效的货运服务以及制定合理的、符合欧盟环境的版权保护法律法规。

其二，为数字网络和服务的繁荣发展创造有利的环境条件，包括全面改革欧盟电信领域的规章制度；重新审查视听媒体组织框架以适应时代需求；全方位分析评估搜索引擎、社交媒体、应用商店等在线平台的作用；加强数字化服务领域的安全管理，尤其是个人数据等。为了进一步推动欧洲的数字化发展，欧盟 2018 年公布了《数字欧洲计划》，计划投资 92 亿欧元用于互联网安全、计算机技术、人工智能以及数字技术发展和普及。根据《欧盟数字经济发展报告(2018)》显示，欧盟家庭固定宽带用户普及率达 75%。在数字技术整合层面，使用软件进行信息共享的企业比例在 2017 年达到了 34%，在公共服务数字化领域，欧盟成员国中电子政府的普及率为 58%[①]。

其三，欧洲数字一体化体系由内至外逐步向外部国家扩展。2017 年欧洲议会国际贸易委员会通过《数字贸易战略》，提出除了促进建立欧盟数据贸易战略、加快制定相关的政策来保证跨境数据的自由流动外，应增加对欧盟贸易伙伴的充分性认证的数量，确保第三国开放数字产品及服务，逐步放开对欧盟外部国家的数字贸易限制，将其逐步融入欧盟数字体系。通过逐步放开对欧盟外部贸易伙伴国的限制，将外部国家逐步纳入欧盟的数字贸易领域，将以欧盟为主体的区域数字贸易体系逐步发展成为全球数字贸易体系，成长为全球数字贸易的领导者。

三、英国数字贸易发展现状与特点

根据 UNCTAD 统计，在 2010—2020 年间，英国可通过数字形式交付的服务出口规模增长较为平稳，从 2010 年的 2133.57 亿美元增长至 2020 年的 2867.01 亿美元，年均增速 3%。英国可数字化交付的服务出口占服务贸易出口比重较高，一直保持在 70% 以上，2020 年占英国服务贸易出口的比重首次超过八成，达 83.72%，如表 2-8 所示。

表 2-8　英国可数字化交付的服务出口及占比情况(2010—2020 年)

指标	年　份										
	2010	2011	2012	2013	2014	2015	2016	2017	2018	2019	2020
可数字化交付的服务出口额/亿美元	2133.57	2482.50	2493.57	2648.23	2821.42	2678.73	2631.34	2736.74	3126.41	2950.61	2867.01
占服务贸易出口总额的比重/%	73.67	74.46	73.45	73.05	72.57	72.55	73.35	74.18	75.48	72.77	83.72

资料来源：UNCTAD。

① 汪晓文. 国外数字贸易发展经验及其启示[J]. 贵州社会科学，2020(03)：132-138.

英国为了在信息时代抓住发展机遇，应对未知挑战，同时为经济寻求新的增长点，英国政府对数字贸易的态度较为积极，其发展特点主要体现在如下三个方面：

其一，为数字化条件下的网络创新者的著作权保驾护航。2008 年数字英国计划发布不久便颁布了《数字英国法案》，正式开启了英国建设一流数字经济的征程，《数字英国法案》共 48 条，包含了网络、电视、广播、视频游戏等 11 个方面的内容，值得注意的是其中近 1/3 的条款用于明确网络著作权保护的法律和规制建设以及建立第三方争端解决机制，从数字化建设之初就严格保障网络著作权，为数字化的顺利进行奠定坚实基础。

其二，全面为数字化建设的参与者提供发展便利和制度保障。2015 年英国出台《英国 2015—2018 年数字经济战略》，此战略全面梳理了英国在发展数字经济过程中需要面对的三大类十二项挑战、四大发展机遇以及英国在 2015—2018 年间在数字经济方面需要达成的五类共二十二项的具体目标，这五类目标几乎都与个人或者数字经济中的平台个体有关。截至 2018 年年底，英国的数字、文化、媒体和体育相关产业产值达 2680 亿英镑，其中创意性产业的贡献达 1000 亿英镑，并且创意型产业有望在 2023 年实现在 2018 年的基础上增加 50%[①]。

其三，脱欧之后发挥本国在数字贸易领域的比较优势。英国政府对数字贸易的态度较为积极，2020 年 6 月，英国国际贸易大臣利兹·特拉斯(Liz Truss)宣布一系列数字贸易促进措施，包括：国际贸易部和数字文化媒体及体育部将联合启动耗资 800 万英镑的亚太地区数字贸易网络(Digital Trade Network)，以支持英国高科技企业对外出口；成立技术出口学院(Tech Exporting Academy)，为中小企业提供专业建议，支持其向优先市场出口；增强英国各地区发展国际科技合作伙伴关系的能力，拟在北部振兴计划、中部引擎、伦敦和南部地区创建 25 个技术出口冠军；扩大对国际贸易部高潜力机会(High Potential Opportunities)技术计划的支持，推动外国直接投资进入 5G、工业 4.0、光子学和沉浸式技术等新兴子行业；启动新的金融科技推广活动，确保英国仍然是金融科技业务启动、扩展和国际化的最佳选址。此外，英国政府高度重视数据保护和数据流动对数字贸易的重要性，2020 年 9 月，英国与日本达成首个脱欧后自由贸易协定，英方在该协定中承诺支持数据自由流动、禁止服务器本地化。此外，英国为数字领域创新营造良好的制度环境，保证数字创作者的权益，激发创新活力，源源不断地制造新型生产要素，使之成为提升数字贸易竞争力的能量源泉[②]。

四、日本数字贸易发展现状与特点

根据 UNCTAD 统计，在 2010—2020 年间，日本可通过数字形式交付的服务出口规模从 2010 年的 651.06 亿美元增长至 2020 年的 1147.41 亿美元，年均增速为 5.83%，超过全球年均增速。日本可数字化交付的服务出口额占服务贸易的比重也有大幅提升，从 2010 年的 48.44% 上升至 2020 年的 71.58%，如表 2-9 所示。

---

① 汪晓文. 国外数字贸易发展经验及其启示[J]. 贵州社会科学，2020(03)：132-138.
② 刘杰. 发达经济体数字贸易发展趋势及我国发展路径研究[J]. 国际贸易，2022(3)：28-36.

表2-9　日本可数字化交付的服务出口及占比情况(2010—2020年)

指标	年　份										
	2010	2011	2012	2013	2014	2015	2016	2017	2018	2019	2020
可数字化交付的服务出口额/亿美元	651.06	736.12	640.44	673.76	872.14	862.02	970.24	1016.42	1070.72	1076.62	1147.41
占服务贸易出口总额的比重/%	48.44	52.27	46.77	49.82	53.25	53.00	55.19	54.39	55.15	56.73	71.58

资料来源：UNCTAD。

日本促进数字贸易发展的特点主要体现在以下四个方面：

其一，加强信息化基础设施建设。2000年日本政府创立IT战略总部，发布了e-Japan战略。e-Japan战略的核心目标是进一步加强日本在信息化建设领域的投资力度，培养高级通信技术人才，推进相关产业及技术的研发特别是电子商务模式的创新以及市场规则的建立，为未来信息化的发展夯实基础，可以说e-Japan战略为日本的信息化建设构建了基本的网络框架。

其二，推动互联网技术成果普及和应用。伴随着信息化的发展，通信基础设施建设和宽带普及率迅速增长，但是网络资源使用率低下，没有达到预期的效果。在这种背景下，2004年实施了u-Japan战略，u-Japan战略旨在推动互联网软环境建设，创新互联网服务，构建出一个以人为本的开放式的有机生态圈，催生出新一代的信息科技革命。

其三，加强公共部门信息化建设。2010年日本提出了i-Japan战略，i-Japan战略将目标聚集在公共部门，如政府、医院和学校等。在政府领域推动行政数字化改革，即电子政府，进一步提高民众事务办理的便利性，同时运用数字化技术提高办公效率；在医疗健康领域，加强数字化基础设施建设，通过信息技术如远程医疗、电子处方、电子病历卡等技术措施解决医疗资源分配不均等一系列问题；在教育及人才培养领域将信息技术融入教育教学体系，在基础教育阶段就开展信息化教育，在高等教育阶段将数理、数字科学和人工智能相关内容加入教育课程计划，提升整体国民的信息意识。

其四，加快数字贸易发展。2018年日本发布了《通商白皮书》草案，草案呼吁政府要应对电子商务骤增的数字贸易时代，强调数字贸易时代对于日本企业发展的机遇。同时，日本也有意通过积极参与数字贸易规则谈判来获得国际规则制定权，增加国家权力，增强话语权和经济利益。

因此，日本的数字化贸易战略的出发点是本国如何融入、适应数字贸易时代，如何把握发展机遇，因而更加注重本国的数字硬实力，力图积极发挥新型生产要素的融合性，将其充分融入本国产业结构中，完成数字化改造。数字技术是数字贸易时代的重中之重，因而日本着眼于数字技术发展，从技术层面把握数字时代发展机遇，将数字技术应用到国家各个领域，从而确定领先优势，为今后日本在全球数字贸易体系构建过程中赢得先机。

五、印度数字贸易发展现状与特点

印度政府重视数字经济与贸易的发展，数字贸易(尤其是数字服务贸易)近年来保持了稳定增长态势，其中信息通信技术服务、软件及信息服务离岸外包具有较强竞争力，数字传媒和娱乐服务业、数字医疗等新业态、新模式增速加快。根据 UNCTAD 的数据统计(见表 2-10)，印度在 2010—2020 年期间，出口额呈稳步增长态势，由 2010 年的 830.11 亿美元增长至 2020 年的 1547.75 亿美元，年均增长率 6.43%，占服务贸易出口比重在 2020 年已达 76.15%;进口额由 2010 年的 435.21 亿美元增长至 2020 年的 776.65 亿美元,年均增长 5.96%，占服务贸易进口比重由 37.87%增长至 2020 年的 50.46%。在 2019 年印度数字服务贸易出口额占其服务贸易出口的比重为 68.88%，而同期全球平均水平为 52%。可见，印度数字服务贸易发展水平高于全球平均水平。

表 2-10　2010—2020 年印度数字交付服务贸易进出口额及其占比

年份	数字交付服务贸易出口额/亿美元	占服务贸易出口的比重/%	数字交付服务贸易进口额/亿美元	占服务贸易进口的比重/%
2010	830.11	70.91	435.21	37.87
2011	949.38	68.53	457.52	36.52
2012	1041.26	71.55	493.23	37.96
2013	1099.26	73.70	477.33	37.62
2014	1119.87	71.24	462.57	36.04
2015	1132.85	72.49	471.43	38.15
2016	1166.06	72.06	532.49	39.88
2017	1222.94	66.00	603.38	39.03
2018	1328.31	64.81	648.18	36.82
2019	1479.29	68.88	730.71	40.72
2020	1547.75	76.15	776.65	50.46

数据来源：UNCTAD。

印度数字贸易发展的特征主要体现为如下三个方面：

其一，印度政府对数字贸易高度重视。印度政府致力于推动相关数字经济的支持性政策，促进数字贸易的发展。例如，2015 年推出的数字印度战略，斥资约 170 亿美元，推动教育、娱乐、购物数字化，实现数字和金融领域的公众广泛参与；全面提升国民对数字化技术的了解，形成数字媒介素养；实施基础设施建设，打造安全可靠的网络空间，确保网络及移动平台服务的公众实时共享；实施电子政务管理，实现政府各部门、各辖区间无缝融合。再如，印度 2016 年 11 月实施废钞令，对非现金交易实施激励措施，推动采用数字便捷支付模式，使数字支付大幅增加，促进了数字贸易的发展。多层次的政府数字经济支持政策，优化了数字经济的营商环境，有力支持了数字贸易的发展[①]。

其二，数字服务贸易细分领域发展较快。由表 2-11 可知，印度的电信、计算机和信息服务(ICT 服务)优势明显，出口额由 2010 年的 405.08 亿美元增长至 2019 年的 649.33 亿美元，年均增长率为 5.5%。除金融服务，管理咨询外，印度的保险服务、知识产权使用费、个人、文化和娱乐服务、管理咨询和工程研发的进出口均呈现稳定的增长趋势。

---

① 郭霞，朴光姬. 印度数字服务贸易发展特征及中国应对策略[J]. 南亚研究，2021(02)：78-94.

表 2-11 印度数字服务贸易进出口额 单位：亿美元

年份	金融服务		保险服务		知识产权使用费		电信、计算机和信息服务		个人、文化和娱乐服务		管理咨询		工程研发	
	出口	进口	出口	进口	出口	进口	出口	进口	出口	进口	出口	进口	出口	进口
2010	58.34	67.87	17.81	50.25	1.27	24.38	405.08	36.17	3.35	4.68	232.60	120.50	112.69	134.46
2011	62.49	82.96	25.84	62.15	3.03	28.19	471.13	31.96	3.46	3.45	257.36	116.61	128.13	134.72
2012	53.52	53.43	22.58	64.41	3.21	39.90	488.01	34.82	7.67	5.42	327.07	120.18	143.84	178.82
2013	63.76	58.93	21.44	59.59	4.46	39.04	538.05	37.43	12.32	7.25	334.42	105.15	132.09	175.52
2014	56.45	41.15	22.81	58.82	6.59	48.49	545.35	43.18	12.66	13.90	345.67	84.07	138.95	184.66
2015	53.44	31.17	19.85	52.34	4.67	50.50	550.46	37.98	12.66	13.69	370.46	96.93	130.51	201.16
2016	50.74	50.17	21.35	50.67	5.25	54.66	538.00	47.52	14.03	18.94	388.90	86.16	157.68	241.26
2017	44.85	57.97	24.60	62.91	6.60	65.15	543.82	60.68	14.66	21.45	422.13	90.59	176.54	263.78
2018	54.33	40.39	25.80	67.46	7.85	79.06	581.95	70.88	18.82	25.38	466.49	94.27	185.70	293.09
2019	48.21	22.81	25.27	67.70	8.72	78.90	649.33	96.03	20.69	29.61	542.45	115.07	197.58	345.55

数据来源：UNCTAD。

其三，数字服务贸易竞争力较强。由表 2-12 可知，印度的数字服务贸易国际市场占有率由 2010 年 4.43%上升至 2019 年的 4.63%；显示性比较优势指数虽然有所下降，但都大于 1，表明印度的数字服务贸易拥有相对较强的比较优势；贸易竞争力指数由 2010 年的 0.31 上升至 2019 年的 0.34，上升幅度不大，但也能说明总体上保持了较强的竞争优势。由表 2-13 可知，印度电信、计算机和信息服务(ICT 服务)具有较强的竞争优势，从细分产业来看，ICT 服务和计算机服务的 MS 指数较高，尽管有所波动和下降，但其国际市场竞争力还是较强的。电信服务尽管 MS 指数不高，但 RCA 指数和 TC 指数较高，表明电信服务也是有优势的。但是，信息服务出口额小于进口额，尚处于净进口状态，竞争力较弱。

表 2-12 2010—2020 年印度数字服务贸易竞争力变化情况

年份	国际市场占有率/%	显示性比较优势指数	贸易竞争力指数
2010	4.43	1.50	0.31
2011	4.42	1.42	0.35
2012	4.69	1.48	0.36
2013	4.60	1.51	0.39
2014	4.29	1.43	0.42
2015	4.48	1.44	0.41
2016	4.46	1.40	0.37
2017	4.33	1.29	0.34
2018	4.32	1.27	0.34
2019	4.63	1.33	0.34

数据来源：UNCTAD。

表 2-13　2010—2019 年印度电信、计算机和信息服务竞争力情况

细分产业	指标	年　份									
		2010	2011	2012	2013	2014	2015	2016	2017	2018	2019
ICT 服务	MS/%	12.62	12.60	12.59	12.68	11.54	11.52	10.84	10.11	9.33	9.57
	RCA	8.53	7.63	7.85	7.63	6.80	7.12	6.57	5.99	5.59	5.59
	TC	0.84	0.87	0.87	0.87	0.85	0.87	0.84	0.80	0.78	0.74
电信服务	MS/%	1.76	1.73	1.71	2.21	2.14	2.25	2.49	2.42	2.56	3.18
	RCA	30.28	28.89	30.92	31.43	30.39	35.15	33.42	34.36	35.44	40.29
	TC	0.89	0.95	0.91	0.92	0.90	0.91	0.88	0.83	0.82	0.77
信息服务	MS/%	3.29	0.97	0.96	0.78	0.96	0.78	1.20	1.26	0.83	0.70
	RCA	2.23	0.59	0.60	0.47	0.57	0.48	0.73	0.75	0.50	0.41
	TC	0.25	−0.55	−0.38	−0.35	−0.23	−0.32	−0.03	0.02	−0.16	−0.20
计算机服务	MS/%	—	—	17.16	16.97	15.05	14.67	13.61	12.47	11.29	11.31
	RCA	—	—	0.37	0.43	0.37	0.36	0.37	0.31	0.29	0.30
	TC	0.16	0.10	0.25	0.33	0.35	0.43	0.37	0.41	0.39	0.38

　　注："—"表示数据缺失。

数据来源：UNCTAD。

第三节　国际数字贸易发展趋势

　　随着互联网技术和数字技术的迅速发展，数字经济已经成为全球经济增长的新动能，由数字化产品和服务衍生出的数字贸易发展势头强劲。同时，随着互联网技术和数字技术快速更迭，可进行数字化贸易的商品和服务的范围及程度大幅提升，数字贸易已成为国际贸易的重要组成部分，发展前景可期。

一、数字贸易发展前景广阔

　　在数字经济时代，随着信息通信技术的不断发展，数据能够传递比价格更加多元、更具实效性的市场信息，推动资源配置方式革新，催生大量数字化需求。贸易数字化内涵实际上是包含了贯穿在整个对外贸易环节的所有数字化的商业实践。它既包括传统的货物贸易的数字化，也包括服务贸易的数字化；既包括贸易对象，即货物和服务的数字化，也包括贸易主体的数字化。另外，贸易数字化既包括传统贸易效率的提升，也包括数字化赋能的新模式、新业态。随着新一代信息技术更为广泛应用，加之数字化、智能化的加速普及，后疫情时代数字贸易将成为推动世界经济复苏的重要力量。根据世界贸易组织预计，到2030 年数字技术将促进全球贸易量每年增长 1.8 到 2 个百分点，全球服务贸易占比由 2016年的 21%提高到 25%。

二、数字贸易范围不断扩大

　　随着经济社会分工的不断深化，在国际贸易领域，经济服务化、数字服务化将拓宽数

字贸易的范围。数字贸易具有虚拟化、集约化、普惠化、生态化以及全球化等特征，涉及从研发到消费整个闭合产业链，将催生大量的新技术、新产品以及新产业，使数字贸易范围不断扩大。在新的业务场景下，数据赋能，改变原有的商业运作方式以及商业存在。数据成为在数字经济条件下新的生产力，特别是随着 5G 技术和智能化水平不断提升，数字贸易发展更加迅猛，为全球经济增长注入了新的动力。

三、数字化赋能惠及更多产业

在数字技术的带动下，三大产业之间的边界将更加容易被打破，产业融合发展将成为发展趋势。在农业领域，数字技术将提升农业生产效率，远程控温、智能控制、数字育种等数字技术将扩展农林牧渔辅助性服务的应用场景；在制造业领域，智能制造将取代传统制造，数字技术在制造业领域的应用将更加普遍，将涵盖研发、设计、生产和质检等制造业全流程；在服务业领域，数字技术将推动传统服务业加快转型升级，除运输等少数不可数字化替代的服务业部门外，绝大多数服务业部门将实现数字化转型[①]。同时，在数字技术引领下，服务要素在投入和产出中的比重不断增长，由生产制造转向"生产＋服务"，由单纯出售产品转向"产品＋服务"。数字技术改变了服务的生产和提供方式，一些服务变得可储存、复制和线上交付，服务的边际成本几乎降为零，服务的内容与范围得到扩张，实现了"一点接入，全网服务"的可能。例如，音乐和电影原本存储于 CD、DVD 等分散物理载体，现在被集中存储于云服务器中，可以通过网络更方便快捷地为无数消费者提供影音服务。在国际贸易领域，经济服务化、服务数字化将改变人们对传统服务和传统服务贸易的认识，拓展了服务贸易的范围。

专栏 2-1　国际市场占有率、显示性比较优势指数和贸易竞争力指数

国际市场占有率(International Market Share，IMS)：某国某产品出口额占世界上同类产品总出额的比重，能反映一个国家某种产品竞争地位的变化。用公式表示为

$$IMS_{ij} = \frac{X_{ij}}{X_{wj}} \times 100\%$$

其中，IMS_{ij} 表示 i 国 j 产品的国际市场占有率；X_{ij} 表示 i 国 j 产品的对外出口总额；X_{wj} 表示世界贸易中 j 产品的出口总额。IMS 值越高，表明该国该产品的国际竞争力越强，国际竞争地位越高。反之，IMS 值越低，则表明该国该产品的国际竞争力越弱，国际竞争地位越低。

显示性比较优势指数(Revealed Comparative Advantage Index，RCA)：衡量一个国家某产品或产业国际竞争力的指标，是指一个国家某种产品的出口总额占其对外出口总额的比率除以世界贸易中该类产品的出口额占世界贸易出口总额的比率。用公式表示为

$$RCA_{ij} = \frac{X_{ij} / X_{it}}{X_{wj} / X_{wt}}$$

其中，RCA_{ij} 表示 i 国 j 产品的显示性比较优势指数；X_{ij} 表示 i 国 j 产品的出口额；X_{it} 表示 i 国对外出口总额；X_{wj} 表示世界贸易中 j 产品出口总额；X_{wt} 表示世界贸易出口总额；X_{ij}/X_{it}

---

① 刘杰. 发达经济体数字贸易发展趋势及我国发展路径研究[J]. 国际贸易，2022(3)：28-36.

表示 *i* 国 *j* 产品出口额占所有产品出口额的比率；X_{wj}/X_{wt} 表示世界贸易中 *j* 产品出口额占世界贸易出口总额的比率。

RCA 指数可以揭示一国在世界贸易中的比较优势。一般来讲，当 RCA<1 时，表明该国该产品国际竞争力较弱，基本没有比较优势；当 1≤RCA≤1.5 时，表明该国该产品国际竞争力中等，有一定比较优势；当 1.5≤RCA≤2.5 时，表明该国该产品国际竞争力较强，有较大的比较优势；当 RCA>2.5 时，表明该国该产品国际竞争力很强，有绝对的比较优势。

贸易竞争力指数(Trade Competitiveness，TC)：是测量一个国家某一行业国际竞争力的有效工具，能够反映该国某行业产品相对于世界市场上其他供应同种产品的国家来说是否具有竞争优势。其含义是该国该行业产品进出口贸易差额占进出口贸易总额的比重，用公式表示为

$$TC = \frac{X_{it} - M_{it}}{X_{it} + M_{it}}$$

其中，TC 表示贸易竞争力指数；X_{it} 表示 *i* 国 *t* 产品的出口额；M_{it} 表示 *i* 国 *t* 产品进口额；$X_{it} - M_{it}$ 表示 *i* 国 *t* 产品的净出口额；$X_{it} + M_{it}$ 表示 *i* 国 *t* 产品的贸易总额。

TC 指数的取值范围为(-1, 1)，指数越大，表明该国该产品的国际竞争力就越强，指数越小，则表明该国该产品的国际竞争力就越弱。一般来讲，当 -1≤TC≤-0.6 时，表明该产品的国际竞争力极弱；当 -0.6≤TC≤-0.3 时，表明该产品的国际竞争力很弱；当 -0.3≤TC≤0 时，表明该产品的国际竞争力极弱；当 0≤TC≤0.3 时，表明该产品的国际竞争力较强；当 0.3≤TC≤0.6 时，表明该产品的国际竞争力很强；当 0.6≤TC≤1 时，表明该产品的国际竞争力极强。

专栏 2-2 近年来区域数字贸易协定的基本情况

近年来区域数字贸易协定的基本情况见表 2-14。

表 2-14 近年来区域数字贸易协定的基本情况

比较点	区域数字贸易协定类别							
	《美墨加协定》	《美日数字贸易协定》	《全面与进步跨太平洋伙伴关系协定》	《数字经济伙伴关系协定》	《新加坡—澳大利亚数字经济协议》	《区域全面经济伙伴关系协定》	《欧盟-日本经济伙伴关系协定》	《欧盟-新加坡自由贸易协定》
缩写	USMCA	UJDTA	CPTPP	DEPA	SADEA	RCEP	EUJEPA	EUSFTA
签署时间	2018.11	2019.1	2018.3	2020.6	2020.8	2020.11	2018.7	2018.1
生效时间	2020.7	2020.1	2018.12	2021.1	2020.12	2022.1	2019.2	2019.11
缔约国	美国、墨西哥、加拿大	美国、日本	日本、加拿大、澳大利亚、智利、新西兰、新加坡、文莱、马来西亚、越南、墨西哥和秘鲁	新加坡、智利、新西兰	新加坡、澳大利亚	东盟十国、中国、日本、韩国、新西兰以及澳大利亚	欧盟、日本	欧盟、新加坡
主导国	美国	美国	日本	新加坡	新加坡	东盟	欧盟	欧盟
核心利益诉求	维护数字垄断地位			打破数字贸易大国的规则垄断		解决数字鸿沟问题	维护个人隐私和国家安全	
中国参与情况	—	—	2021 年 9 月申请加入	2021 年 10 月申请加入	—	成员国	—	—

资料来源：汤扬，武悦，董晓颖. 全球数字贸易规则发展趋势及我国基本对策[J]. 互联网天地，2022(03)：13-17.

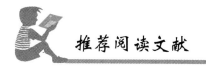

复习思考题

1. 全球数字贸易发展有何特点？
2. 美国、欧盟、日本等主要发达国家数字贸易发展有何特点？
3. 印度等发展中国家的数字贸易的发展有何特点？
4. 全球数字贸易发展趋势如何？为什么？
5. 如何理解"数字贸易已成为国际贸易和经济增长的新引擎"？请阐述。

推荐阅读文献

[1] 蓝庆新，窦凯. 美欧日数字贸易的内涵演变，发展趋势及中国策略[J]. 国际贸易，2019(06)：48-54.
[2] 董小君，郭晓婧. 美日欧数字贸易发展的演变趋势及中国应对策略[J]. 国际贸易，2021(03)：27-35.
[3] 沈玉良，彭羽，高疆，等. 数字贸易发展新动力：RTA 数字贸易规则方兴未艾：全球数字贸易促进指数分析报告(2020)[J]. 世界经济研究，2021(01)：3-16 + 134.
[4] 郭霞，朴光姬. 印度数字服务贸易发展特征及中国应对策略[J]. 南亚研究，2021(02)：78-94 + 157-158.
[5] 陆菁，傅诺. 全球数字贸易崛起:发展格局与影响因素分析[J]. 社会科学战线，2018(11)：57-66 + 281 + 2.
[6] 刘杰. 发达经济体数字贸易发展趋势及我国发展路径研究[J]. 国际贸易，2022(03)：28-36.
[7] 汪晓文. 国外数字贸易发展经验及其启示[J]. 贵州社会科学，2020(03)：132-138.
[8] 张亚东. 印度数字经济发展"加速度"[J]. 环球，2021(10)：36-37.

第三章　中国数字贸易发展现状与趋势

学习目的与要求

通过本章的学习，明晰中国数字贸易发展的现状和特点，掌握中国数字贸易发展所面临的机遇与挑战，了解中国发展数字贸易的困境，掌握中国数字贸易发展的趋势与思路。

新世纪以来，以云计算、大数据、互联网、人工智能为代表的新一代信息技术不断创新发展并重塑产业发展方式。从国际发展趋势来看，发展数字贸易是我国新时期经济发展的必然要求，是引领我国经济高质量发展的重要推手，意义重大，机遇难得。因此，发展数字经济和扩大数字贸易是中国抢占全球发展制高点、构建双循环新发展格局的内在要求。

第一节　中国数字贸易发展现状

近年来，我国数字贸易强势崛起，发展迅猛。"十三五"期间，我国在 19 部法律法规、政策措施中提到数字贸易，包括宏观部署、网络安全、数据治理、先行先试、行业促进等多个维度，初步形成了推动数字贸易发展的政策体系框架[①]。根据 UNCTAD 统计，我国数字贸易规模从 2010 年的 1266.18 亿美元增长到 2020 年的 2939.85 亿美元，较 2010 年增长了 132%，年均增速达 8.79%，数字贸易发展迅猛。在 2020 年，我国数字交付服务贸易出口额为 1543.75 亿美元，占服务贸易出口总额的比重为 55.01%，但低于全球当年度 63.55%的比重；我国数字交付服务贸易进口额为 1396.10 亿美元，占服务贸易进口总额的比重为 36.63%，发展空间较大，如表 3-1 所示。

表 3-1　2010—2020 年中国数字交付服务贸易进出口额及其占比

年份	数字交付服务贸易出口额/亿美元	占服务贸易出口的比重/%	数字交付服务贸易进口额/亿美元	占服务贸易进口的比重/%	数字服务贸易额/亿美元
2010	576.53	32.33	689.65	35.66	1266.18
2011	750.07	37.31	898.31	36.25	1648.38
2012	736.54	36.54	886.83	31.53	1623.37

---

① 刘杰. 发达经济体数字贸易发展趋势及我国发展路径研究[J]. 国际贸易，2022(03)：28-36.

续表

年份	数字交付服务贸易出口额/亿美元	占服务贸易出口的比重/%	数字交付服务贸易进口额/亿美元	占服务贸易进口的比重/%	数字服务贸易额/亿美元
2013	825.48	39.88	1025.49	31.02	1850.88
2014	990.24	45.19	1023.69	23.65	2013.84
2015	933.13	42.68	861.28	19.77	1794.41
2016	937.01	44.72	970.70	21.47	1907.71
2017	1025.67	44.97	1053.84	22.54	2079.5
2018	1321.66	48.69	1240.64	23.62	2562.3
2019	1435.48	50.69	1282.63	25.62	2718.1
2020	1543.75	55.01	1396.10	36.63	2939.85

数据来源：UNCTAD。

第二节　中国数字贸易发展特征

一、数字贸易规模稳步提升

自 2013 年我国全面实施"互联网+"发展战略以来，我国数字经济发展得到显著提升，数字贸易开始实现跨越式发展。如表 3-1 所示，从数字服务贸易的绝对量看，中国数字服务出口与进口均保持增长态势，且从 2018 年后，数字服务出口额大于数字服务进口额，数字服务贸易由逆差变为顺差。在 2019 年，中国数字服务贸易出口额为 1435.48 亿美元，在世界数字服务贸易出口中占比为 4.50%，名列全球第八。而且，数字服务进出口额占服务贸易进出口额的比重不断上升，数字服务出口额占服务贸易出口额的比重由 2010 年的 32.33%上升到 2020 年的 55.01%；数字服务进口额占服务贸易进口额的比重由 2010 年的 35.66%上升到 2020 年的 36.63%。可见，数字贸易对我国服务贸易的发展的作用日益重要。

随着互联网、大数据等数字技术发展，我国跨境贸易得到了跨越式发展。跨境电商贸易额从 2000 年的 0.43 万亿元，增长到 2010 年的 1.1 万亿元，再增长到 2020 年的 12.5 万亿元，2020 年同比增长 19.04%，如图 3-1 所示。自 2005 年以来，我国跨境电商贸易额持续保持两位数增长，尤其是在 2011 年、2013 年，增长幅度超过 50%。在传统跨国贸易受新冠疫情影响和冲击的情况下，政府出台了一系列支持跨境电商发展的政策举措，推动跨境电商发展。另据商务部有关信息，我国外贸综合服务企业已超过 1500 家，海外仓数量超过 1900 个(其中北美、欧洲、亚洲地区占 90%)。2021 年 1～6 月，我国跨境电商进出口额达 8867 亿元，同比增长 28.6%，其中出口 6036 亿元，同比增长 44.1%，高于同期全国货物贸易出口额增速 5.5 个百分点[①]。2015 年以来，国务院分 5 批设立了 105 个跨境电子商

---

① 中纺联产业经济研究院. 中国跨境电商发展现状及其趋势分析[EB/OL]. http://www.sjfzxm.com/hangye/202107-28-585954.html, 2021-07-28.

务综合试验区，从区域上基本覆盖全国，形成了陆海内外联动、东西双向互济的跨境电商发展格局。

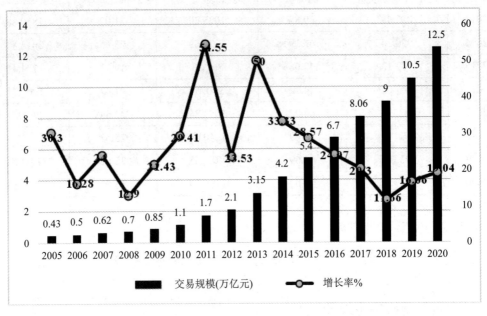

图 3-1　我国 2005—2020 年跨境电商交易规模情况

二、数字贸易结构不断优化

随着我国数字技术的快速发展，越来越多的产业与数字技术深度融合，并催生了新产品、新模式、新业态，商品结构也不断丰富。由表 3-2 可知，在 2018 年到 2021 年，在中国数字可支付服务进出口贸易中，占比最高的是其他商业服务，但出现下降态势，出口额占比由 2018 年的 52.90%下降到 2021 年的 47.67%，进口额占比由 38.12%下降到 32.92%；占比第二的为电信、计算机和信息服务，并呈现上升态势，出口占比由 2018 年的 35.61%上升到 2021 年的 41.01%，进口占比由 2018 年的 19.16%上升到 2021 年的 24.83%；占比第三的为知识产权使用费，但出口占比小于进口占比，且进出口占比变化较小，出口占比由 2018 年的 4.21%上升到 2021 年的 6.08%，进口占比由 2018 年的 28.69%上升到 2021 年的 29.02%；占比第四的为保险和养老金服务，进出口占比较小、变化也较小，进出口占比由 2018 年的 6.56%下降到 2021 年的 5.98%，进口占比由 2018 年的 9.58%上升到 2021 年的 9.93%；金融服务及个人、文化和娱乐服务占比都较小，金融服务进出口占比由 2018 年的 2.19%上升到 2021 年的 2.90%，但金融服务由 2018 年的净出口转为 2021 年的净进口；而个人、文化和娱乐服务 2018 年到 2021 年都为净进口，但进出口总额占比不到 2%。可见，中国在金融服务，保险和养老金服务，个人、文化和娱乐服务方面的数字可交付服务进出口贸易占比较低，且金融服务出口占比不升反降，数字服务贸易的国际竞争力有待进一步提高。

表 3-2　2018—2021 年中国数字可交付服务分类进出口情况

服务类别	年份	进出口		出口		进口		贸易差额
		金额/亿元人民币	占比/%	金额/亿元人民币	占比/%	金额/亿元人民币	占比/%	金额/亿元人民币
保险和养老金服务	2018	1111.8	6.56	325.8	3.73	786.1	9.58	-460.3
	2019	1073	5.71	330	3.33	743	8.39	-414
	2020	1222.3	6.01	370.9	3.47	851.4	8.84	-480.4
	2021	1369.8	5.98	335.2	2.68	1034.6	9.93	-699.4
金融服务	2018	370.8	2.19	230.4	2.63	140.4	1.71	90
	2019	440	2.34	270	2.72	170	1.92	99
	2020	507.6	2.50	288.6	2.70	218.9	2.27	69.6
	2021	665.7	2.90	320.8	2.57	344.8	3.31	-24
知识产权使用费	2018	2723.3	16.06	368	4.21	2355.2	28.69	-1987.2
	2019	2831	15.08	459	4.63	2372	26.77	-1913
	2020	3194.3	15.71	598.8	5.60	2595.5	26.95	-1996.6
	2021	3784.7	16.51	759.7	6.08	3025	29.02	-2265.3
电信、计算机和信息服务	2018	4686.9	27.65	3114	35.61	1572.9	19.16	1541
	2019	5571	29.67	3716	37.47	1856	20.95	1860
	2020	6465.4	31.80	4191.4	39.17	2273.9	23.61	1917.4
	2021	7714.7	33.65	5126.8	41.01	2587.9	24.83	2538.9
其他商业服务	2018	7754.4	45.74	4625.6	52.90	3128.9	38.12	1496.7
	2019	8499	45.26	5060	51.02	3439	38.81	1622
	2020	8643.2	42.51	5160.7	48.23	3482.4	36.16	1678.3
	2021	9390.1	40.96	5958.7	47.67	3431.3	32.92	2527.4
个人、文化和娱乐服务	2018	304.9	1.80	80.3	0.92	224.5	2.74	-144.2
	2019	364	1.94	83	0.84	281	3.17	-199
	2020	298.1	1.47	90.7	0.85	207.4	2.15	-116.7
	2021	333.6	1.46	122.5	0.98	211.1	2.03	-88.6

数据来源：商务部-商务数据中心-服务贸易-中国服务贸易分类年度统计。

三、数字贸易目标地与来源地相对集中

由表 3-3 可知，在 2020 年，中国是美国和欧盟数字货物最重要的进口来源地，占据了美国 36.5% 以及欧盟 50.3% 的进口份额；同时，中国也是欧盟第二大、美国第四大的数字

货物出口目标地。由此可见，中、美、欧在数字货物贸易领域彼此依赖。

表 3-3　2020 年中、美、欧数字货物贸易出口目标地与进口来源地前十名　　单位：%

排序	中 国				美 国				欧 盟			
	出口目标	占比	进口来源	占比	出口目标	占比	进口来源	占比	出口目标	占比	进口来源	占比
1	中国香港	20.6	日本	15.5	墨西哥	21.1	中国	36.5	美国	14.1	中国	50.3
2	欧盟	17.6	中国台湾	13.0	欧盟	15.5	墨西哥	14.9	中国	13.3	越南	7.5
3	美国	17.4	韩国	12.9	加拿大	12.6	越南	9.1	瑞士	6.0	美国	6.0
4	日本	5.1	越南	12.0	中国	8.6	中国台湾	6.6	中国台湾	5.1	日本	4.1
5	荷兰	5.0	欧盟	8.0	韩国	5.9	欧盟	6.4	韩国	5.0	马来西亚	3.3
6	越南	4.7	美国	3.0	中国香港	4.7	韩国	5.7	俄罗斯	3.5	中国台湾	3.3
7	韩国	3.4	马来西亚	2.9	日本	4.7	日本	5.2	挪威	3.1	韩国	2.6
8	印度	2.9	德国	2.7	中国台湾	4.5	马来西亚	4.5	日本	2.9	泰国	1.9
9	墨西哥	2.8	泰国	2.2	荷兰	4.0	泰国	3.1	土耳其	2.8	墨西哥	1.5
10	德国	2.6	新加坡	1.9	德国	3.2	德国	1.8	中国香港	2.0	摩洛哥	1.5

注：数据来源于联合国贸易统计数据库(UN Comtrade Database)，欧盟数据中包含英国和其他 27 个国家，对欧盟数字货物贸易目标地与来源地的统计剥离了 28 个国家相互之间的贸易数据。

资料来源：王娟等. 中美欧数字经济与贸易的比较研究[J/OL]. 西安交通大学学报(社会科学版).
https://kns.cnki.net/kcms/detail/61.1329.C.20220418.1248.002.html

由表 3-4 可知，在 2019 年，欧盟和美国是中国最重要的数字服务出口目标地，中国 47.3%的数字服务向美欧出口；与此同时，中国也高度依赖美欧的数字服务贸易出口，欧盟与美国合计占据了中国数字服务中 56.3%的进口份额。美欧在数字服务贸易领域呈现出彼此依赖的特征，美国 31.4%的数字服务出口到欧盟，欧盟也是美国第二大数字服务进口来源地区；而对于欧盟而言，美国是其最重要的数字服务出口目标地和进口来源地，欧盟对美国市场的依赖更大。但是，中国未进入美国数字服务贸易出口目标地与进口来源地前十位(进出口均排在第 13 位)，对欧盟则是其第七大对外出口目标地和第五大的进口来源地。

表 3-4　2019 年中、美、欧数字服务贸易出口目标地与进口来源地前十名

排序	中 国				美 国				欧 盟			
	出口目标	占比/%	进口来源	占比/%	出口目标	占比/%	进口来源	占比/%	出口目标	占比/%	进口来源	占比/%
1	欧盟	24.4	欧盟	38.4	欧盟	31.4	印度	35.0	美国	71.8	美国	34.4
2	美国	22.9	英国	18.5	加拿大	10.3	欧盟	31.1	瑞士	18.6	印度	7.4
3	中国香港	16.2	美国	17.9	英国	8.8	爱尔兰	14.4	澳大利亚	7.0	瑞士	7.3
4	日本	5.5	中国香港	14.5	日本	7.0	加拿大	10.7	挪威	5.8	百慕大地区	2.6
5	英国	4.5	新加坡	6.1	爱尔兰	6.0	英国	7.0	日本	4.9	中国	2.5
6	新加坡	4.0	爱尔兰	4.5	巴西	5.8	菲律宾	3.1	新加坡	4.8	加拿大	2.1
7	澳大利亚	3.1	德国	4.5	瑞士	5.4	挪威	2.1	中国	4.7	挪威	1.9
8	德国	3.0	韩国	3.6	澳大利亚	4.2	墨西哥	1.9	阿联酋	3.6	摩洛哥	1.9
9	荷兰	2.7	澳大利亚	2.8	德国	4.0	德国	1.8	俄罗斯	3.2	新加坡	1.8
10	意大利	2.0	日本	2.1	墨西哥	3.6	瑞士	1.5	印度	3.0	以色列	1.4

注：数据来源于世界贸易组织(WTO)，欧盟数据中包含英国和其他 27 个国家，对欧盟数字服务贸易目标地与来源地的统计剥离了 28 个国家相互之间的贸易数据。

资料来源：王娟等. 中美欧数字经济与贸易的比较研究[J/OL]. 西安交通大学学报(社会科学版). https://kns.cnki.net/kcms/detail/61.1329.C.20220418.1248.002.html

第三节　中国数字贸易发展的机遇与挑战

一、中国数字贸易发展的机遇

(一) 中国政府高度重视数字贸易开放发展

2019 年中国发布的《中共中央　国务院关于推进贸易高质量发展的指导意见》指出，要"深化服务贸易领域改革和开放""加快数字贸易发展"。2020 年国务院办公厅印发《关于推进对外贸易创新发展的实施意见》，提出要"加快贸易数字化发展""发挥自由贸易试验区、自由贸易港制度创新作用""不断提升贸易便利化水平""促进跨境电商等新业态发展"。《中华人民共和国国民经济和社会发展第十四个五年规划和 2035 年远景目标

纲要》再次强调，要"坚持实施更大范围、更宽领域、更深层次对外开放""创新发展服务贸易，推进服务贸易创新发展试点开放平台建设，提升贸易数字化水平"。这些文件是对数字贸易发展的顶层设计，为数字贸易发展提供了明晰的指导思想、基本原则、发展目标、主要任务和保障措施等，推动了数字贸易的创新发展，极大地拓展了贸易的广度和深度，是构筑我国外贸新优势和新动能的重要举措。总之，政府高度重视数字贸易的发展，并出台了一系列扶持政策，对数字贸易创新发展奠定了良好的基础。

(二) 互联网等数字基础设施发展迅猛

据中国互联网信息中心(CNNIC)2021 年 2 月发布的报告，截至 2020 年 12 月，中国网民规模达到 9.89 亿人，互联网普及率达到 70.4%。从 2011 年至 2020 年，中国的互联网普及率从 36.2%上升至 70.4%，网民规模从 4.85 亿人上升至 9.89 亿人，实现了倍增式发展。中国已进入互联网快速普及的信息化社会。同时，新基建发展迅猛，据统计，截至 2020 年底，5G 网络建设速度和规模位居全球第一，已建成 5G 基站达到 71.8 万个，5G 终端连接数超过 2 亿。移动互联网用户接入流量由 2015 年底的 41.9 亿 GB 增长到 2020 年的 1656 亿 GB。国家域名数量位居全球第一位。互联网协议第六版(IPv6)规模部署取得明显成效，固定宽带和移动 LTE 网络 IPv6 升级改造全面完成，截至 2020 年底，IPv6 活跃用户数达 4.62 亿；国家电网开发的智慧车联网平台，已接入充电桩超过 103 万个；推进智能制造、柔性定制，全国范围内"5G + 工业互联网"建设项目超过 1100 个。北斗三号全球卫星导航系统开通，全球范围定位精度优于 10 米[①]。

2020 年，突如其来的新冠疫情使得全球贸易局势的不确定性加剧，200 多个国家和地区受到影响，而互联网产业展现出巨大的发展活力和韧性，以跨境电商为代表的互联网行业在产能受限、物资短缺和物流不畅的情况下，发挥全球集采作用，为防疫物资供应作出重要贡献。远程办公、在线教育等互联网技术应用，为经济复苏提供强大的助力。从长期来看，互联网等数字基础设施能够培育新经济、新技术和新产业，打造中国经济新的增长点。

(三) 数字产业与平台创新发展

我国数字经济发展趋势良好，数字产业化和产业数字化已初具规模，在服务外包、电信、计算机信息服务等领域已具有较强的国际竞争力。由表 3-5 可知，在 2019 年福布斯公布的全球数字经济 100 强企业中，中国企业有 14 家，体量在全球领先。目前，中国数字经济总量跃居世界第二，数字经济增速居世界第一，数字头部企业数量走进全球第一方阵，中国已经成为引领全球数字经济创新的重要策源地。截至 2020 年 2 月，腾讯在全球主要国家和地区的专利申请公开数量超过 3.7 万件、授权专利超过 1.4 万件，PCT 国际申请超过 4800 件，国内申请数量超过 2.5 万件、授权数量超过 1 万件[②]。越来越多的数字技术企业通过并购、商业模式拓展、技术供应等方式扩展全球业务。华为经过 20 年的筹划布

---

① 国家互联网信息办公室. 数字中国发展报告(2020 年)[R]. 北京，2020.

② 王晓红，朱福林，夏友仁. "十三五"时期中国数字服务贸易发展及"十四五"展望[J]. 首都经济贸易大学学报，2020(11)：28-42.

局已形成了海外多个运营中心和研发中心。同时，中国拥有 14 亿人口的超级大市场，大数据、云计算、人工智能、区块链等新兴数字技术的应用场景广阔，为数字贸易发展奠定了坚实基础。

表 3-5　全球数字经济 100 强榜单中国企业名单(2019 年)

排名	中 文 名	国家和地区	分 类
8	中国移动有限公司	中国内地	电信服务
10	阿里巴巴集团	中国内地	互联网和目录零售
14	腾讯控股	中国内地	计算机服务
19	台积电	中国台湾	半导体
24	鸿海精密	中国台湾	电子产品
27	中国电信股份有限公司	中国内地	电信服务
34	中国联合网络通信(香港)股份有限公司	中国香港	电信服务
44	京东	中国内地	互联网和目录零售
49	百度	中国内地	计算机服务
56	小米集团	中国内地	—
71	中国铁塔股份有限公司	中国内地	
88	联想控股	中国内地	计算机硬件
89	联想集团	中国香港	计算机硬件
90	网易	中国内地	计算机服务

资料来源：2019 年福布斯公布的全球数字经济 100 强榜单。

从跨境电商的企业来看，目前涌现出了一大批具有代表性的知名平台企业，如阿里巴巴国际站、环球资源、中国制造网、敦煌网、大龙网、拓拉思等以及 eBay、全球速卖通、Wish、Shopee、SHEIN、环球易购、有棵树、海带、KKS、跨境翼、天猫国际、京东国际、淘宝全球购、考拉海购、洋码头、苏宁国际、蜜芽等[1]。我国跨境电商行业的企业主要分为两类，出口跨境电商和进口跨境电商。出口跨境电商分为 B2B 类和 B2C 类，B2B 类代表企业有阿里巴巴、环球资源、中国制造网、敦煌网等；B2C 类代表企业有亚马逊、全球速卖通、安可创新等。进口跨境电商也分为 B2B 和 B2C 类，B2B 类代表企业有行云集团、笨土豆、跨境翼等，B2B 类代表企业有天猫国际、京东国际、考拉海购等[2]。B2B 类和 B2C 类双轮驱动，推动我国跨境电商发展加快向"买全球""卖全球"迈进，持续为"稳外贸"和贸易高质量发展赋能。

(四) 数字贸易发展制度环境不断优化

近年来，党中央、国务院高度重视数字贸易发展，明确指出要加快数字贸易发展，推进数字服务出口基地建设，打造数字贸易示范区，数字贸易发展的环境不断完善。

---

① 谭芬等. 我国跨境电商对进出口贸易的提振效应考察[J]. 商业经济研究，2022(04)：161-164.
② 网经社：《2022 年度中国跨境电商市场数据报告》发布. http://www.100ec.cn/detail.6625826.html.

一是加快出台了相关法律。近年来，我国政府非常重视跨境电子商务发展，并不断推进其升级创新，深化体制机制的改革，为跨境电子商务打造了良好的生长发展环境。2018年财政、海关和税务局联合出台的《关于完善跨境电子商务零售进口税收政策的通知》相关政策文件，为电商的发展提供了重要的政策支持和广阔的发展空间。2019年《中华人民共和国电子商务法》的正式实施，为电商的持续健康发展、老旧的贸易模式创新和平衡贸易各方的权益等提供了一定的保证。

二是积极实践更高水平数字贸易规则。中国在自由贸易试验区、海南自由贸易港等对外开放高地先行先试 CPTPP、USMCA 等高水平自贸协定中的数字贸易规则，例如，不断缩减外资准入负面清单，允许更多境外优质数字服务企业来华发展；出台了《海南自由贸易港跨境服务贸易特别管理措施(负面清单)(2021 年版)》，降低了跨境交付模式下的数字贸易准入门槛等，为国家在更高水平、更大范围、更宽领域的数字贸易规则探索上进行压力测试，总结经验。

三是积极参与数字规则国际谈判。中国不仅参与了 WTO 电子商务诸边协定谈判，而且签署了 RCEP 等高水平自贸区协定，申请加入《全面与进步跨太平洋伙伴关系协定》(CPTPP)和《数字经济伙伴关系协定》(DEPA)，这不仅表明了我国积极推进全球化的决心，而且为数字经济全球化提供了中国方案和中国智慧。此外，这也有利于我国数字贸易的发展。

二、中国数字贸易发展的挑战

(一) 数字服务产业国际竞争力较弱

由表 3-2 可知，我国在可数字化服务贸易中，在 2021 年，我国的保险和养老金服务，金融服务，知识产权服务，个人、文化和娱乐服务都处于进口额大于出口额，即净进口国地位，仅电信、计算机和信息服务，其他商业服务处于净出口国地位。由表 3-6 可知，2019年，除计算机、管理咨询、工程研发、保险、电信、计算机信息服务等国际市场占有率较高外，中国在金融、知识产权及文化娱乐方面占比较低，且金融占比不升反降，数字服务贸易的国际竞争力较弱。

表 3-6　中国数字服务贸易细分子类国际市场占有率及其变化　　　　　单位：%

年份	电信	计算机	信息	保险	金融	知识产权	管理咨询	工程研发	文化娱乐
2019	2.68	9.40	—	3.48	0.75	1.62	6.78	6.18	1.45
2014-2019*	1.4	3.95	—	0.12	−0.21	1.42	—	—	1.2

注：*表示 2019 年与 2014 年相比，国际市场占有率的变化。—表示数据缺失。

数据来源：联合国贸发会议数据。

(二) 数字贸易发展对跨境数据流动提出更高要求

与传统贸易相比，数据成为核心要素资源和借以赋能全球经济的重要载体，数字贸易发展高度依赖于要素的聚集及其便利的跨境转移。然而，随着数据赋能价值的不断显现，对其不当使用所导致的安全隐患的担忧也在与日俱增。掌控了数据就维护了发展主权和信息安全的战略观日益强化，基本上所有国家都对特定类型的数据实施了程度不等的跨境流动限制。

跨境数据流动限制，一部分表现为交易壁垒，是对数字产品交易的限制，与转让个人数据和知识产权保护等规则有关；另一部分则表现为市场准入壁垒，是对跨境提供服务的限制。例如，阻止公司通过互联网向客户提供娱乐服务；通过限制国际在线支付来干预电子商务发展；限制使用大数据、云计算、人工智能等先进技术。这些限制性举措在较大程度上抵消了数字贸易的发展优势和潜力。因此，如何在保障信息安全的同时，构筑有助于跨境数据自由流动的贸易规则体系和数字监管环境，避免碎片化的国际治理格局束缚数字贸易发展的活力，就成为摆在各国政府面前的重要任务[①]。

(三) 中国在全球数字贸易规则博弈中处于弱势地位

数字贸易规则制定已经成为国际社会关注的焦点。发达经济体通过签订自由贸易协定和向 WTO 提交提案的方式，对外输出其数字贸易规则主张。2018 年以来签署的美墨加协定(USMCA)、《欧盟—日本经济伙伴关系协议》(EU-Japan EPA)、《美日数字贸易协定》(US-Japan Digital Trade Agreement)、《全面与进步跨太平洋伙伴关系协定》(CPTPP)等自由贸易协定，集中体现了发达经济体在数字贸易领域主导的规则，如减少国际数据传输和数据本地化政策的不确定性、严格保护知识产权等。当前推动数字贸易规则的主要力量是美国和欧盟。在全球数字贸易规则竞争中，发达经济体内部的政策主张也有程度上的差异。例如，在禁止数据本地化上，美国给予金融服务设施例外处理，日本排除了合法的公共政策目标下的要求，而欧盟完全禁止本地化要求；在市场准入上，欧盟对视听服务不做承诺，以维护其文化多样性。但总体来讲，我国与美、欧、日的分歧更为突出。我国不论是在参与水平还是制度准备上都尚显不足，被边缘化的风险不断加大，可能导致在未来的国际竞争力中处于不利地位。

(四) 中国数字贸易相关法律法规有待完善

传统贸易向数字贸易转型过程中，会催生一批新技术、新产业和新模式。尽管近年来，中国数字贸易发展迅猛，但数字贸易规则体制建设尚不成熟，特别是数据本地化、数据隐私、数据知识产权等数字贸易壁垒问题是目前数字贸易发展中急需解决的重要难题。我国对数字贸易尚未出台针对性的法律法规，只有一般性法律条款，且涉及的范围有限，各法律主体的权利与义务不够明确，尚不能完全适应数字贸易发展的需要，对数据安全、个人隐私、知识产权保护等方面相关的法律法规还有待进一步完善[②]。

第四节　中国数字贸易发展的趋势与思路

数字贸易将在未来经济增长中发挥极其重要的作用，这一判断已经得到国际社会广泛认同。因此，世界主要经济体都在加快数字贸易布局，以期抢占先机。我国具有良好的数字经济发展基础和广大的消费市场，应不断夯实已有优势，充分释放数字红利，推动数字

① 陈红娜. 国际数字贸易规则谈判前景与中国面临的挑战[J]. 新经济导刊，2021(01)：15-20.
② 刘杰. 发达经济体数字贸易发展趋势及我国发展路径研究[J]. 国际贸易，2022(3)：28-36.

贸易高质量发展。

一、中国数字贸易发展的趋势

(一) 数字贸易规模快速增长

随着现代信息技术在全球范围内的深度应用和数字经济的快速发展，以互联网为基础的数字贸易蓬勃兴起，带动全球创新链、产业链和价值链加速优化整合，正在成为数字时代的重要贸易方式。《"十四五"对外贸易高质量发展规划》明确提出，"坚持数字赋能，加快数字化转型。紧紧抓住全球数字经济快速发展机遇，依托我国丰富的应用场景优势，激活数据要素潜能，促进数字技术与贸易发展深度融合，不断壮大外贸发展新引擎。"数字科技创新和应用推广将催生新业态、新模式不断涌现，服务业内涵和形式更加丰富、分工更加细化。数字技术与越来越多的垂直领域深度融合，以数字技术为支撑、高端服务为先导的"服务+"整体出口将成为中国数字贸易发展的新动能，云外包、直播电商、微信、抖音等新模式不断涌现为数字贸易注入新活力。据统计，中国数字贸易规模从 2010 年的 1266.18 亿美元增长到 2020 年的 2939.85 亿美元，年均增速达 8.79%，发展迅猛；跨境电商贸易额从 2010 年的 1.1 万亿元，增长到 2020 年的 12.5 万亿元，年均增速 27.51%，跨境贸易实现了跨越式发展，中国数字贸易发展前景广阔。

(二) 信息技术及其服务出口将保持良好态势

自 20 世纪 90 年代以来，我国电子信息产业蓬勃发展，国际竞争力不断提升，已成为我国的战略性、支柱性、先导性产业并得到前所未有的重视。由表 3-7 可知，我国 2010 年到 2019 年电子信息制造业、软件和信息技术服务业的主营业务收入年均增速分别为 8.57% 和 20.37%；由表 3-8 可知，中国电信、计算机和信息服务出口额从 2010 年的 104.76 亿美元增长到 2019 年的 537.85 亿美元，年均增速为 19.93%，进口额从 2010 年的 41.03 亿美元增长到 2019 年的 268.61 亿美元，年均增速为 23.22%。可见，我国信息产业发展成效显著，国际竞争力进一步提高，在某些领域，如人工智能，更是走在世界前列。

表 3-7　中国规模以上电子信息产业主营业务收入(2010—2019 年)

年份	2010	2011	2012	2013	2014	2015	2016	2017	2018	2019	年均增速/%
电子信息制造业/亿元	63 945	74 909	84 619	93 202	102 988	111 318	114 709	130 313	126 297	134 020	8.57
软件和信息技术服务业/亿元	13 589	18 849	24 794	30 587	48 951	42 848	48 232	55 103	61 909	72 072	20.37
合计/亿元	77 534	93 758	109 413	123 789	151 939	154 166	162 941	185 416	188 206	206 092	11.47

数据来源：《中国统计年鉴》(2011—2020 年)。

表 3-8　中国电信、计算机和信息服务进出口情况(2010—2019 年)

年份	2010	2011	2012	2013	2014	2015	2016	2017	2018	2019	年均增速/%
出口/亿美元	104.76	139.08	162.47	170.98	201.73	257.84	265.31	277.67	470.68	537.85	19.93
进口/亿美元	41.03	50.35	54.90	76.24	107.48	112.30	125.79	191.76	237.75	268.61	23.22
进出口额/亿美元	145.79	189.43	217.37	247.22	309.21	370.14	391.1	469.43	708.43	806.46	20.93
TC	0.44	0.47	0.49	0.38	0.30	0.39	0.36	0.18	0.33	0.33	—

数据来源：UNCTAD。

　　随着数字经济作为我国经济发展的新引擎，数字经济发展的支撑产业将会得到政府的进一步重视。2020 年国家发展和改革委员会、科技部、工业和信息化部、财政部等四部门联合印发的《关于扩大战略性新兴产业投资　培育壮大新增长点增长极的指导意见》明确提出，我国将围绕重点产业链、龙头企业、重大投资项目，加强要素保障，促进上下游、产供销、大中小企业协同，聚焦新一代信息技术产业等 8 大重点产业投资领域，加快推动战略性新兴产业高质量发展，培育壮大经济发展新动能。可以预计，未来中国的信息技术产品及其服务出口将保持良好态势。

(三) 数字贸易竞争力将会不断提高

　　由表 3-9 可知，从 2010 年到 2019 年，中国数字服务贸易的国际市场占有率、显示性比较优势指数和贸易竞争力指数都呈现波动上升，国际竞争力有所提高。从数字服务贸易细分子目来看，尽管我国的保险和养老金服务，知识产权使用费，个人、文化和娱乐服务和金融服务的国际竞争力较弱，但进出口规模都有所上升，且知识产权使用费，保险和养老金服务的贸易竞争力指数尽管为负，但有所好转；电信、计算机和信息服务，其他商业服务的国际竞争力都较强，如表 3-10 和表 3-11 所示。随着我国数字基础设施的不断完善、数字产业与平台的创新发展、数字贸易营商环境的不断优化，我国数字贸易的竞争力将会不断提高。

表 3-9　2010—2019 年中国数字服务贸易竞争力变化情况

年份	国际市场占有率/%	显示性比较优势指数	贸易竞争力指数
2010	3.07	0.68	-0.09
2011	3.49	0.78	-0.09
2012	3.32	0.76	-0.09
2013	3.45	0.82	-0.11
2014	3.80	0.91	-0.02
2015	3.69	0.85	0.04
2016	3.59	0.87	-0.02
2017	3.63	0.88	-0.01
2018	4.29	0.95	0.03
2019	4.50	0.98	0.06

数据来源：UNCTAD。

表 3-10　2010—2019 年中国数字服务贸易子类竞争力情况

服务类别	指标	年　份									
		2010	2011	2012	2013	2014	2015	2016	2017	2018	2019
保险和养老金服务	IMS/%	1.80	2.77	2.89	3.17	3.36	4.09	3.22	3.02	3.45	3.48
	RCA	0.17	0.27	0.26	0.27	0.27	0.30	0.25	0.24	0.27	0.26
	TC	-0.80	-0.73	-0.72	-0.69	-0.66	-0.28	-0.51	-0.44	-0.41	-0.39
金融服务	IMS/%	0.37	0.20	0.45	0.71	0.96	0.51	0.71	0.76	0.67	0.75
	RCA	0.04	0.02	0.04	0.06	0.08	0.04	0.05	0.06	0.05	0.06
	TC	-0.02	0.06	-0.01	-0.07	-0.04	-0.06	0.22	0.39	0.24	0.23
知识产权使用费	IMS/%	0.34	0.27	0.37	0.29	0.20	0.33	0.34	1.27	1.37	1.62
	RCA	0.03	0.03	0.03	0.02	0.02	0.02	0.03	0.10	0.11	0.12
	TC	-0.88	-0.90	-0.89	-0.92	-0.94	-0.91	-0.91	-0.71	-0.73	-0.68
个人、文化和娱乐服务	IMS/%	0.23	0.21	0.20	0.23	0.25	1.05	1.05	0.99	1.51	1.46
	RCA	0.02	0.02	0.02	0.02	0.02	0.08	0.08	0.08	0.09	0.09
	TC	-0.50	-0.53	-0.64	-0.68	-0.67	-0.44	-0.49	-0.57	-0.56	-0.62
其他商业服务	IMS/%	5.26	6.04	5.22	5.46	5.98	5.32	5.03	4.95	5.22	5.23
	RCA	0.02	0.01	0.01	0.02	0.02	0.02	0.02	0.02	0.02	0.03
	TC	0.11	0.07	0.09	0.09	0.26	0.19	0.14	0.15	0.17	0.16

数据来源：UNCTAD。

表 3-11　2010—2019 年中国电信、计算机和信息服务竞争力情况

细分产业	指标	年　份									
		2010	2011	2012	2013	2014	2010	2015	2016	2017	2018	2019
ICT 服务	IMS/%	3.26	3.72	4.19	4.03	4.27	3.26	5.40	5.35	5.16	7.54	7.93
	RCA	0.32	0.36	0.38	0.35	0.35	0.32	0.32	0.36	0.38	0.35	0.35
	TC	0.49	0.63	0.65	0.64	0.65	0.49	0.74	0.70	0.64	0.74	0.70
电信服务	IMS/%	1.42	1.82	1.89	1.70	1.28	1.42	1.78	1.83	1.99	2.24	2.68
	RCA	1.05	1.24	1.38	1.34	1.52	1.05	1.89	2.05	2.28	3.75	4.35
	TC	1.51	0.52	0.58	0.44	0.32	0.51	0.41	0.37	0.20	0.34	0.34
计算机服务	IMS/%	—	—	5.28	5.09	5.45	—	6.71	6.61	6.26	9.15	9.41
	RCA	—	—	—	—	—	—	—	—	—	—	—
	TC	0.04	0.18	0.04	0.01	0.12	0.04	0.22	0.18	-0.01	0.14	0.15

注：“—”表示数据缺失。

数据来源：UNCTAD。

二、中国数字贸易发展的思路

（一）加强数字贸易顶层设计，优化数字贸易营商环境

将推动数字贸易发展上升到国家战略高度，优化数字贸易顶层设计，构建有利于数字

贸易发展的国内政策环境。深化"放管服"改革，打破地方保护壁垒，释放数据要素价值，构建有助于跨境数据流动和信息共享安全的营商环境。加快数字贸易领域理论和应用实践的研究，制定与数字贸易发展相匹配的法律法规，有效保护隐私。探索推动财税与金融相结合，设立数字贸易发展专项基金帮扶企业数字化转型，降低企业数字贸易转型成本，推动其参与全球价值链重塑。创新数字贸易监管机制，完善数字管理战略规划，消除数字平台垄断，保障企业公平竞争。

(二) 加快新型基础设施建设，夯实数字贸易发展基础

互联网是数字贸易发展的基础，新时期应加快城镇和农村网络普及，实现互联网全覆盖；持续推进工业互联网创新发展，打造公共服务平台，推动人工智能、区块链、大数据、云计算和金融科技等新兴数字技术快速发展；打造数字化程度更高、智能化水平更强、网络化连接更广的综合型、智能型数字基础设施，为数字贸易高质量发展奠定坚实基础。

(三) 加快数字技术产业化进程，拓展数字贸易发展空间

数字产业是数字贸易发展的基础，要加速传统服务业数字化变革，推动更多传统服务业态加入数字化转型行列，扩展可数字化服务范围。进一步重点扩大与制造业相关的信息技术、研发设计等数字服务进口，增强对制造业创新和价值链升级的支撑能力，同时带动远程维修、研发设计、软件和信息技术服务、知识产权、金融等数字服务出口，提升产业综合竞争力。发挥中国货物贸易的规模优势，带动与货物贸易相关的金融、保险、结算、电子商务、供应链管理等数字服务出口，提升国际贸易价值链整体增值水平。充分利用大数据、云计算、人工智能、区块链等数字技术提升货物贸易效率，扩大数字服务贸易规模。依托国内强大的消费市场，扩大数字教育、数字娱乐、数字医疗、数字出版等领域的贸易规模。

(四) 健全数字贸易法律法规，完善数据流动监管机制

数字经济时代，数据成为关键生产要素。我国要进一步完善《电子商务法》《跨境数据传输法》《网络安全法》等法律法规，强化跨境数据传输的监管，对数据跨境流动可能带来的安全隐患和隐私保护问题进行充分地研究和评估；尽快建立从国家到地方的数据监管联动机制，加大数据保护力度，加强数据跨境流动监管，完善数据跨境安全评估机制；加快出台《个人信息保护法》，对标国际高水平个人信息保护法，提高国内数据保护水平，保证数据跨境流动的安全可控[①]。

(五) 深度参与国际标准制定，构建合作共赢规则体系

数字经济的蓬勃发展使得全球的贸易模式和治理结构发生深刻转变，数字贸易规则体系的建立是参与新一轮国际竞争的关键。因此，我国要积极参与国际数字贸易规则制定，提出中国的诉求和主张。积极参与全球数字贸易谈判，对数字治理、知识产权保护、数据

① 郑伟. 为数字贸易国际规则制定贡献中国智慧[N]. 国际商报，2022-02-10(3).

跨境流动、数据本地化存储等关键议题要加强研究并明确中国规则，提供中国方案，贡献中国智慧。进一步加强与国际社会在数字贸易领域的合作，以合作推动共识，拓展我国在数字贸易领域的发展空间。

（六）加大数字人才培养力度，提供数字贸易人才支撑

人力资本对数字贸易的发展起到关键的促进作用，数字贸易以数字技术为依托，更加需要重视对数字技术与数字贸易领域的人才的培养。人才培养的主要途径有，一是在高校设立数字经济和数字贸易发展所需专业，加强政企校三方互联互通，加强产教融合，培养更多前沿型、复合型、国际化专业数字人才，实现数字人才的规模化、高质量培养。二是借助跨境数字贸易港、自由贸易区、大型企业等平台，打造国际数字贸易人才培育基地，共建数字贸易人才在线学习载体，通过学术交流、人才举荐、专业培训等渠道，提升人才开发效率和质量。三是加大对数字贸易高端人才的政策扶持，积极打造高层次人才共享服务平台，聚集数字经济贸易人才，利用高新技术产业集群的规模效应和极化效应吸引优秀人才，不断完善人才激励机制。我国要多措并举，加大数字贸易人才培养力度，为数字贸易发展提供人才支撑。

专栏 3-1　数字贸易营商环境区域比较研究

随着人类社会迈入数字经济时代，信息通信技术正加速推动国际贸易变革，国际贸易呈现出高度数字化的特征。数字贸易作为数字技术在经济贸易领域的重要应用，正在成为国际贸易发展的新动能。数字贸易是数字时代的象征，是科技赋能的标志，也是我国构建更高层次改革开放新格局的重要抓手。据统计，中国可数字化服务贸易额快速增长，从 2005 年到 2019 年年均增长率达 13.04%。中国跨境电商进出口总额由 2015 年的 360.2 亿元增长至 2019 年的 1862.1 亿元，年均增长率达到 50.79%。2019 年我国服务贸易整体规模为 5.4 万亿元，其中数字贸易进出口规模达到 1.4 万亿元，占服务贸易比重的 25.6%。可见，我国数字贸易正在蓬勃发展，并已成为我国对外贸易的新引擎。而营商环境是否完善对数字贸易发展影响至关重要，因此，进一步开展优化数字贸易营商环境的研究具有重要的现实意义。

（一）数字贸易营商环境评价指标体系构建

基于数字贸易的内涵本质、我国数字贸易发展情况以及营商环境指标体系构建原则构建数字贸易营商环境评价指标体系，包括 8 个一级指标，27 个二级指标。

（1）数字基础设施是优化数字贸易营商环境的坚实根基。数字贸易是以现代信息网络为载体，通过信息通信技术的有效使用实现传统实体货物、数字产品和服务、数字化知识与信息的高效交换，进而推动消费互联网向产业互联网转型并最终实现制造业智能化的新型贸易活动，因此数字贸易的发展依赖于数字基础设施的提升。为此，在该维度下设立了互联网宽带接入端口数量、互联网宽带接入用户、移动互联网用户和移动电话普及率 4 个指标。

（2）物流服务是数字贸易营商环境的重要支撑。数字技术和货物贸易的融合发展对货物运输和物流效率提出了更高的要求。为此，在该维度下设立快递业务收入、铁路货运量

和公路货运量 3 个指标。

(3) 金融服务是优化数字贸易营商环境的关键一环。做活金融生态，畅通金融血脉是打造一流数字贸易营商环境的核心之举，有利于切实增强金融服务实体经济能力，为企业生长提供优质的土壤。为此，在该维度下设立金融机构数量、金融机构各项贷款余额和社会融资规模 3 个指标。

(4) 创新环境。创新是推动世界经济发展、人类生活改善的重要动力。在传统贸易向数字贸易转型的过程中，产业价值链更依赖研发和创新以及无形资产投入的增加。创新成为数字贸易发展的主要动力，企业对技术等创新资源要素的投入和需求也越来越大。为此，在该维度下设立创新能力指数、研发投入强度、专利授权拥有数和高校数量 4 个指标。

(5) 人力资本是直接参与企业生产创新过程中，是企业在生产活动中的创新智力支撑和劳动力支撑。为此，在该维度下设立平均工资水平、高校在校人数和年末单位从业人员 3 个指标。

(6) 对外开放水平是优化数字贸易营商环境的重要条件。习近平总书记在第二届中国国际进口博览会上将"继续优化营商环境"作为中国持续推进更高水平对外开放的措施之一，表明了营商环境与对外开放的密切联系。为此，在该维度下设立了对外非金融投资、外资直接投资企业数、对外货物贸易依存度(货物进出口额/GDP)和对外服务贸易依存度(服务贸易额/GDP)4 个指标。

(7) 政务环境是数字贸易营商环境的重要保障。首先，数字贸易产业作为高风险、高投资、高收益的战略性新兴产业，具有较强的外部性和不确定性，需要政府的宏观把控来纠正市场失灵，发挥其在产业发展中的引导作用，从而优化数字贸易营商环境。其次，知识产权服务是服务贸易的重要组成部分，也是服务贸易高附加值转型的关键支撑，国际贸易中如果没有专利等知识产权，企业将寸步难行。为此，在该维度下设立一般公共预算支出和知识产权保护指数 2 个指标。

(8) 市场环境是涵盖企业所面临的市场需求状况与市场化进程，是营商环境的动力，决定企业经营利润的空间。为此，在该维度下设立人均 GDP、人均消费水平、电子商务销售额和电子商务企业比重 4 个指标。

(二) 数字贸易营商环境总体评价结果与分析

利用熵值法对上述指标体系测算可获得中国 31 个省、自治区、直辖市 2014—2019 年的数字贸易营商环境指数，结果如表 3-12 和表 3-13 所示。由表 3-12 可知，中国 31 个省、自治区、直辖市的数字贸易营商环境指数均在稳步提升，全国数字贸易营商环境指数由 2014 年的 0.210 上升至 2019 年的 0.288，年均增长率为 6.521%。同时，各个省、自治区、直辖市的数字贸易营商环境指数存在明显差异。由表 3-13 可知，2014—2019 年数字贸易营商环境指数均值大于 0.4 的仅有广东省、北京市、上海市、江苏省和浙江省，可见这些地区的数字贸易营商环境优势较为明显，处于第一梯队。其中，广东省的数字贸易营商环境指数最高，而北京市、上海市、江苏省和浙江省的数字贸易营商环境指数差距相对较小。数字贸易营商环境指数大于 0.3 的也仅有 6 个地区。但是新疆、甘肃、宁夏、西藏和青海这 5 个地区的数字贸易营商环境还不足 0.15。可见，我国数字贸易营商环境发展的区域差异较大。

表 3-12　2014—2019 年我国 31 个省、自治区、直辖市数字贸易营商环境指数

地区	省、自治区、直辖市	2014 年	2015 年	2016 年	2017 年	2018 年	2019 年	年均增长率/%
东部地区	北京市	0.426	0.459	0.475	0.485	0.513	0.526	4.307
	天津市	0.260	0.267	0.295	0.272	0.287	0.303	3.108
	河北省	0.205	0.218	0.246	0.265	0.282	0.301	7.985
	辽宁省	0.257	0.261	0.267	0.273	0.286	0.288	2.304
	上海市	0.408	0.457	0.469	0.475	0.498	0.523	5.092
	江苏省	0.396	0.425	0.445	0.470	0.495	0.515	5.396
	浙江省	0.354	0.404	0.425	0.452	0.490	0.508	7.491
	福建省	0.232	0.251	0.264	0.275	0.299	0.314	6.240
	山东省	0.318	0.338	0.372	0.399	0.425	0.422	5.822
	广东省	0.466	0.499	0.534	0.565	0.616	0.630	6.216
	海南省	0.129	0.146	0.150	0.160	0.168	0.177	6.531
	平均值	0.314	0.339	0.358	0.372	0.396	0.410	5.480
中部地区	山西省	0.177	0.187	0.191	0.211	0.232	0.241	6.367
	吉林省	0.136	0.139	0.149	0.157	0.166	0.174	5.051
	黑龙江省	0.143	0.144	0.158	0.162	0.169	0.177	4.358
	安徽省	0.219	0.230	0.246	0.268	0.287	0.297	6.283
	江西省	0.154	0.175	0.184	0.203	0.223	0.240	9.279
	河南省	0.214	0.235	0.262	0.280	0.307	0.308	7.554
	湖北省	0.202	0.221	0.241	0.260	0.277	0.291	7.574
	湖南省	0.196	0.212	0.230	0.249	0.269	0.273	6.852
	平均值	0.180	0.193	0.208	0.224	0.241	0.250	6.791
西部地区	内蒙古自治区	0.173	0.177	0.192	0.206	0.222	0.221	5.019
	广西壮族自治区	0.137	0.149	0.167	0.181	0.204	0.220	9.936
	重庆市	0.191	0.198	0.213	0.233	0.250	0.262	6.526
	四川省	0.222	0.243	0.271	0.294	0.327	0.341	8.963
	贵州省	0.106	0.128	0.156	0.170	0.187	0.194	12.849
	云南省	0.121	0.134	0.150	0.168	0.185	0.195	10.014
	西藏自治区	0.070	0.086	0.093	0.102	0.100	0.092	5.618
	陕西省	0.216	0.227	0.247	0.260	0.273	0.281	5.402
	甘肃省	0.111	0.123	0.140	0.148	0.158	0.166	8.382
	青海省	0.066	0.075	0.078	0.099	0.101	0.120	12.701
	宁夏回族自治区	0.093	0.106	0.114	0.126	0.138	0.153	10.469
	新疆维吾尔自治区	0.118	0.122	0.135	0.152	0.163	0.179	8.691
	平均值	0.135	0.147	0.163	0.178	0.192	0.202	8.394
全国平均值		0.210	0.227	0.244	0.259	0.277	0.288	6.521

表3-13　2014—2019年中国31个省、自治区、直辖市数字贸易营商环境平均值及排名

排名	省、自治区、直辖市	平均值	排名	省、自治区、直辖市	平均值
1	广东省	0.552	17	重庆市	0.225
2	北京市	0.481	18	山西省	0.207
3	上海市	0.472	19	内蒙古自治区	0.199
4	江苏省	0.458	20	江西省	0.197
5	浙江省	0.439	21	广西壮族自治区	0.176
6	山东省	0.379	22	云南省	0.159
7	四川省	0.283	23	黑龙江省	0.159
8	天津市	0.281	24	贵州省	0.157
9	福建省	0.273	25	海南省	0.155
10	辽宁省	0.272	26	吉林省	0.154
11	河南省	0.268	27	新疆维吾尔自治区	0.145
12	安徽省	0.258	28	甘肃省	0.141
13	河北省	0.253	29	宁夏回族自治区	0.122
14	陕西省	0.251	30	西藏自治区	0.091
15	湖北省	0.249	31	青海省	0.090
16	湖南省	0.238			

资料来源：李晓钟，沈栋芳．数字贸易营商环境区域比较研究[J]．评价与管理，2022(02)：7-15.

专栏3-2　电商百强榜之跨境电商榜单

2022年2月14日，网经社电子商务研究中心发布《2021年度中国电子商务"百强榜"》。榜单显示，100家上榜公司总值(市值＋估值)达8.12万亿元。其中，8家数字贸易公司上榜"百强榜"，总值4509.6亿元，占比5.55%，如表3-14所示。

榜单显示，数字贸易上榜公司中排名前三的分别是SHEIN(估值3000亿元)、安克创新(估值416.6亿元)、空中云汇(估值350亿元)。其余五家分别是：Patpat(估值200亿元)、行云集团(估值190亿元)、连连数字(估值150亿元)、联络互动(估值103亿元)、PingPong(估值100亿元)等。所在地方面，深圳、杭州最多，各为3家；公司类型方面，6家为"独角兽"公司、2家为上市公司。

表3-14　2021年度中国电子商务"百强榜"中8家数字贸易公司

排名	平台名称	领域	所在行业	估值/亿美元	所在地	类型
1	SHEIN	数字贸易	出口电商	3000.00	南京	独角兽
2	安克创新	数字贸易	进出口电商	416.60	长沙	上市
3	空中云汇	数字贸易	跨境服务商	350.00	深圳	独角兽
4	Patpat	数字贸易	出口电商	200.00	深圳	独角兽

续表

排名	平台名称	领域	所在行业	估值/亿美元	所在地	类型
5	行云集团	数字贸易	进出口电商	190.00	深圳	独角兽
6	连连数字	数字贸易	跨境服务商	150.00	杭州	独角兽
7	联络互动	数字贸易	进出口电商	103.00	杭州	上市
8	Pingpong	数字贸易	跨境服务商	100.00	杭州	独角兽

资料来源：网经社电子商务研究中心发布《2021 年度中国电子商务"百强榜"》。

复习思考题

1. 中国数字贸易发展有何特点？

2. 中国数字贸易发展的机遇与挑战有哪些？中国应如何扬利抑弊，加快数字贸易发展？

3. 中国数字贸易发展环境如何？与其他国家相比，中国数字贸易发展环境有何特点？如何进一步改进？

推荐阅读文献

[1] 刘杰. 发达经济体数字贸易发展趋势及我国发展路径研究[J]. 国际贸易，2022(03)：28-36.

[2] 蓝庆新，窦凯. 美欧日数字贸易的内涵演变、发展趋势及中国策略[J]. 国际贸易，2019(06)：48-54.

[3] 董小君，郭晓婧. 美日欧数字贸易发展的演变趋势及中国应对策略[J]. 国际贸易，2021(03)：27-35.

[4] 王娟等. 中美欧数字经济与贸易的比较研究[J/OL]. 西安交通大学学报(社会科学版). https://kns.cnki.net/kcms/detail/61.1329.C.20220418.1248.002.html

[5] 郑伟. 为数字贸易国际规则制定贡献中国智慧[N]. 国际商报，2022-02-10(3).

[6] 陈红娜. 国际数字贸易规则谈判前景与中国面临的挑战[J]. 新经济导刊，2021(01)：15-20.

[7] 沈玉良，彭羽，高疆，等. 数字贸易发展新动力：RTA 数字贸易规则方兴未艾：全球数字贸易促进指数分析报告(2020)[J]. 世界经济研究，2021(01)：3-16 + 134.

数字贸易：理论与应用

第二篇　理论篇(上)

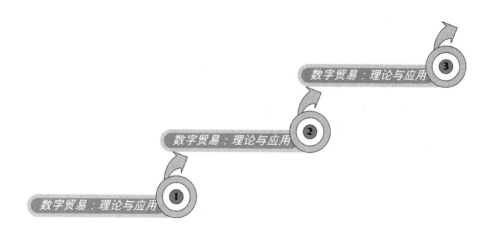

第四章　古典贸易理论

通过本章的学习，了解亚当·斯密的绝对优势理论的基本内容，熟练掌握大卫·李嘉图的比较优势理论的主要内容。

第一节　绝对优势理论

绝对优势理论是英国经济学家亚当·斯密(Adam Smith)在其 1776 年出版的《国民财富的性质和原因的研究》(《An Inquiry into the Nature and Causes of the Wealth of Nations》，简称《国富论》)一书中提出的贸易理论。这一理论的提出是真正意义上的国际贸易理论的开始。

一、历史背景

亚当·斯密(Adam Smith，1723—1790 年)，英国著名的经济学家，资产阶级古典经济学派的主要奠基人之一，国际分工及国际贸易理论的创始者。在他的时代，英国资产阶级的资本原始积累已经完成，产业革命逐渐展开，工场手工业已成为工业的主要形式，同时有一些早期的机器发明，迅速膨胀起来的市场需求迫切要求资本主义的迅速发展，新兴的工业资产阶级迫切要求实行自由竞争，开展自由贸易。但存在于乡间的行会制度严重限制了商人的商业活动，使得新兴资产阶级难以从海外获得廉价的原材料和为其产品寻找更广阔的海外市场[①]。

亚当·斯密站在工业资产阶级的立场上，花了将近 10 年的时间，于 1776 年发表了一部奠定古典政治经济学理论体系的著作《国富论》。这部著作搭建了古典国际贸易理论的基本框架，把分工和专业化生产推广到整个国际经济领域，从理论上阐述了如何进行贸易才能有效的积累财富和发展经济，说明了自由贸易对经济发展的益处，并系统性地提出了绝对优势理论(Theory of Absolute Advantage)，为国际贸易理论的发展翻开了全新的一页。

二、绝对优势理论的主要内容

(一) 绝对优势理论的基本假设

为了在不影响结论前提下使得分析更为严谨，国际经济学中的所有理论都将许多不存

---

① 张相文，曹亮. 国际贸易学[M]. 武汉：武汉大学出版社，2004.

在直接关系和不重要的变量假设为不变，并将不直接影响分析的其他条件尽可能简化。绝对优势理论分析的主要假设条件有：

(1) 生产过程中只投入一种生产要素，即劳动力；

(2) 世界上只有两个国家；

(3) 两个国家都能且只能生产两种产品；

以上三个假设也可以缩略为"2×2×1"模型。

(4) 两个国家在不同产品的生产上存在着差异化的生产技术，即存在劳动生产率上的绝对差异；

(5) 劳动力在一国范围内是完全同质的，并可在一国范围内各部门间自由流动，且转移时的机会成本不变；

(6) 劳动力在两国之间不能流动；

(7) 两国经济资源都充分利用；

(8) 产品按照物物交换的方式进行，两国之间的贸易是平衡的；

(9) 没有运输成本和其他交易成本；

(10) 两国间实行自由贸易政策，各国的产品和要素市场是完全竞争的，这表明各国的商品价格等于平均成本，无经济利润。

(二) 绝对优势理论的主要内容

1. 分工可以提高劳动生产率

亚当·斯密在绝对优势理论中主张的自由贸易的思想就是建立在国际分工的基础上的。分工之所以能提高劳动效率，斯密认为是基于以下几个原因：首先，分工能够提高劳动者的熟练程度；其次，分工避免了不同劳动转移而造成的时间损失；最后，分工有利于改良工具和发明创造。为此，斯密在其著作中以手工制针工厂举例说，制针共有18道工序，在没有分工的情况下，一个工人每天只能最多制造20根针，而在分工之后，平均每个人能制造出4800根针，是原来劳动效率的200多倍。因此进一步佐证了，在生产要素不变的条件下，依靠分工可以提高劳动生产效率。

2. 分工的依据是绝对优势

绝对优势是指如果一国生产某种产品的成本绝对低于另一国，则该国在这一产品的生产上具有绝对优势。

斯密认为，分工既然可以极大地提高劳动生产效率，那么每个人如果专门从事一种产品的生产，然后彼此交换，这样对每个人都是有利可图的[1]。他以家庭之间的分工为例，写道："如果一件东西购买所花费用比在家里生产所花费用小，就不应该在家里生产，而是应该去购买。这是每一个精明的家长都应该遵照的格言"。他还举例，裁缝不想自己制造鞋子，而向鞋匠购买；鞋匠不想自己做衣服，而向裁缝定制[2]。

---

[1] 张相文，曹亮. 国际贸易学[M]. 武汉：武汉大学出版社，2004.

[2] 亚当·斯密. 国民财富的性质和原因的研究(上卷)[M]. 郭大力，王亚南，译. 北京：商务印书馆，1972.

一点的切线的斜率绝对值，如图 4-1 所示。另一方面，生产可能性边界切线的绝对值也是生产 x 商品的机会成本，即在图 4-1(a)中表示，每增加一单位 x 所放弃的 y 商品的数量。在古典贸易理论中，我们假定机会成本不变，也就是生产可能性边界的斜率为常数，是一条直线。也就是说在封闭条件下，机会成本是国内交换比价线，而国内交换比价线和生产可能性边界重合。如图 4-1(b)所示。在该生产可能性边界上，每一个点都是生产均衡点。

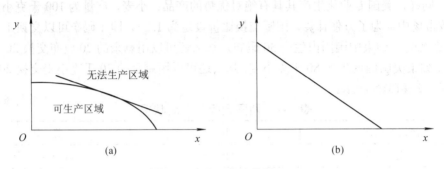

图 4-1　生产可能性边界(PPF)

其二，消费者均衡。当消费者均衡时，需要满足 $MRS_{xy} = P_x/P_y$，即边际替代率等于价格比价线。而边际替代率反应在图形中就是无差异曲线的斜率[①]，如图 4-2 所示。

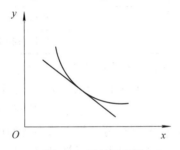

图 4-2　无差异曲线

回归到表 4-1 中的对于中国在开放前的生产状况的假设，反映在图 4-3(a)中，如 A_{C1} 点(15, 20)组合所示。我们可以发现，此时 A_{C1} 点与无差异曲线 C_{C1} 也相切。在进行国际分工后，中国将专业化生产布，即图 4-3(a)中的 B_C 点(0, 50)所示。由于国际比价线我们设定为 1∶1，此时将无差异曲线 C_{C1} 平行移动到 C_{C2} 的位置，此时与新的价格曲线相切于新的均衡点 A_{C2} 点(20, 30)组合。从图形 4-3(a)中我们可以直观发现，生产点 B_C 与消费点 A_{C2} 发生了分离。对于消费者来说，中国消费者无差异曲线得到了提升(从 C_{C1} 平行移动到 C_{C2})。对于生产者来说，新的均衡点 A_{C2} 点(20, 30)组合，也超出了原来生产可能性边界，是封闭条件下生产者无法达到的。

对于美国在表 4-1 中的开放前的生产状况的假设，反映在图 4-3(b)中，如 A_{U1} 点(70, 12)组合所示。我们可以发现，此时 A_{U1} 点与无差异曲线 C_{U1} 也相切。在进行国际分工后，美国将专业化生产小麦，即如图 4-3(b)中的 B_U 点(100, 0)所示。由于国际比价线我们设定为 1∶1，

[①] 无差异曲线具有如下特征：斜率为负，越偏离原点代表效用越高。无差异曲线是一束不相交的曲线，凸向原点，边际替代率存在递减的规律。而且若假定每个消费者的偏好相同，则可以认为单个消费者的无差异曲线可以通过加总得到整个国家的无差异曲线，且形状不变。

此时将无差异曲线 C_{U1} 平行移动到 C_{U2} 的位置，则与新的价格曲线相切于新的均衡点 A_{U2} 点(80, 20)组合。从图形 4-3(b)中我们可以直观发现，生产点 B_U 与消费点 A_{U2} 发生了分离。对于消费者来说，美国消费者无差异曲线得到了提升(从 C_{U1} 平行移动到 C_{U2})。对于生产者来说，新的均衡点 A_{U2} 点(80, 20)组合，也超出了原来生产可能性边界，是封闭条件下生产者无法达到的。

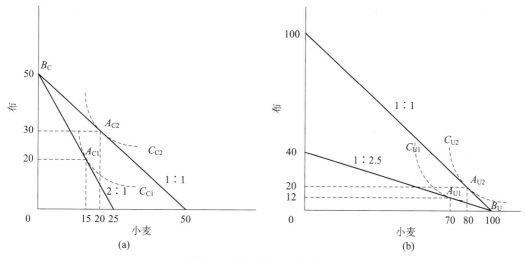

图 4-3　绝对优势理论示例图

五、评价

(一) 主要贡献

1. 开创了对国际贸易起因进行经济分析的先河

亚当·斯密将劳动分工可以提高生产率的理论推广到了国际贸易领域，第一次从流通领域转向生产领域揭示了国际贸易产生的原因。首次证明了国际贸易并不是零和博弈而是一种双赢博弈。

2. 推动了历史进步

绝对优势理论符合当时社会经济的要求，成为资本主义发展的有力理论工具，在历史上具有推动作用。

3. 具有重大的现实意义

亚当·斯密在其《国富论》中运用分工理论对自由贸易的合理性进行了论证，并提出各国按照各自的绝对优势进行分工和贸易就可以使得两国都有利可图。这种双赢的理念仍然是当今各国扩大开放，积极参与国际分工贸易的指导思想。

(二) 局限性

绝对优势理论并没有得到实际的验证。这主要是由于两方面的原因。

(1) 历史缘由。虽然亚当·斯密的这一理论一直鼓舞着自由贸易主义者，但其实从未实现过。因为在当时的世界历史背景下，鲜明地呈现出两大阶层：一是英法一类的老牌帝况如下表 4-3 中第(1)行所示：中国投入 1 单位劳动时间可以生产 60 码布或者 20 千克小麦；美国投入 1 单位劳动时间可以生产 80 码布或者 60 千克小麦。在中国，布和小麦的交换价格是 1 码布可以交换 0.3 千克小麦或者 1 千克小麦可以交换 3 码布。在美国，布和小麦的交换价格是 1 码布可以交换 0.75 千克小麦或者 1 千克小麦可以交换 1.3 码布，如表 4-3 中第(2)行所示。那么在进行国际贸易之前，假定中国国内生产组合是 30 码布和 10 千克小麦，美国国内生产组合是 20 码布和 45 千克小麦。封闭条件下，中国和美国都需要自给自足满足国内消费需求，因此中国、美国两国国内消费组合与生产组合相同，如表 4-3 中第(3)、(4)行所示。对于全世界而言，生产和消费组合为 50 码布和 55 千克消费。

表 4-3 两国国际分工前状况

经济运行情况	中　国	美　国
(1) 投入单位劳动时间生产	60 码布或者 20 千克小麦	80 码布或者 60 千克小麦
(2) 国内交换比价	1 码布 = 0.3 千克小麦	1 码布 = 0.75 千克小麦
	1 千克小麦 = 3 码布	1 千克小麦 = 1.3 码布
(3) 封闭条件下的生产组合	30 码布和 10 千克小麦	20 码布和 45 千克小麦
(4) 各国消费	30 码布和 10 千克小麦	20 码布和 45 千克小麦
(5) 全世界生产	50 码布和 55 千克小麦	
(6) 全世界消费	50 码布和 55 千克小麦	

我们发现，在布的生产上，中国生产布的劳动生产率为 60，美国为 80，很显然 60＜80，表明美国在布的生产上劳动生产率高于中国。而在小麦的生产上，中国生产小麦的劳动生产率为 20，美国为 60，很显然 20＜60，表明美国在小麦的生产上劳动生产率高于中国。也就是说中国在布和小麦的生产上都具有绝对劣势，而美国在布和小麦的生产上都具有绝对优势。但是通过比较发现，美国在两种产品生产上的绝对优势程度并不相同。其中，在布的生产上美国的劳动生产率是中国的 4/3 倍，而在小麦的生产上是中国的 3 倍。显然，美国在小麦的生产上优势更大。与之相反，中国虽然两种产品都存在绝对劣势，但是中国在布的生产上所具有的劣势较小，即具有比较优势。此时，李嘉图认为，在这种情况下两国开展贸易仍然能够使得两个国家获利。

开放后，中国专门生产布，美国专门生产小麦。分工后各国生产状况如表 4-4 所示。分工后，中国专业化生产其具有比较优势的产品：布，在给定劳动时间的情况下，产量为 60 码布。同样，美国专业化生产其具有比较优势的产品：小麦，产量为 60 千克小麦。那么在开放市场中，为了方便计算，国际交换比价设定为 2∶1，即 2 码布可以交换 1 千克小麦[①]。那么此时，如果中国国内生产 30 码布，那么还可以用剩余的 30 码布交换 15 千克小麦；同样，如果美国国内生产和消费 45 千克小麦，那么还可以用剩余的 15 千克小麦交换 30 码布。具体如表 4-4 第(3)行所示。

---

① 同上面的分析，根据表 4-3，我们发现，国际比价，应该是在 1 码布换取 0.5 千克小麦和 2.5 千克小麦之间。为了方便起见，我们设定比率为 1 码布换取 0.5 千克小麦。

表4-4　两国国际分工后状况

经济运行情况	中　国	美　国
(1) 各国专业化生产量	60 码布	60 千克小麦
(2) 假设国际比价	2 码布 = 1 千克小麦	
(3) 各国消费	30 码布和 15 千克小麦	30 码布和 45 千克小麦
(4) 各国比贸易前多消费	5 千克小麦	10 码布
(5) 全世界生产比贸易前增加	10 码布和 5 千克小麦	
(6) 全世界消费比贸易前增加	10 码布和 5 千克小麦	

相对于表 4-3，我们发现中国国内消费组合在分工后相比较于分工前，多消费了 5 千克小麦；美国国内消费组合在分工后相比较于分工前，多消费了 10 码布；全世界的生产和消费比也得到了提高，多生产/消费了 10 码布和 5 千克小麦。证明了比较优势理论，即两国在劳动投入量不变的前提下，按照各自比较优势进行分工并交换，两国仍然能从中获得贸易利益。贸易对双方和全世界都有利。

四、比较优势理论的图形说明

上一节我们从数值的角度对比较优势理论进行了验证。本节我们将结合西方经济学的基本理论，从图形的角度对比较优势理论进行验证。

回归到表 4-3 中的对于中国在开放前的生产状况的假设，反映在图 4-4(a)中，如 A_{C1} 点(10, 30)组合所示。我们可以发现，此时 A_{C1} 点与无差异曲线 C_{C1} 也相切。在进行国际分工后，中国将专业化生产布，即如图 4-4(a)中的 B_C 点(0, 60)所示。由于国际比价线我们设定为 2∶1，此时将无差异曲线 C_{C1} 平行移动到 C_{C2} 的位置，则与新的价格曲线相切于新的均衡点 A_{C2} 点(15, 30)组合。

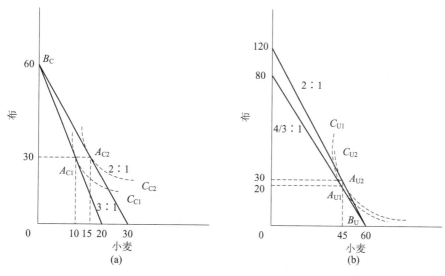

图 4-4　比较优势理论示例图

从图 4-4(a)中我们可以直观发现，生产点 B_C 与消费点 A_{C2} 发生了分离。对于消费者来说，中国消费者无差异曲线得到了提升(从 C_{C1} 平行移动到 C_{C2})。对于生产者来说，新的均衡点 A_{C2} 点(15, 30)组合，也超出了原来生产可能性边界，是封闭条件下生产者无法达到的。

美国在表 4-3 中的开放前的生产状况的假设，反映在图 4-4(b)中，如 A_{U1} 点(45, 20)组合所示。我们可以发现，此时 A_{U1} 点与无差异曲线 C_{U1} 也相切。在进行国际分工后，美国将专业化生产小麦，如图 4-4(b)中的 B_U 点(60, 0)所示。由于国际比价线我们设定为 2：1，此时将无差异曲线 C_{U1} 平行移动到 C_{U2} 的位置，此时与新的价格曲线相切于新的均衡点 A_{U2} 点(45, 30)组合。从图形 4-4(b)中我们可以直观发现，生产点 B_U 与消费点 A_{U2} 发生了分离。对于消费者来说，美国消费者无差异曲线得到了提升(从 C_{U1} 平行移动到 C_{U2})。对于生产者来说，新的均衡点 A_{U2} 点(45, 30)组合，也超出了原来生产可能性边界，是封闭条件下生产者无法达到的。

五、评价

(一) 主要贡献

1. 比较优势理论解释范围更大，具有普遍的适用性

比较优势理论的解释范围大大扩展，将原本只适用于某种特例的贸易模型推广至对普遍存在的一般经济现象的理论分析。在实际国际贸易中，能部分地解释当今世界经济技术发展水平和层次不同的国家进行贸易的原因，因而具有划时代的意义，成为国际贸易理论的一大基石。萨缪尔森曾经这样评价比较优势理论，他说，如果理论也能够选美的话，比较优势理论一定能名列前茅。因为他有无比优美的逻辑结构。从这里可以看出比较优势理论在国际贸易理论中不可撼动的地位。

2. 对当时经济发展起到了重大的推动作用

比较优势理论的提出为英国资产阶级的自由贸易，废除《谷物法》的斗争提供了有力的理论武器，为世界各国参与国际分工，发展贸易提供了理论依据。

(二) 局限性

1. 静态分析的局限性

同绝对优势理论一样，比较优势理论建立在一系列简单的假设前提基础上，把动态的经济世界抽象为静止的、均衡的世界，因而所揭示的贸易中的各个国家的获利也是静态的、短期的利益。

2. 劳动价值论的不完全和不彻底

比较优势理论是建立在劳动价值的基础上，但是假定劳动是唯一的生产要素，而且劳动都是同质的，因此任何商品的价值都取决于其劳动力成本。显然这一假设太过绝对，严重违反了经济实际。

3. 对贸易产生的原因剖析不全面

比较优势理论忽略了各国的要素禀赋、忽略了规模经济也可能是国际贸易产生的原因。这使得比较优势理论无法解释明显相似的国家之间大量的贸易往来。

第三节　比较优势陷阱论

比较优势理论与绝对优势理论一样是国际贸易理论的主线，但该理论在指导国际贸易实践的同时，也受到责难，其中比较优势陷阱论就是其一。

一、内涵、分类与成因

(一) 比较优势陷阱的内涵

比较优势陷阱论根源于比较优势理论。所谓比较优势陷阱是指一国，特别是发展中国家完全按照比较优势理论，生产并出口初级产品和劳动密集型产品。长期以来，在与技术和资本密集型产品出口为主的经济发达国家的国际贸易中，虽然能获得暂时的静态利益，但是贸易结构处于低端水平，贸易条件不断恶化，并始终处于不利的被动地位，从而使得静态利益也逐渐丧失，最终落入比较优势陷阱[①]。

(二) 比较优势陷阱的分类

一般而言，比较优势陷阱存在两种类型，一是初级产品的比较优势陷阱，另一个是制成品的比较优势陷阱。

1. 初级产品的比较优势陷阱

所谓初级产品的比较优势陷阱主要是由于低、中收入国家运用廉价的劳动与自然资源参与国际分工与贸易时，不仅只能获得较低的利润，而且此战略的长期实施还会使这些国家在附加值分工环节固化下来。

2. 制成品的比较优势陷阱

制成品的比较优势陷阱则是指即便这些国家通过利用模仿、引进先进技术的方式来致力于工业制成品的出口以改善其在国际分工中的地位，但此方式由于对技术引进的过度依赖而使得自主创新能力得不到提高[②]。

无论是初级产品的比较优势陷阱还是制成品比较优势陷阱，通常都属于是进入成本以及进入门槛不高的行业。当越来越多的企业、地区、国家被这类行业所吸引时，人们就会发现，除了优势不断消失之外，还因为过多的资产的投入而被套牢，其竞争优势也会日渐削弱乃至消失[③]。

(三) 比较优势陷阱成因

造成发展中国家陷入比较优势陷阱的原因有很多，主要归纳起来有如下几点：

(1) 低、中收入国家由于其在劳动要素、自然资源要素上较为充裕，按照比较优势理

① 洪银兴. 从比较优势到竞争优势：国际贸易的比较利益理论的缺陷[J]. 经济研究, 1997(6): 20-26.
② 张薇. 中国陷入了比较优势陷阱吗? [D]. 武汉：武汉大学, 2017.
③ 李义平. 比较优势与比较优势陷阱[N]. 人民日报, 2006-04-19.

论大力发展劳动密集型产品和资源密集型产品，容易引发诸如荷兰病①等现象。随着经济的发展，制造业劳动力成本势必不断上升，持续地削弱制造业的比较优势，而自然资源的出口带来的外汇增加可能会引发本币升值，也阻碍了本国制造业的发展，使得低、中收入国家在初级产品的出口比较优势逐渐丧失，容易陷入比较优势陷阱。

(2) 低、中收入国家生产劳动密集型、资源密集型产品的附加值低、利润微薄，同时其进入门槛低，产品被替代的可能性大，竞争优势不够稳定，生产率难以提高，从而会给低、中收入国家形成一种贫困的恶性循环，并产生回荡效应；而发达国家利用资本优势生产高附加值资本密集型产品，获得高额利润，在国际贸易中占据主导地位，其产品优势稳定性强。而且发达国家所盘踞的这些行业更容易吸引新的技术，技术进步也通常发生在此类行业中，所以会给发达国家产生一种扩展效应②。

(3) 从需求角度而言，因为初级产品和农产品的需求收入弹性大大低于制成品。当实际收入增加时，会引起发展中国家对工业品的需求增加，但是根据恩格尔定律，发达国家在初级产品与农产品的需求所占的比例会下降，进一步恶化了低、中收入国家的贸易条件。

(4) 发达国家为保护其国内劳动密集型产品的发展，促进国内就业，对低、中收入国家的劳动、资源密集型产品采取各种贸易壁垒措施限制进口，使得低、中收入国家的贸易条件进一步恶化，在贸易中处于不利地位③。

(5) 比较优势理论的前提是市场结构完全竞争的。而在现实中，国际贸易市场格局往往不是完全竞争的，或者不同的产业竞争结构是不一样的。处于全球产业链上游的市场结构不完全竞争程度较大，而下游则趋于完全竞争。发达国家的跨国公司往往凭借着规模经济与技术进步拥有市场势力，操纵国际市场价格，引起贸易福利的不均衡分配④。

二、跨越比较优势陷阱

为了避免发展中国家落入比较优势陷阱，在 20 世纪 60 年代，兴起了反对自由贸易的潮流。拉丁美洲的一些国家大部分都采取了进口替代的战略。进口替代战略的弊端在于它的实施必然使发展中国家走向闭关锁国，最终实践也证明了这种策略不仅不能根治比较优势陷阱，而且是不可取的。在现有格局下如何跳出比较优势陷阱，培育竞争优势，实现增长和发展的可持续性，成为发展中国家亟待解决的问题。

首先，制度创新是跳出比较优势陷阱的关键因素。西方主流贸易理论都暗含着一个基本前提即各国的市场制度基本健全，产权得到国家法律的保护。荷兰和英国早期比较优势得以充分发挥，更多的是靠其市场取向的制度创新，而包括中国在内的许多发展中国家市场机制与产权保障制度并不完善，从而影响比较优势理论的适用性。从理性预期的角度来看，产权得到明晰界定且可得到明确保障的制度可为人们进行人力资本自我投资和积累提供确切的预期，可对一国具有国际水准之企业家群的产生提供可持续的有力激励。欧洲早年的制度安排，如私有产权的界定与保护、专利及其他知识产权制度等对企业家的创新和

---

① 关于"荷兰病"的定义见本书第五章第三节。

② 刘小军，卢博. 再论"比较优势陷阱"[J]. 国际经贸探索，2014(7)：19.

③ 张薇. 中国陷入了比较优势陷进吗？[D]. 武汉：武汉大学，2017.

④ 刘小军，卢博. 再论"比较优势陷阱"[J]. 国际经贸探索，2014(7)：20.

财富的集聚有极大的激励。正如萨伊所说："安稳地享用自己的土地、资本和劳动的果实乃是诱使人们把这些生产要素投入生产用途的最有力动机"①。产权是人们进行创业的动力源。如果微观经济主体的产权得不到法律的明确保护，则会导致其创业的激励不足和行业的短期化，从而使经营利润的外逃和转化为畸形消费成为可能，使具有比较优势的产业难以在更高层次上扩大再生产。"民有恒产，始有恒心"。只有构建明晰的产权保护制度(包括有关企业的产权保护条文进入宪法)，才能使资金、技术、知识逐渐由相对稀缺变为相对丰富，从而动态地优化产业结构与贸易结构②。

其次，技术创新是跳出比较优势陷阱的必由之路。技术创新对传统产业具有强大的提升力，也是对低、中收入国家具有比较优势的产业提高档次、增加附加值，把比较优势转化为国际竞争优势的必由之路。以市场需求为取向的适用技术和丰富的劳动力资源以及自然资源相结合是比较优势转化为市场竞争优势的有效途径。对于低、中收入国家而言，一方面可实行追赶战略，发达国家不断通过技术创新掌握着最优技术，然而对于后发国家而言，工业化的进程总是与技术引进、模仿和改进紧密相连，后发优势可以成功地加速追赶③。另一方面，可以实行反梯度推移发展战略。追赶不能自发地实现超越，而反梯度推移发展战略可以实现激励创新，讲比较优势动态化，也即实现动态比较优势。其主要的思路就是充分利用后发优势，根据市场特别是潜在市场的需要以及整个国民经济发展趋势，建立具有发展中国家和地区特色的创新体系，大力创造、引进和使用先进技术，重点发展高新技术产业和自身具有优势的高端产业，进行集聚式的大规模开发，培植现代经济增长点，最终实现对某些传统工业的阶段和环节超越，同时向高梯度地区进行推移，赶上甚至在许多领域超过发达地区，并在此基础上与发达地区建立平等贸易和协作的经济关系④。应该指出，经济发展史表明，推动技术发展的主要力量并不仅仅是技术自身的演进，而更重要的是有利于技术创新的制度安排，技术进步是产权制度对技术创新激励的结果。创新的基本动力来自于创新所带来的利润，但是我国目前产权界定模糊的现状，使创新主体的收益仍然无法得到保障。这表明，技术创新必须与制度创新结合起来。

最后，加强话语权建设是跳出比较优势陷阱的助推之力。加强话语权的关键问题是如何解决文化与经济的关系问题。对此，布迪厄(1986)提出文化资本概念。布迪厄指出，文化资源在一定条件下，可以转化为稀有资源，成为各主体争夺的对象，而对于资源的占有可以获得一定的利润，这时，文化资源就转变为文化资本。文化资本的非平等性占有造成了不平等的社会关系，最后造成了不平等的分配关系，占有者可以在等级结构中占据对自身有利的位置，从而支配其他主体，实现增强话语权的目的⑤⑥。发展中国家如果想走出比较优势陷阱，不但要保护其幼稚产业，增加附加值高的高科技产业和服务业的投入，进行

① 萨伊：政治经济学概论[M]. 北京：商务印书馆，1963.

② 张小蒂，李晓钟. 略论"比较利益陷阱"[J]. 商业研究，2001(6)：108.

③ 唐琼，王娟. 动态比较优势的形成机制与比较优势陷阱规避[J]. 江汉大学学报(社会科学版)，2008(3)：44.

④ 刘茂松，许鸿文. 论国际分工的反梯度推移演进均衡[J]. 中国工业经济，2006(2)：13-20.

⑤ BOURDIEU P. The forms of capital[A]. In J. Richardson(Ed.) Handbook of Theory and Research for the Sociology of Education[C]. New York, Greenwood, 1986：241-258.

⑥ 邵邦，刘孝阳. 比较优势陷阱：本质、原因与超越[J]. 当代经济管理，2013(12)：45.

产业结构优化升级，还要加强文化建设。要认识到文化并无优劣之分，应保护自己的文化，并且在自身文化历史与现实的基础上，对外来文化进行扬弃，在不让外来文化主导自身文化发展前提下，将文化的民族性和开放性相结合。具体来说，要重视国内文化资源的创新管理，加强文化载体的开发利用，注重企业的内在文化建设。首先，国家应主导文化资源的开发，使得国内文化资源由少到多，文化产业由弱到强，文化与经济良性互动，最终实现文化资源的开发、利用、保护的均衡可持续发展；其次，加快文化载体，尤其是教育、出版、娱乐、互联网、媒体的建设进程，培养符合本国历史和国情的民族文化特色产业；最后，企业尤其是跨国企业的理念、行为、形象要与国家的文化历史紧密结合，在传承的基础上进行创新。

复习思考题

1. 什么是绝对优势？
2. 什么是比较优势？试阐述"两利相权取其重，两劣相权取其轻"。
3. 绝对优势理论和比较优势理论两者假定条件的差异体现在哪些方面？

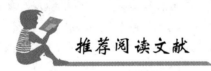

推荐阅读文献

[1]　郭凤华，张涵. 国际贸易理论与实务[M]. 北京：北京理工大学出版社，2018.

[2]　孙莉莉. 国际贸易理论与政策[M]. 北京：北京理工大学出版社，2017.

[3]　杨小凯，张永生. 新贸易理论、比较利益理论及其经验研究的新成果：文献综述[J]. 经济学(季刊)，2001(1)：19-44.

[4]　张其仔. 比较优势的演化与中国产业升级路径的选择[J]. 中国工业经济，2008(9)：58-68.

第五章　新古典贸易理论

通过本章的学习，了解古典贸易理论与新古典贸易理论的区别与联系，明确广义上的要素禀赋理论的组成定理，熟练掌握 H-O 模型的主要内容。

第一节　要素禀赋理论

要素禀赋理论是由瑞典经济学家赫克歇尔(Eli F Heckscher)及其学生俄林(Bertil Gotthard Ohlin)提出来的。相较于由绝对优势理论和比较优势理论所代表的古典贸易理论的单一要素的假设，要素禀赋理论假设存在两种要素投入。该理论的提出为之后的新古典贸易理论的发展产生了非常深远的影响，在西方经济学界占统治地位长达 30 年之久。

一、历史背景

该理论的代表人物是赫克歇尔及其学生俄林，他们所处的时代是 20 世纪初。斯密和李嘉图认为的两国生产同种产品的生产技术或者生产函数不同，是产生国际贸易的原因与根源。但是在 20 世纪初，西方国家相互交往非常频繁，一种产品在一国中的生产技术很快就被其他国家学习去了，因此在当时各国生产某种产品的技术是没有多大差别的。在这个背景下，赫克歇尔(Eli F Heckscher，1879—1959 年)于 1919 年发表了题为《对外贸易对收入分配的影响》的论文，是现代要素禀赋理论的起源，被萨缪尔森称为天才之作。在该文章中，赫克歇尔虽然也认为贸易发生的触发点在于比较优势的差异，但是比较优势的来源并非劳动生产率的差异，而是要素禀赋以及产品投入比例的差异。这种思想在当时非常具有创新性，但是缺乏对这种理论的严密分析。

之后，赫克歇尔的学生俄林(Bertil Gotthard Ohlin，1899—1979 年)在继承了老师的研究成果的基础上，对此问题进行了深入分析，于 1933 年出版了著名的《区域贸易与国际贸易》一书，进一步揭示了区间贸易和国际贸易形成的原因。要素禀赋理论也因此简称为 H-O 理论。1977 年俄林获得诺贝尔经济学奖。

二、要素禀赋理论的主要内容

(一) 要素禀赋理论的基本概念

在建立要素禀赋理论基本模型之前，首先引入如下重要概念：

1. 要素丰裕度

所谓要素丰裕度，是一个相对概念，是指一国所拥有的两种生产要素的相对比例。比如，若 A 国拥有劳动力和资本两种生产要素，拥有的资本数量为 K_A，劳动力数量为 L_A，则 A 国要素丰裕度为 K_A/L_A；若 B 国拥有劳动力和资本两种生产要素，拥有的资本数量为 K_B，劳动力数量为 L_B，则 B 国要素丰裕度为 K_B/L_B。假定

$$\frac{K_A}{L_A} > \frac{K_B}{L_B} \tag{5-1}$$

或者

$$\omega_A = \frac{W_A}{r_A} > \omega_B = \frac{W_B}{r_B} \text{①} \tag{5-2}$$

则称 A 国为资本丰裕型的国家，而 B 国是劳动密集型的国家。式(5-2)中，W_A、W_B 分别表示 A、B 两国的劳动力价格，即工资，r_A、r_B 分别表示 A、B 两国的资本价格，即租金。

2. 要素密集度

所谓要素密集度，也是一个相对概念，是指生产某种产品所投入的两种生产要素比例。需要特别指出的是，如果产品 X 所采用的资本和劳动投入比例为 $k_X = K_X/L_X$，大于产品 Y 的生产所需要的资本和劳动投入比例 $k_Y = K_Y/L_Y$，即

$$k_X = \frac{K_X}{L_X} > k_Y = \frac{K_Y}{L_Y} \tag{5-3}$$

则称 X 是资本密集型产品，Y 为劳动密集型产品。

表 5-1 给出了部分国家的 2019 年要素丰裕度的具体情况。从中不难发现，发达国家的人均资本存量均高于发展中国家。另外，一个国家属于哪一种要素丰裕型的国家取决于其比较的研究对象。例如，英国无论在资本存量还是劳动力绝对数量上都远远高于瑞士和墨西哥。但英国的人均资本比瑞士低，因此，相对于瑞士而言，英国属于劳动丰裕型的国家；但与墨西哥相比，英国则属于资本丰裕型的国家。

表 5-1　部分国家 2019 年的要素丰裕度(资本存量按 2017 年国际价格计算)

国家	资本存量/10 亿美元	劳动力/千人	要素丰裕度/美元·人$^{-1}$
意大利	18 855	25 596	736 639
瑞士	3225	5011	643 584
德国	20 907	32 982	633 891
法国	17 987	28 532	630 415
英国	15 302	32 982	463 950
澳大利亚	5899	12 863	458 602
加拿大	8721	19 298	451 912

---

① 该式表示，A 国工资更高，即劳动力更稀缺；或者资本的价格更低，即资本更丰裕。当然这一情况在现实中不一定成立。因为要素的价格在现实中不仅仅是由要素的供给决定的。比如对于工资这一要素价格而言，在现实生活中，工会、最低工资法等因素都会对工资产生影响。

续表

国家	资本存量/10 亿美元	劳动力/千人	资本－劳动比/美元·人$^{-1}$
美国	69 059	158 299	436 257
韩国	11 164	26 798	416 598
日本	26 102	69 976	373 014
墨西哥	10 933	54 993	198 807
中国	101 544	798 807	127 120

资料来源：资本存量和劳动力总量数据均来自于 Penn World Table 10.0.

(二) 要素禀赋理论的基本假设

要素禀赋理论分析的主要假设条件有：

(1) 生产过程中投入两种生产要素，即劳动力和资本；

(2) 世界上只有两个国家；

(3) 两个国家都能且只能生产两种产品，且两种产品的要素密集度不同，不存在要素密集度逆转的情况；

以上三个假设也可以缩略为 $2 \times 2 \times 2$ 模型。

(4) 两个国家生产技术相同；

(5) 两国偏好相同；

(6) 两国生产规模报酬不变；

(7) 两国的生产要素供给既定不变；

(8) 商品市场和要素市场是完全竞争的市场；

(9) 没有运输成本和其他交易成本；

(10) 生产要素在一国之内可以自由流动，在国家间不能流动。

(三) 要素禀赋理论的主要内容

要理解要素禀赋理论的基本结论，必须厘清该结论的逻辑推理过程，如图 5-1 所示。

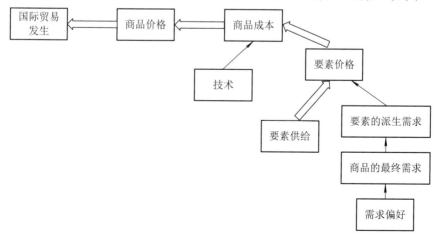

图 5-1　要素禀赋理论的逻辑推理

从图 5-1 可以看到：

(1) 当各国生产同种产品的时候，商品价格的绝对差异是国际贸易发生的主要动力来源；

(2) 不同国家生产同种商品的绝对价格差异是由生产同种商品时的成本差异造成的；

(3) 各国生产产品时的不同成本则是由生产要素的价格不同造成的。例如，两个国家 A 和 B 在生产小麦上拥有相同的技术，生产一单位的小麦都需要 2 单位的资本和 5 单位的劳动力。而 A 国的资本的价格为 4 美元，劳动力的价格为 1 美元；B 国的资本的价格为 2 美元，劳动力的价格为 5 美元。可以很容易地知道，A 国生产每单位小麦的价格为 $2 \times 4 + 5 \times 1 = 13$ 美元；B 国生产每单位小麦的价格为 $2 \times 2 + 5 \times 5 = 29$ 美元。可见，各国生产同一种产品的价格差是由要素价格的差异造成的。

(4) 经济学的基本原理指出，商品或者要素的价格取决于它们的供求条件，因此，各国要素价格的差异是由各国要素的供给决定的。

(5) 各国要素供给的差异是由两国的要素禀赋决定的。在要素相对丰裕的国家，该要素的供给量也较大；相反，在要素相对稀缺的国家，该要素的供给量也相对较少。

生产要素的不同丰裕程度和生产各种产品所需的不同的要素比例造成了各国在生产产品时具有不同的比较优势。最终，通过对图 5-1 的推导，我们可以将 H-O 理论简述如下：劳动丰裕的国家拥有生产劳动密集型产品的比较优势，资本丰裕的国家拥有生产资本密集型产品的比较优势。如果两国产生国际贸易，那么劳动丰裕的国家应该生产并出口劳动密集型产品，进口资本密集型产品；资本丰裕的国家应该生产并出口资本密集型产品，进口劳动密集型产品。

三、要素禀赋理论的图形说明

在本节中，我们结合西方经济学中的均衡理论对里昂惕夫之谜进行验证。首先，我们假定存在 A、B 两国以及 X、Y 两种产品。其中，A 国是资本丰裕型的国家，B 国是劳动丰裕型的国家；X 是资本密集型的产品，Y 是劳动密集型的产品。反映在图形中，如图 5-2 以及图 5-3 所示。

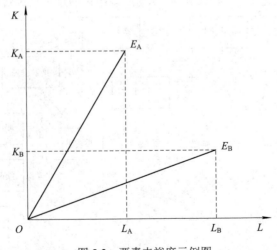

图 5-2　要素丰裕度示例图

从图 5-2 中我们可以发现，E_A 所在直线上的点和 E_B 所在直线上的点都满足 $K_A/L_A > K_B/L_B$，即 A 国是资本丰裕的国家，B 国是劳动丰裕的国家。我们假定 A、B 两国的要素禀赋点在 E_A 和 E_B 点上。

图 5-3 中，曲线 X 和曲线 Y 为等产量线，P_1 与 P_2 为一组给定的要素价格，也即等成本线[1]。我们发现在一组给定的要素价格的情况下，X 曲线上的切点和 Y 曲线上的切点都满足 $K_X/L_X > K_Y/L_Y$，即 X 产品是资本密集型产品，Y 产品是劳动密集型产品。

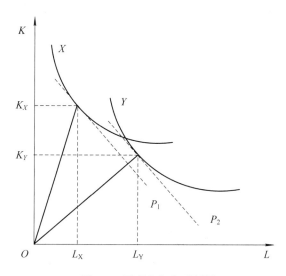

图 5-3　要素密集度示例图

基于图 5-2 和图 5-3，我们可以确定两个国家的生产可能性边界。假定在图 5-2 的基础上画一组平行于图 5-3 中 X 产品的等产量线，经过 E_A 的等产量线代表着 A 国所有要素都投入 X 产品时的最大的 X 的产量，同样经过 E_B 的等产量线代表着 B 国所有要素都投入 X 产品时的最大的 X 的产量。我们发现 $X_A > X_B$。同理，假设在图 5-2 的基础上画一组平行于图 5-3 中 Y 产品的等产量线，经过 E_A 的等产量线代表着 A 国所有要素都投入 Y 产品时的最大的 Y 的产量，同样经过 E_B 的等产量线代表着 B 国所有要素都投入 Y 产品时的最大的 Y 的产量。我们发现 $Y_A < X_B$。如此我们能大致绘制出两个国家的生产可能性边界，如图 5-4 所示[2]。而从消费者来看，要素禀赋理论假定两个国家消费者偏好无差异，也就是两国的社会无差异曲线是完全相同的。

在封闭条件下，生产者和消费者同时达到均衡时的条件有：

(1) 生产者均衡，$MRT = P_X/P_Y$，即生产可能性边界的斜率等于两种商品的相对价格。

---

[1] 西方经济学产生行为理论中，生产者最优的要素组合应该是等产量线和等成本线相切，切点即为厂商的均衡。也就意味着在等产量情况下，成本最低或者成本一定的情况下，产量最高。而等产量的斜率的绝对值为边际技术替代率，等成本线的斜率的绝对值是两种要素价格之比，即满足 $MRTS_{LK} = w/r$，边际技术替代率等于要素价格之比。

[2] 若假定机会成本不变，生产可能性边界为直线形式的，若假定机会成本递增，则是一条外突于原点的曲线，且斜率绝对值越来越大。

(2) 消费者均衡，MRS = P_X/P_Y，即社会无差异曲线的斜率等于两种商品的相对价格。

(3) 生产和消费均衡，在封闭条件下，各国只能自给自足，即生产量和消费量相等：$X_{AP} = X_{AC}$，$Y_{AP} = Y_{AC}$，$X_{BP} = X_{BC}$，$Y_{BP} = Y_{BC}$，即 A、B 两国的 X、Y 两种产品的生产量等于消费量，生产点和消费点重合。

基于以上三个条件，可以绘制 A、B 两国的均衡点，如图 5-4 中的 D_A 和 D_B 所示，且过该点的切线就代表着两种商品在 A、B 两国国内的相对价格。根据图 5-4，我们发现基于前面的假设前提，在封闭条件下，两种商品的价格在 A、B 两国出现了差异：$(P_X/P_Y)_A < (P_X/P_Y)_B$。而价格差的存在就是两国开展国际贸易最直接的动因，因此两国有动力进行贸易，一旦开展贸易，两种商品的国际比价一定是介于 $(P_X/P_Y)_A$ 和 $(P_X/P_Y)_B$ 之间，即 $(P_X/P_Y)_A < (P_X/P_Y)_W < (P_X/P_Y)_B$。

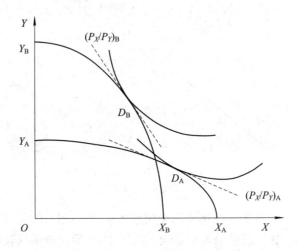

图 5-4　封闭条件下两国生产消费情况

在开放条件下，生产者和消费者同时达到均衡时的条件有：

(1) 生产者均衡：MRT = $(P_X/P_Y)_W$，即生产可能性边界的斜率等于世界市场上两种商品的相对价格。

(2) 消费者均衡：MRS = $(P_X/P_Y)_W$，即社会无差异曲线的斜率等于世界市场上两种商品的相对价格。

与封闭条件下不同的是，此时消费点和生产点不一定重合。

基于以上两个条件，可以绘制 A、B 两国的均衡点，如图 5-5 所示。对于 A 国而言，在封闭条件下，A 国的均衡点在 D_A 的位置，国内两种产品相对价格为 $(P_X/P_Y)_A$（如图 5-4 所示）。而在开放条件下，世界市场上两种产品相对价格为 $(P_X/P_Y)_W$。此时该国际比价线与生产可能性边界曲线相切于 D_{PA}^*，为新的生产均衡点；与社会无差异曲线 C_{A2} 相切于 D_{CA}^*，为新的消费均衡点。与封闭的情况下相比，开放条件下，消费均衡点和生产均衡点出现了分离。具体来看，对于 X 产品而言，A 国的消费量为 X_{CA}^*，A 国的生产量为 X_{PA}^*，很显然 $X_{CA}^* < X_{PA}^*$，A 国出口 $|X_{PA}^* - X_{CA}^*|$ 的 X 产品；对于 Y 产品而言，A 国的消费量为 Y_{CA}^*，A 国的生产量为 Y_{PA}^*，很显然 $Y_{CA}^* > Y_{PA}^*$，A 国进口 $|Y_{CA}^* - Y_{PA}^*|$ 的 Y 产品。符合要素禀赋理论的结论。

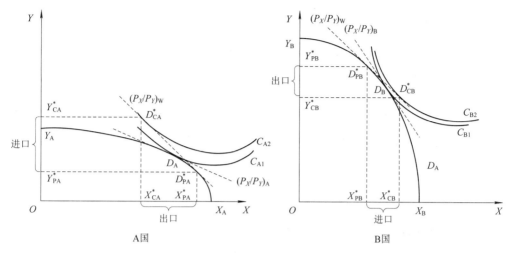

图 5-5　开放条件下两国生产消费情况

对于 B 国而言，在封闭条件下，B 国的均衡点在 D_B 的位置，国内两种产品相对价格为$(P_X/P_Y)_B$（如图 5-4 所示）。而在开放条件下，世界市场上两种产品相对价格为$(P_X/P_Y)_W$。此时该国际比价线与生产可能性边界曲线相切于 D^*_{PB}，为新的生产均衡点；与社会无差异曲线 C_{B2} 相切于 D^*_{CB}，为新的消费均衡点。与封闭的情况下相比，开放条件下，消费均衡点和生产均衡点出现了分离。具体来看，对于 X 产品而言，B 国的消费量为 X^*_{CB} 点，B 国的生产量为 X^*_{PB}，很显然 $X^*_{CB}>X^*_{PB}$，B 国进口 $|X^*_{CB}-X^*_{PB}|$ 的 X 产品；对于 Y 产品而言，B 国的消费量为 Y^*_{CB} 点，B 国的生产量为 Y^*_{PB}，很显然 $Y^*_{PB}>Y^*_{CB}$，B 国出口 $|Y^*_{PB}-Y^*_{CB}|$ 的 Y 产品。符合要素禀赋理论的结论。

无论对于 A 国还是 B 国而言，通过贸易两国的福利水平都得到了提高。在图形中表现为社会无差异曲线都得到了提升，或者贸易之后消费组合点都超出了原有封闭条件下的生产可能性边界所能生产的组合。

四、评价

(一) 主要贡献

1. 要素禀赋理论拓展了古典贸易理论中的一种要素的假设

要素禀赋是以两种生产要素的投入为分析前提假设的，这一点与现实中的情况更为接近。

2. 要素禀赋理论丰富了比较优势的来源

古典贸易理论中的比较优势是建立在技术差异的基础上，各国生产同一种产品的成本差异来源于劳动生产率的差异。而要素禀赋理论则假定两国生产同一种产品的技术水平相同，各国间生产产品的成本差异主要来源于两国要素丰裕程度的不同，进一步丰富了比较优势理论。需要指出的是，无论是从技术差异出发的比较优势理论还是从要素丰裕度出发的要素禀赋理论，各国发生贸易的原因均是建立在比较优势的基础上的，而且两国生产产品的价格差异是两国进行国际贸易的驱动力，因此两者都是广义比较优势理论的基本内容。

(二) 局限性

1. 要素禀赋理论仍然与现实生产情况有很大的差异

首先要素禀赋理论假定机会成本不变，这与现实存在很大的差异。另外，尽管要素禀赋理论拓展了古典贸易理论中的一种投入要素的假定，但是即便是要素禀赋理论中的两种要素的假定也与现实存在很大的差异。而且同一种要素在不同的国家间也存在异质性的特征。

2. 要素禀赋理论中涉及到价格或者货币的因素存在一定的复杂性

生产要素禀赋理论中引入了价格或者货币因素，从而增加了分析过程中的复杂性。因为在国际贸易中，产品的价格形成不仅仅受到要素禀赋的影响，还有其他宏观经济等因素的影响，从而造成现实与理论模型的脱节。

3. 各国要素禀赋静态分析的局限性

要素禀赋理论中忽视了各国要素禀赋的动态变化的过程，也忽视了在一国特定的要素丰裕程度下，从动态的角度出发分析一国从自给自足转向自由贸易的过程。

第二节　里昂惕夫之谜

在 1933—1953 年期间，要素禀赋理论一直在国际贸易领域内占领着重要的地位。但随着经济学计量方法的不断发展和不少经济学家对该理论的验证工作的深入，要素禀赋理论的一些不足之处也开始暴露出来了。其中美国经济学家里昂惕夫(Wassily Leontief)对该理论的验证最具代表性。

一、里昂惕夫之谜的提出

1951 年，里昂惕夫运用 1947 年美国的投入—产出表测算了美国的进出口商品中的要素含量。里昂惕夫推断，由于美国与世界其他国家相比应该是资本丰裕的国家，根据要素禀赋理论，美国的贸易模式应该是出口资本密集型产品，而进口劳动密集型产品。然而，利用投入—产出表的结果却与根据 H-O 理论的推断完全相反，如表 5-2 所示。这就是著名的里昂惕夫之谜(Leontief Paradox)。

表 5-2　美国国内生产 100 万美元出口/进口商品所需的资本与劳动力对比(1947 年)

资本(劳动)额	出口商品	进口商品
资本(1947 年价格/美元)	2 550 780	3 091 339
劳动力/年劳动人数	182	170
资本—劳动力比/(美元/人)	13 991	18 184

资本来源：LEONTIEF W. Factor Productions and the Structure of American Trade: Further Theoretical and Empirical Analysis. [J]Review of Economics and Statistics, 1956(38).

表 5-2 可以发现，1947 年美国出口商品的资本—劳动力比(13 991 美元/人)小于进口商品的资本－劳动力比(18 184 美元/人)，即美国出口的是劳动密集型产品，而进口的是资本

密集型产品。1956 年，里昂惕夫又用美国 1951 年的投入—产出表进行了再一次的检验，依然与 1951 年的结果一致，里昂惕夫之谜仍然存在。

二、里昂惕夫之谜的解释

里昂惕夫之谜的提出引起了经济学家的极大关注。不少经济学家对此提出了自己的见解。以下介绍几种具有代表性的解释。

(一) 有效劳动说

这一假说是里昂惕夫针对这种矛盾现象自己提出的解释。里昂惕夫曾认为对于美国是否是一个资本丰裕的国家并没有进行认真的评估。为此，他从有效劳动的角度做出了解释。里昂惕夫认为劳动者素质不同造成了劳动者效率的差异。比如美国的劳动生产率大概是意大利的 3 倍，因此若以意大利为标准，美国有效劳动力的数量约是现存劳动量的 3 倍，进而美国应该被认为是一个有效劳动力丰裕的国家，而资本相对稀缺的国家。从这一角度出发，里昂惕夫之谜也不存在了。

(二) 人力资本论

受里昂惕夫有效劳动解释的启发，不少经济学家在之后对里昂惕夫之谜的解释中引入了人力资本这一因素。由于劳动不同质，从而表现出劳动效率的差异，因此可以将劳动分为熟练劳动(Skilled Labor)和非熟练劳动(Unskilled Labor)。其中熟练劳动是指不是先天具备的，必须经过一定的教育和培训后才慢慢积累起来的。美国经济学家凯能(P.B. Kenen)指出这种教育和培训归根结底属于一种投资的结果，因此熟练劳动又可称为人力资本(Human Capital)。从这个角度而言，美国仍然出口的是以物质资本和人力资本为主导的资本密集型产品。符合 H-O 理论。

(三) 要素密集度逆转

要素禀赋理论假设，两种产品 X 和 Y，无论在何种要素价格条件下，X 永远是劳动密集型产品，Y 永远是资本密集型产品。反之，如果在某些要素价格条件下，X 是劳动密集型产品，Y 是资本密集型产品，而在另一些要素价格条件下，X 是资本密集型产品，Y 是劳动密集型产品，则称这种现象为要素密集度逆转(Factor Intensity Reversal)。比如就粮食而言，在澳大利亚粮食因为农业生产机械化程度很高，因此粮食在澳大利亚属于资本密集型产品，而在泰国，粮食则属于劳动密集型产品。

由于要素密集度逆转现象的存在，美国进口的商品可能在出口国内属于劳动密集型产品，在美国则属于资本密集型的产品；而美国出口的商品，在美国是劳动密集型产品，但对于进口国而言可能属于资本密集型的产品，从而在一定程度上解释了里昂惕夫之谜。

(四) 贸易壁垒

部分经济学家认为美国可能出于保护国内非熟练劳动力就业的目的，对劳动密集型产品设置关税或者非关税壁垒，限制其进口。另一方面，美国也可能是为了避免出口贸易中的技术溢出，而对国内资本密集型产品的出口设置了大量的贸易壁垒。从而造成了美国大量进口资本密集型产品，出口劳动密集型产品的现象。

(五) 自然资源

自然资源的开采需要大量的资本投入，因此自然资源也属于资本密集型的产品。美国大宗商品的进口大部分属于资本密集型的自然资源。从这个角度而言，里昂惕夫之谜也得到了很好的解释。

(六) 需求逆转

在要素禀赋理论中假定两国对两种产品的偏好相同，从而国际贸易的模式仅仅取决于要素禀赋的差异，而与消费者需求无关。但在现实贸易中，供求双方都能影响国际贸易模式。由于美国属于发达国家，消费者的需求水平高，必然更偏向于资本密集型的产品，因此美国根据这种需求偏好进口更多的资本密集型的产品，从而造成了美国更多地进口资本密集型产品，而出口劳动密集型产品的现象。

第三节　要素禀赋理论的拓展

上述 H-O 理论指的是狭义范围上的要素禀赋理论。而在国际贸易理论领域内，要素禀赋理论包括四大定理，分别为 H-O 理论、S-S 定理、H-O-S 定理以及雷布津斯基定理。其中后三者均是 H-O 理论的拓展或者推论。本节就后三者进行简单的介绍。

一、S-S 定理

赫克歇尔和俄林在 H-O 理论中都涉及到了国际贸易对收入分配的影响，但是并没有明确指出要素收入和产品价格之间的联系。1941 年，斯托尔珀和萨缪尔森在《保护主义与实际工资》一文中，明确地将贸易、产品价格和要素收益联系起来，形成了 H-O 理论的重要推论之一：斯托尔珀-萨缪尔森定理(The Stopler-Samuelson Theorem，简称 S-S 定理)。

(一) 国际贸易对本国生产要素影响的逻辑推导

根据 H-O 理论我们可以推导出，国际贸易会使两种产品的国际价格和原国内价格发生偏离，从而使出口产品的生产者从国际贸易中获利，或进口产品的生产者从中受损。但这里的生产者并没有进一步明确要素的概念，所谓生产者受损或受益，是否指该生产者的所有要素都受损或受益呢？本部分将进一步分析国际贸易对要素收益的影响。

沿袭 H-O 理论的假设前提，仍然假定 $2 \times 2 \times 2$ 的理论模型：两个国家 A 和 B，两种产品 X 和 Y 及两种生产要素，即劳动力和资本。其中 A 是劳动力丰裕、资本稀缺的国家；B 是劳动力稀缺、资本丰裕的国家。X 是劳动密集型的产品，Y 是资本密集型的产品。除此之外，我们继续假定劳动力的收益为 W(工资)，资本的收益为 R(利润)。在完全竞争的要素市场上，可以得出如下要素收益的公式：

$$W = P \times \mathrm{MPL} \tag{5-4}$$

$$R = P \times \mathrm{MPK} \tag{5-5}$$

其中，P 是产品的价格，MPL 和 MPK 分别是边际劳动生产率和边际资本生产率。注意边际要素生产率存在边际要素生产率递减规律。

从以上两个公式可以发现，国际贸易对生产要素收益的影响主要来自：产品价格的变化和边际要素生产率的变化。而产品价格的变化是国际贸易的直接结果，在短期内便会影响要素的收益。边际要素生产率的变化则是生产组合的变动和生产要素流动的结果，只有在长期对要素收益产生影响。因此在后面的分析中，我们将区分短期影响、中期影响和长期影响[①]。

1. 短期影响

首先分析贸易对要素收入的短期影响。在短期分析中，我们假定要素存在粘性，即在短期中，尽管贸易会对工资和利润产生影响，但劳动力和资本并不会流动，劳动力和资本的数量不会发生改变，从而要素的边际生产率不会发生改变。根据上述要素收益公式我们可以推断出，工资和利润的变动主要是由产品的价格 P 的变动造成的。

以分析 A 国为例。根据 H-O 定理，应该出口 X 产品，进口 Y 产品，从而造成 X 价格 P_X 上升，Y 价格 P_Y 下降，因此有

X 部门[②]：

$$W_X(\uparrow) = P_X(\uparrow) \times \text{MPL}(不变)$$
$$R_X(\uparrow) = P_X(\uparrow) \times \text{MPK}(不变)$$

Y 部门：

$$W_Y(\downarrow) = P_Y(\downarrow) \times \text{MPL}(不变)$$
$$R_Y(\downarrow) = P_Y(\downarrow) \times \text{MPK}(不变)$$

自然，A 国 X 部门的工资和利润都会增加，Y 部门的工资和利润都会下降。因此在短期内，价格上升的出口行业中所有要素的收益都会增加，而价格下降的进口行业中所有要素的收益都会下降。

2. 中期影响

假设在短期要素完全不流动和长期要素完全流动之间存在一种中间状态，我们称之为中期状态。在该状态下，我们假设劳动力可以在行业间流动，但资本不流动[③]。

对于劳动力要素而言，首先从要素的需求变化来看劳动力的流动方向。根据 H-O 理论，国际贸易使得出口行业产品的价格上升，生产扩大；进口行业产品的价格下降，生产缩减。从而所需的劳动力的数量也会发生变化，出口行业的劳动力需求增加而进口行业劳动力需求减少。再从要素的供给变化来看劳动力流动方向。一般而言要素是逐利的，生产要素会向要素收益较高的行业或者部门流动。根据前面的分析知道，在短期内，国际贸易会使得出口行业的所有要素报酬上升，而进口行业所有要素报酬下降，因此，在中期，劳动力会从进口部门流向出口部门，也即对于 A 国而言，劳动力会从 Y 部门流向 X 部门。

对于资本要素而言，由于劳动力流动而资本不流动，会造成各行业资本劳动比发生变

[①] 张相文，曹亮. 国际贸易学[M]. 武汉：武汉大学出版社，2004.

[②] 在新古典贸易理论中一个部门只生产一种产品，为了分析需要，生产 X 产品的部门统一简称为 X 部门，Y 产品类似。

[③] 同①。

化。在充分就业和要素之间相互可以替代的假设条件下，A 国的进口部门 Y 由于劳动力流出而会出现资本相对过剩的情况，迫使该部门利用比以前更多的资本替代流出的劳动力，从而造成资本的边际生产率下降，而劳动边际生产率出现上升。同样，对于出口部门 X 而言，由于劳动力流入，出现劳动力相对资本过剩的情况，从而造成在 X 部门出现劳动力的边际生产率下降，而资本的边际生产率上升的情况。具体可用下式表述为

X 部门：
$$W_X(?) = P_X(\uparrow) \times \mathrm{MPL}(\downarrow)$$
$$R_X(\uparrow) = P_X(\uparrow) \times \mathrm{MPK}(\uparrow)$$

Y 部门：
$$W_Y(?) = P_Y(\downarrow) \times \mathrm{MPL}(\uparrow)$$
$$R_Y(\downarrow) = P_Y(\downarrow) \times \mathrm{MPK}(\downarrow)$$

由此，在中期，出口部门中不流动要素的收益继续上升，进口部门中不流动要素的收益继续受损，而流动要素的报酬不确定。

3. 长期影响

从前面的分析可知，在短期内，国际贸易使得 X 行业的资本要素收益增加，Y 行业的资本要素收益下降。因此，从长期来看，资本也会从 Y 部门转移到 X 部门。即劳动力和资本都能在各行业和各部门之间流动，会形成一个新的平衡。矛盾之处在于，A 国的 Y 产品属于资本密集型的产品，因此从 Y 部门转移出来的资本要比劳动力相对较少，而 A 国的 X 产品属于劳动密集型产品，当 X 部门扩大时，对劳动力的需求量大于资本的需求量，造成整个社会劳动力的供给相对不足，而资本则相对过剩。但是在充分就业和要素相互替代的假设下，这些过剩的资本并不会闲置，而是会变得相对便宜从而被两个部门吸收。因此，在这种情况下，X 部门和 Y 部门，都会使用比以前更多的资本，从而造成资本的边际生产率下降，而劳动的边际生产率上升[①]。因此有

X 部门：
$$W_X(\uparrow) = P_X(\uparrow) \times \mathrm{MPL}(\uparrow)$$
$$R_X(?) = P_X(\uparrow) \times \mathrm{MPK}(\downarrow)$$

Y 部门：
$$W_Y(?) = P_Y(\downarrow) \times \mathrm{MPL}(\uparrow)$$
$$R_Y(\downarrow) = P_Y(\downarrow) \times \mathrm{MPK}(\downarrow)$$

综合短、中、长期的分析可知，对于 X 部门劳动力的收益，不仅在短期内由于 X 产品的价格上升而使得要素报酬上升，而且在长期内，由于劳动力边际要素报酬的上升得到进一步的提高。而 Y 部门的资本收益，在短期内因为 Y 产品价格的下降而受损，在长期内也由于资本边际收益的下降而进一步减少。但是对于 X 部门中资本的收益和 Y 部门中劳动力的报酬则是不确定的。X 部门中的资本收益在短期内由于 X 产品价格的上升而上升，但是长期内，由于资本的边际收益下降而减少。那么，X 部门的资本长期净收益如何？与贸易前比是增加还是减少呢？同样，对于 Y 部门的劳动力收益，短期因为产品价格下降而减少，长期却因为劳动力边际报酬提高而增加，净收益如何？

对此，我们用简单的经济学逻辑来加以推导。众所周知要素市场是完全竞争的，因此要素在两个部门之间自由流动的结果必然是两部门的劳动力报酬和资本报酬长期是均等

① 张相文，曹亮. 国际贸易学[M]. 武汉：武汉大学出版社，2004.

的。另外，两部门要素报酬在发生国际贸易之前也是相等的。因此，可以推断出，如果 X 部门的劳动力工资在贸易之后是上升，那么 Y 部门的劳动力工资在贸易之后也必然随之上升。因此，Y 部门的劳动力要素边际生产率的提高所带来的正面影响最终会超过短期 Y 部门因产品价格下降带来的负面影响，从而造成最终 Y 部门的劳动力报酬比没有发生贸易前的高。同样，由于 Y 部门的资本报酬在长期是下降的，从而造成 X 部门的资本报酬最终也和 Y 部门资本报酬一样，长期受益必然是下降的。即从长期来看，X 部门资本边际报酬率的下降会超过短期因产品价格上升所带来的正面效应。综上，与贸易前比，劳动力要素报酬上升，而资本报酬下降。

因此，美国经济学家斯托尔珀(Wolfgang Stopler)和萨缪尔森(Paul Samuelson)将此结论总结为：在出口产品生产中密集使用的生产要素的报酬会提高，在进口产品中密集使用的生产要素的报酬会降低；或者国际贸易使得一个国家充裕要素的报酬上升而使得另一国稀缺的要素报酬下降。这一定理被称为斯托尔珀—萨缪尔森定理。

(二) 国际贸易对本国生产要素收益的放大效应

斯托尔珀-萨缪尔森定理不仅分析了国际贸易对要素收益的影响，而且还分析该影响的大小。之后美国经济学家罗纳德·琼斯进一步论证了这种效应。从前面的推导可以知道，国际贸易对要素报酬的影响有两个途径：产品价格的变化和要素边际生产率的变化。在我们的分析中，对于 X 部门的劳动力要素报酬的提高幅度应该是由短期 X 部门产品的价格提高和长期劳动力边际生产率的提高幅度之和。同理，Y 部门的资本要素报酬的下降也应该是短期 Y 部门产品价格下降的幅度和长期资本边际生产率下降幅度之和。因此，如果将劳动和资本价格变动率定义为 W 和 R，P_X 和 P_Y 定义为 X 部门和 Y 部门产品的价格变动率的话，那么 A 国参与国际贸易之后要素价格变化情况可以写成：

$$W > P_X > P_Y > R$$

罗纳德·琼斯将这种要素价格变化幅度大于产品价格变化幅度的结论称为放大效应 (Magnification Effect)。

二、H-O-S 定理

在研究国际贸易对本国不同行业部门要素收益影响的同时，经济学家们也对国际贸易对贸易双方收入差距的影响进行了探讨，论证得出国际贸易最终将使不同国家的生产要素价格趋于一致。这一结论被称为"生产要素价格均等化定理"(The Factor Price Equalization Theorem)，也被称为"赫克歇尔-俄林-萨缪尔森定理"(Heckscher-Ohlin-Samuelson Theorem，简称 H-O-S 定理)。

(一) H-O-S 定理的主要内容

H-O-S 定理指出，国际贸易不仅会使得两国的产品价格趋同，而且会使两国的生产要素价格相同，致使两国的所有工人都能得到同样的工资率，所有的土地得到同样的土地报酬率，所有的资本都得到同样的利润。

(二) H-O-S 定理逻辑推导

在对生产要素价格均等化定理进行推导之前，我们仍然假设 $2 \times 2 \times 2$ 的理论模型，即存在两个国家 A 和 B，其中 A 是劳动力相对丰裕的国家，B 是资本相对丰裕的国家；两种产品 X 和 Y，其中 X 是劳动密集型产品，Y 是资本密集型产品；两种生产要素：劳动力和资本。生产要素价格均等化的过程可以在前述 S-S 定理的基础上表述如下：

贸易开始之前，两国要素禀赋存在差异，因此两国的要素价格也不一致，在 A 国，劳动力要素的报酬相对较低，资本要素的报酬相对较高；在 B 国，资本要素的报酬相对较低，劳动力要素的报酬相对较高。但发生贸易之后，根据 S-S 定理我们知道，A 国内，X 产品密集使用的要素的价格会上升，即劳动力要素的报酬会上升，而资本要素的报酬会下降，于是，原来在 A 国相对廉价的劳动力的价格现在变得不那么廉价了，而原来在 A 国相对昂贵的资本的价格也变得不再昂贵了。同理，对于 B 国而言，发生国际贸易之后，Y 产品密集使用的要素的价格会上升，即资本要素的报酬会上升，而劳动力要素的报酬会下降。这意味着原来比较昂贵的劳动力的价格现在变得不再昂贵了，而原来比较廉价的资本的价格现在也不再廉价了。

随着国际贸易的开展，两国之间最终将达到新的平衡，两国 X、Y 两种产品的价格也会趋于一致。在这个过程中，两国丰裕要素的价格不断上升，而稀缺要素的价格不断下降，最终随着商品价格的统一，两国要素的价格也趋于均等化[①]。

三、雷布津斯基定理

在前面的分析中，我们一直假定两国的要素禀赋情况固定不变。而雷布津斯基定理 (Rybczynski Theorem) 则放宽了这一假定，专门讨论一国要素丰裕程度发生变化对国际贸易产生的影响。

(一) 雷布津斯基定理的主要内容

雷布津斯基定理指出，在商品和要素的相对价格不变的条件下，生产要素不平衡的增长将导致商品产量更大的不对称变化。一种要素的增加将导致密集使用这种要素生产的商品的产量增加，而使另一种商品的产量减少。下面简要分析雷布津斯基定理的主要逻辑推演过程。仍然假定是 $2 \times 2 \times 2$ 的模型，另外为了简化分析，我们假定国家是小国，产品和要素的相对价格不变。如果该国劳动力数量增加了 10%，在资本数量保持不变的情况下，两种商品的产量不可能都增加 10%。但是如果两种商品的产量增加不到 10%，增加的劳动力数量就不会被完全吸收。在两种商品及要素价格不变的情况下，生产两种商品使用的要素比例也不发生改变。因此，只存在一种情况，即只有生产密集使用劳动的那种商品的产量增加 10% 以上，而为了弥补该类商品生产所需增加的资本投入，该国密集使用资本的产品其产量必须减少[②]。

(二) 雷布津斯基定理的应用——荷兰病

荷兰病 (the Dutch disease) 是指 20 世纪 70 年代，荷兰因在北海发现了丰富的石油资源

---

① 张相文，曹亮. 国际贸易学[M]. 武汉：武汉大学出版社，2004.

② 同①。

而导致经济停滞的现象。荷兰病适用于所有初级产品出口急剧增加的国家。荷兰病最初是由 W.M.Corden 和 J.Peter Neary 在 1982 年提出的。他们用经典模型论证了一国自然资源突然增加对该国产业和国际贸易模式的影响。他们假定在模型中存在三个部门，分别是可贸易的制造业部门、可贸易的资源出口部门和不可贸易的部门(主要是建筑业、零售业和服务业部门)。假设该国经济起初处于充分就业状态，如果突然发现了某种自然资源或者自然资源的价格突然上涨，将产生如下两种效应：

一是资源转移效应。当突然发现自然资源或者自然资源价格突然上涨之后，劳动力和资本将转向资源出口部门，导致可贸易的制造业部门不得不花费更多的成本来吸引劳动力，从而削弱了制造业竞争力。与此同时，由于出口自然资源部门带来了大量的外汇收入从而使得本币升值，再次打击了制造业的出口竞争力。

二是支出效应。自然资源出口带来的收入增加会造成对制造业和不可贸易部门产品需求的增加。其中，对制造业产品需求的增加是通过对进口国外同类产品但性价比相对便宜的制成品来满足的，这无疑又对本国的制造业造成一定的冲击；但是对不可贸易部门的产品需求则无法通过进口来满足，因此会发现本国的服务业会重新繁荣①。

复习思考题

1. 分析古典贸易理论与新古典贸易理论的区别与联系。
2. H-O 理论的主要内容有哪些？它与比较优势理论的联系是什么？
3. 要素价格均等化定理在现实中存在吗？为什么？
4. 什么是荷兰病？请用所学理论对其进行分析并阐述该经济现象对其他国家经济发展的启示。
5. 试用要素禀赋理论分析中美贸易战。

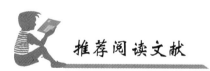

推荐阅读文献

[1] 张相文，曹亮. 国际贸易学[M]. 武汉：武汉大学出版社，2004.
[2] 鞠建东，林毅夫，王勇. 要素禀赋、专业化分工、贸易的理论与实证：与杨小凯、张永生商榷[J]. 经济学(季刊)，2004(10)：27-54.
[3] 徐康宁，王剑. 自然资源丰裕程度与经济发展水平关系的研究[J]. 经济研究，2006(1)：78-89.
[4] BURSTEIN J A，VOGEL J. International Trade, Technology, and the Skill Premium[J]. Journal of Political Economy, 2017, 125(5)：1356-1412.
[5] MARKUSEN J R，VENABLES A J. The theory of endowment，intra-industry and multinational trade[J]. Journal of International Economics, 2000, 52(2)：209-234.

---

① 张相文，曹亮. 国际贸易学[M]. 武汉：武汉大学出版社，2004.

第六章　贸易保护理论

学习目的与要求

　　通过本章的学习，掌握重商主义、幼稚产业保护论、超保护贸易理论等主要贸易保护主义理论的观点，及其之间的区别与联系。能用相关理论解释现实经济生活实践。

第一节　重商主义

　　重商主义是 15 世纪产生的代表商业资产阶级利益的经济思想和政策主张。其思想和政策主张曾在历史上起到过一定的推动作用，促进了资本主义的原始积累，推动了资本主义生产方式的发展，是贸易保护理论的开端与起点。

一、历史背景

　　15 世纪—17 世纪，随着新大陆和新航线的发现，商业活动的范围空前扩大，部分欧洲国家通过对美洲、非洲、亚洲的殖民掠夺，积累了巨额的财富，导致封建自然经济迅速瓦解，而商品经济蓬勃发展。随着商品经济的发展，社会对货币的需求与日俱增，并将其视为社会财富的象征。在当时的背景下，货币的主要形式是金、银等贵金属。于是社会各阶层开始疯狂追逐金银等货币，形成了赤裸裸的拜金主义社会风尚。

　　重商主义的发展可以分为早期(从 15 世纪至 16 世纪中叶)和晚期(从 16 世纪中叶至 17 世纪)两个阶段。早期的重商主义又称重金主义，以英国的斯塔福(William Stafford，1554—1612)为代表，绝对重视金银，认为金银是国家财富的象征，也是衡量一国财富的唯一标准。早期重商主义反对进口，并绝对禁止金银等货币的外流，因此又称为货币差额论。晚期重商主义注重贸易差额，所以又称为贸易差额论，以英国的托马斯·孟(Thomas Mun，1571—1641)为代表，其著作《英国得自对外贸易的财富》被认为是重商主义的圣经。他认为，只有当出口值超过进口值的时候，该国的经济才能繁荣起来，并能增加国民的财富。因此后期重商主义主张实行奖出限入的政策，从而形成有利的贸易差额(Favorable Balance of Trade)，即顺差。同时，他也指出要形成有利的贸易顺差只需保持本国对外贸易总额的顺差，而不必对每一笔交易都保持顺差。晚期重商主义在思想上比早期重商主义更推进了一步，是成熟商业资本的表现。

二、重商主义的主要内容

(一) 衡量国家富裕程度的唯一标准是货币

无论是早期重商主义，还是晚期重商主义，都认为财富的唯一形态是货币，也就是金银等贵金属的多少，货币的多少是衡量国家富裕程度的唯一标准。

(二) 增加货币财富需要通过顺差的对外贸易实现

重商主义特别重视流通领域，但是他们认为一国国内范围的流通并不会增加财富，要想增加一国财富的绝对量，必须通过对外的流通领域，即必须进行国际贸易，并且要在这种对外贸易中保持顺差或者出超。

但是在具体的增加货币财富的手段上，早期和晚期重商主义的观点有所不同。由于早期重商主义重视货币的绝对差额，因此在早期，他们认为货币应该以贮藏货币的形式积累起来，禁止货币的输出，并保持每一笔贸易交易都实现贸易的顺差。与早期重商主义不同，晚期重商主义以贸易差额论为中心，不再强调每一笔交易中的顺差，只要实现总额顺差，那么一国的财富终将会增加。

(三) 实现顺差的对外贸易需要政府奖出限入的政策

重商主义推崇国家干预，主张采用行政或者经济手段来引导对外贸易，从而实现对外贸易顺差的目标。重商主义重视对外流通领域，即对外贸易的发展，但他们认为并非所有的贸易都是有利于一个国家的，具体而言，出口是有利的，而进口则是有损失的。所以一国政府应该采取奖出限入的政策，促进有利的出口贸易，而限制不利的进口贸易。当时不少国家对奢侈品的进口征收高额的关税,而对制成品的出口免除出口关税或提供出口补贴。

三、评价

(一) 主要贡献

(1) 重商主义理论在当时的时代背景下具有一定的合理性，而且也促进了资本主义生产方式的发展。

(2) 该理论中的一些经济术语在现代经济的发展中也仍然沿用，比如贸易顺差等。

(3) 另外，该理论主张国家对贸易的干预，开创性地利用关税保护等措施积极发展出口贸易，对之后各国制定贸易政策具有一定的参考价值。

(二) 局限性

1. 错误地将货币和财富混为一谈

金银不是财富的唯一形态，也不是衡量一个国家是否富裕的唯一标准。贵金属金银只是获得财富的手段或中介，如果一个国家拥有很多金银，但是它的人民却买不到任何需要的东西并不能说明这个国家是富有的。一个国家真正的财富是该国国民所能生产或获得的商品数量和种类。

2. 只关注流通领域具有一定的局限性

重商主义认为财富都是在流通领域中产生的，而且认为只有对外流通领域才能实现财富的增值，完全忽视了真正产生财富的生产领域。

3. 零和博弈的潜在危害

重商主义是建立在零和博弈的基础上的，即认为一国所得即为另一国所失，各国在国际贸易中的利益都是相悖的，而忽略了国际贸易对各国经济增长的促进作用。这在一定程度上会激发贸易战的发生也会抑制国际贸易发生，因为如果一个国家无利可得或只有损失，那它就不会参与国际贸易。只有当各国都能从国际贸易中获利，各国才会自愿进行贸易。

第二节　幼稚产业保护论

重商主义之后，主张自由贸易的古典经济学占据了主导地位。但对于当时落后的美国、德国而言，自由贸易并非是最有利的贸易政策，因此在美国和德国两国中出现了以幼稚产业保护论为代表的新一轮贸易保护理论和政策主张。

一、历史背景

美国建国之初，由于工业基础较为落后，在经济上受到当时有"世界工厂"之称的英国的控制。在与英国进行贸易时，美国只能以南部的棉花、小麦等农产品与英国生产的工业品进行交换。1791 年美国第一任财政部部长亚历山大·汉密尔顿(Alexander Hamilton，1755—1804)基于当时的美国国情，向美国众议院提交的《关于制造业问题的报告》中强调了保护美国制造业的必要性及其措施。在该报告中，他认为制造业的发展对整个国民经济的发展具有重要的意义。不仅能够提高劳动生产率，促进社会分工，还具有联动效应，能带动上下游行业的发展，创造就业机会[①]。但是当时的美国制造业仍然属于幼稚时期，工业基础薄弱，工业技术落后，很难与英国进行竞争。因此，美国政府必须采取一定的支持本国工业发展的措施，保护自己的民族工业的发展。这一思想被认为是后面幼稚产业保护论的发展源泉。

真正对幼稚产业保护论进行全面阐述和发展的是德国经济学家弗里德里希·李斯特(Friedrich List，1789—1846)。早年，李斯特在德国提倡自由贸易，在 1825 年出访美国之后，他看到美国的工业在高度保护的条件下得到迅速发展之后，转向信奉贸易保护主义，并在 1841 年出版的《政治经济学的国民体系》中，激烈抨击了自由贸易的古典学派，并系统阐述了他的幼稚产业保护理论。

二、幼稚产业保护论的主要内容

所谓幼稚产业(infant industry)，是指处于成长阶段、尚未成熟，但具有潜在优势的产

---

① 黄静波. 国际贸易理论与政策[M]. 北京：北京交通大学出版社，2010.

业。李斯特认为，为了实现潜在的优势而对该产业实行暂时的保护是完全正当。而当该产业成长起来，在国际市场上具备竞争力以后，贸易保护就应当随之取消。

(一) 幼稚产业保护论的主要内容

幼稚产业论的核心思想可以归纳如下。

1. 借助国家力量发展本国产业

幼稚产业保护论强调国家在贸易保护中的重要作用，这一点和重商主义一样。他指出："固然，经验告诉我们，风力会把种子从这个地方带到那个地方，因此，荒漠原野会变成稠密森林。但是培养森林因此就静等着风力的作用，让它在若干世纪的过程中来完成这样的转变，世上有这种愚蠢的办法吗？如果有一个植林者选择树秧，主动栽培，在几十年达到了同样的目的，这难道不是一个可取的办法吗？"，因此政府不能作为"守夜人"，要做"植树人"，积极制定产业政策保护国内民族工业。

2. 财富生产力比财富本身更重要

与重商主义不同，幼稚产业保护论认为一个国家的强盛并不取决于财富积累的绝对值，而是取决于生产力的发展。李斯特说："一个人可以拥有财富，但是他如果没有那份生产力，可以产生大于他所消费的价值，他将越过越穷。一个人也许很穷，但是他如果拥有那份生产力，可以生产大于他所消费的有价值的产品，他就会富裕起来"。按照古典贸易理论的自由贸易进行国家分工和国际贸易，虽然看起来从国外进口更加廉价的产品是合算的，但是这样做并不利于德国工业生产力的发展，德国始终处于落后和从属的地位。相反地，若德国保护自己的民族幼稚工业，期初商品的价格可能比国外价格更高，但是经过一段时期的发展，达到规模经济，生产力水平得到发展，商品的价格将会下降。

3. 社会经济发展阶段论

李斯特反对古典学派中依照静态比较利益，忽视各国处于经济发展不同阶段建立的国际分工学说。他指出一国的贸易政策应该取决于所处的经济发展阶段。他认为各国经济发展阶段主要分为五个阶段：原始未开化时期、畜牧时期、农业时期、农工业时期和农工商时期。在原始未开化时期和畜牧时期没有对外贸易；农业时期，一国可以实行自由贸易政策，自由输出农产品和输入工业品。这样既能促进农业的发展也能培育本国的工业基础；在农工业时期，应采用保护主义的贸易政策，对本国有发展潜力的工业采取保护措施，以防止国外处于农工商阶段的国家的竞争，从而建立并发展本国民族工业；在农工商时期，形成一定的工业基础和积累了一定的财富之后，可以采取自由贸易政策。当时的德国和美国都处于农工业时期，而英国已经达到了农工商时期，如果德国和美国与已经进入农工商时期的英国进行自由贸易，长期来看不但享受不到贸易利益，还会损害长期生产力的发展。因此，德国和美国都应采用贸易保护政策[①]。

4. 有选择的保护对象

幼稚产业保护论并不主张对所有产业都进行保护，而是保护具有潜在发展优势的、经过保护之后能够自立的产业，同时保护的期限也并非永久性的，保护应当有适当时期。李

① 彭红斌，董瑾. 国际贸易理论与实务[M]. 6版. 北京：北京理工大学出版社，2020.

斯特主张以 30 年为最高期限，即在一个适当时期以后，保护的工业产品能够与国外产品竞争，就无须再保护了；或者经过保护还扶植不起来，也不必再继续给予保护了。

5. 关税是保护国内工业的重要手段

李斯特认为关税是建立和保护国内工业的主要手段，关税水平的高低要依据不同的产业而有所不同。比如，对于与国内幼稚工业相竞争的进口产品征收高关税，同时，以免税或低关税来鼓励国内不能自行生产的机械设备的进口。

(二) 幼稚产业的判别标准

对幼稚产业的选择是幼稚产业保护论的重点内容。判断幼稚产业必须比较产业现在与未来的发展，这就涉及到幼稚产业的判别标准问题。历史上很多学者提出了各种各样的标准，对幼稚产业保护理论作出补充和发展，归纳起来具有代表性的主要有三种判别标准：穆勒标准、巴斯塔布尔标准和坎普标准。

1. 穆勒标准(Mill's test)

穆勒标准指出，当一个产业规模较小时，其生产成本高于国际市场价格，如果任由其在国际市场上自由竞争，势必会造成亏损。但如果政府给予一段时间的保护，该产业能够发展壮大，以充分实现规模经济，降低成本，则该产业就可作为幼稚产业来加以扶植。也就是说，穆勒标准强调一个产业从没有达到规模经济到通过支持能够达到规模经济这样一种过程，强调的是保护之后，产业将来的成本优势。

2. 巴斯塔布尔标准(Bastable's test)

巴斯塔布尔标准比穆勒标准要求更严格。该标准认为一个工业的保护肯定是要付出成本的，只有当保护成本小于该产业能够获得的预期利润时，该产业才值得被保护；反之，则不应该保护。巴斯塔布尔标准不仅强调产业保护后成本上的优势，而且还需要保证该优势能够弥补保护成本。

3. 坎普标准(Kemp's test)

与强调内部规模经济的前述两个标准不同，坎普标准强调外部规模经济，认为如果某个产业能够带来附带影响，即外部经济时，才是值得保护的。比如对钢铁工业的保护。当钢铁工业通过保护发展起来时，其附带的汽车生产、其他的原材料的生产、建筑业的生产、基础设施的发展等都可能因为钢铁工业的发展而被带动起来。换句话说，保护了该产业之后，它具有比较长的产业链的溢出效应。因此，坎普标准将外部经济与幼稚产业联系在一起，是对上述两个标准更进一步的发展。

三、评价

(一) 主要贡献

(1) 幼稚产业保护论在德国和美国的经济发展中起到了一定的积极作用，使其工业经济迅速发展起来，实现了赶超世界先进国家的目标。

(2) 幼稚产业保护论本身具有一定的合理性，也具有一定的现实意义。世界贸易组织也在该理论的基础上，列有幼稚产业保护条款[①]。该条款允许一国为了建立新工业或为了保护刚刚建立不久，尚不具备竞争力的工业采取进口限制性措施，提高关税，实行进口许可证，征收临时进口附加税等方法对这一类幼稚产业进行保护。

(3) 从动态发展的角度看待经济的发展。幼稚产业保护理论认为经济的发展具有一定的规律性，强调各国的长远利益，各国应根据自身的发展规律和国情制定不同的贸易政策。

(4) 突破了重商主义重视流通领域的局限性。幼稚产业保护论认为国家的生产水平直接关系到国家的兴衰，生产水平能够创造价值，而不是流通领域。

(二) 局限性

(1) 在幼稚产业保护论中对生产力的理解比较含糊，对影响生产力的因素分析也较为混乱。

(2) 保护对象的选择缺乏客观具体的标准。实施幼稚产业保护政策的困难在于很难确定哪项工业符合保护的要求，而且经验表明，一旦实行了保护就很难取消。

(3) 关税可能并不是给予幼稚产业以保护的最好的形式，最好的形式是对该产业的产品给予相应的生产补贴。

第三节 超保护贸易理论

1929—1933 年，资本主义世界陷入了空前严重的大危机，许多资本主义国家积极干预对外贸易，并提出了各种支持超保护贸易政策的理论根据，其中影响最大的是凯恩斯及凯恩斯主义的超保护贸易理论。

一、历史背景

约翰·梅纳德·凯恩斯(John Maynard Keynes，1883—1946)是现代西方经济学最具影响的英国资产阶级经济学家之一。他的代表性著作是其在 1936 年出版的《就业、利息和货币通论》(简称《通论》)一书。在该书中，他以乘数原理为基础，以边际消费倾向、资本边际效率和流动偏好为核心，推导出了一系列对外贸易乘数公式，用来说明和分析贸易金额的变动对国民收入的影响，以此来证明对外贸易是萧条时期刺激经济和扩大就业的有效工具。

20 世纪初，自由竞争资本主义过渡到了垄断资本主义阶段，使世界经济发生了巨大的变化。1929—1933 年，资本主义世界发生了经济大危机，使资本主义国家陷入了长期萧条之中。这种国内经济萧条的加深，使主要西方发达资本主义国家对国际市场的争夺日趋激烈，自由贸易已应付不了这种局面。面对生产停顿、经济萎缩、失业增加等严重的经济危机，人们对资本主义制度的信心发生了动摇，对自由贸易理论产生了质疑。凯恩斯正是在这样的背景下，在对传统贸易理论批判的基础上，对自由贸易理论提出了质疑，并提出超保护贸易理论。

[①] 朱钟棣，郭羽诞，兰宜生. 国际贸易学[M]. 上海：上海财经大学出版社，2005.

二、超保护贸易理论的主要内容

凯恩斯主义的超保护贸易理论主要由凯恩斯本人和一些后凯恩斯主义者们提出。他们的观点反映了 20 世纪 30 年代大萧条以后西方国家经济的要求。

(一) 凯恩斯的超保护贸易论

1. 充分肯定了重商主义的贸易差额论中的合理部分

凯恩斯认为，产生大量的非自愿失业的原因是社会上的有效需求不足。有效需求又可以划分为消费需求和投资需求。有效需求不足是由于消费需求不足和投资需求不足造成的。造成消费需求不足的原因在于边际消费倾向递减，而造成投资需求不足的原因是资本边际效率递减和流动偏好导致的。投资需求又可以分为国内投资和国外投资。国内投资与利息率有关，而国外投资，凯恩斯认为与贸易差额有很大的关系。由此，凯恩斯表示了对重商主义的赞赏，在《通论》中指出"故在当时，政府当局关切贸易顺差实在是一箭双雕，而且也只有这个办法。当时当局既不能直接控制利率，又不能直接操纵国内投资之其他引诱，则增加顺差，乃是政府可以增加国外投资之唯一直接办法；同时，若贸易为顺差，则贵金属内流，故又是政府可以减低国内利率，增加国内投资动机之唯一间接办法。"

从上述引文中可以看出，凯恩斯认为国际贸易收支的顺差可以从两个方面促进有效需求的增加，一是一国净出口的增加本身就是本国有效需求的组成部分，因此肯定能够提升国民收入水平；二是通过贸易收支的顺差，能够增加一国货币供应量，从而降低本国的利息率，刺激国内贷款，增加个人消费需求与企业投资需求。

2. 凯恩斯承认重商主义的方法并非十全十美

凯恩斯在肯定重商主义差额论的基础上，也承认这种政策亦会受到不可忽视的两种限制。他在《通论》中写道，"若国内利率降低，投资量增加，以致就业量冲破若干分界线，工资单位上涨，则国内成本增加，对国际贸易差额开始有不利影响。故增加顺差之努力，以后会物极必反，而归失败。其次，若国内利率下降，比之他处利率为低，以致刺激对外贷款，超过顺差额，则可以引起贵金属外流，于是情况一变，前功尽弃。国家越大，其国际地位越重要，则受此两种限制之危险性亦越大；盖设每年贵金属之产量相当小，则一国有贵金属内流，即他国有贵金属外流，故设重商主义政策推行过度，则不利影响之由来，不仅起于国内之成本上涨，利率下降，亦起于国外之成本下降、利率上涨。"①②

由此可以看出，凯恩斯认为贸易顺差不可以无限量地增加下去，因为当贸易收支顺差过大时，货币供应量会增加，一方面使得商品价格过高，影响本国商品在国际市场上的国际竞争力；另一方面过度顺差会使得本国利息降低，进而引起资本外流，造成本国投资减少。

3. 奖出限入的政策是扩大有效需求的有效途径

凯恩斯认为，出口是国外市场对本国产品的需求，当国内市场需求不足时，扩大商品出口能有效地消耗国内剩余产品；对于进口而言，限制进口能够在出口规模一定的情况下，

---

① 凯恩斯. 就业、利息和货币通论[M]. 徐毓枬，译. 北京：商务印刷馆，1963.
② 戴中，等. 国际经济学[M]. 北京：首都经济贸易大学出版社，2002.

保持贸易顺差，增加国民收入，并且限制进口的最有效的措施就是实行关税保护。凯恩斯认为，关税保护不仅仅能限制进口维持贸易顺差，还能促进国内生产，增加国内就业[①]。

(二) 后凯恩斯主义的超保护贸易论

后凯恩斯主义不但赞同凯恩斯本人的超保护贸易论，而且还在此基础上作了进一步的拓展，指出保持对外贸易顺差不仅能够在理论上扩大本国的有效需求，而且能够以乘数的形式增加总收入，为经济的稳定和充分就业创造更好的条件。

该理论的核心思想是指新增加投资→引起对生产资料需求的增加→引起从事生产资料的企业和工人收入增加→引起参与消费的人们的收入增加，按此推演下去的最终结果是增加的国民收入总量会等于原增加投资量的若干倍，而增加的倍数则取决于边际消费倾向的大小。因此，一国顺差所得利益将与贸易顺差量成正比，贸易顺差量越大，本国国民收入增加就越多，就能在促进经济繁荣和降低失业率中发挥更大的作用。

三、评价

与前面幼稚产业保护论注重中观产业层面的保护政策不同，凯恩斯的贸易保护主义把更多焦点放在了宏观国家层，旨在通过贸易保护，扩大社会有效需求，促进就业，增加国民收入。我们对该保护理论进行简要评价：

首先，凯恩斯贸易保护论属于新重商主义贸易观念。凯恩斯贸易保护与重商主义都强调贸易顺差以及奖出限入的重要性。但与重商主义不一样的是，凯恩斯认为贸易顺差的增加不仅仅体现在个人财富积累上，更多的体现为从国家宏观层面上能提高社会的有效需求，增加国民收入，促进就业。因此凯恩斯贸易保护论可以看作是新重商主义的表现[②]。

其次，凯恩斯贸易保护论属于进取性贸易保护主义，也被称为超保护贸易政策。这种政策不同于上述的幼稚产业保护论，不是以保护国内幼稚产业、增强一国国力为直接目的，而是通过保护来强化一国在国际贸易中的地位，创造条件实现国内充分就业和国民收入增长。不是为了国际收支平衡而实行奖出限入，而是利用对外贸易来促进国内生产及增长；不是简单消极地抵制进口来保护本国市场，而是积极地鼓励出口扩张去占领国外市场，以便达成通过顺差增加投资和有效总需求的目标，为了扩大出口，先进的、已经发展起来的、有竞争力的成熟产业更有可能成为扶持和保护的对象[③]。

第四节　战略性贸易保护理论

战略性贸易保护理论是由经济学家布兰德(James A. Brander)、斯宾塞(Barbara J. Spencer)和克鲁格曼(Paul R. Krugman)等提出的，于 20 世纪 80 年代开始兴起的一种新的贸易政策理论。该理论突破了传统国际贸易理论中以完全竞争市场作为基本前提假设，将模型建立在不完全竞争的假设前提下，讨论了如何运用国家干预保证一国在国际经济中的利益。

---

① 黄静波. 国际贸易理论与政策[M]. 北京：北京交通大学出版社，2010.

② 黄飞鸣. 国际经济学教程[M]. 上海：复旦大学出版社，2014.

③ 同②。

一、战略性贸易保护理论的主要内容

(一) 战略性贸易保护理论的内容

战略性贸易保护理论认为由于国际市场上的不完全竞争性和规模经济的存在，一国政府可以凭借诸如生产补贴、出口补贴或其他保护国内市场等政策手段扶持本国战略性产业的成长，增强其在国际市场上的竞争力，从而掠夺他国的市场份额并获取规模经济收益。所谓战略性产业是指对一国未来经济增长具有重要意义，并能给一国经济带来强大外部收益的产业。

传统国际贸易理论和政策是建立在完全竞争市场的假定上的，认为只有实行自由贸易，各国才能从国际贸易中获利，而战略性保护贸易理论则是以不完全竞争为基本的假设前提，在规模经济的情况下，认为实施政府干预的战略性贸易政策不但无损于其经济利益，反而能提高自身的福利水平。

(二) 战略性贸易保护理论与幼稚产业保护理论的差异

战略性贸易保护理论与其他保护贸易理论相比既有相似之处也有差异。战略性贸易保护理论不像凯恩斯主义的超保护贸易理论是针对各产业的全面保护，而与幼稚产业保护理论有相似之处，即都是主张对具体产业进行保护的保护性贸易理论，但与幼稚产业保护理论也有着本质上的区别，具体如下表 6-1 所示。

表 6-1　幼稚产业保护理论与战略性贸易保护理论的异同

异　同		幼稚产业保护理论	战略性贸易保护理论
相同点	政策类型	都属于保护性贸易政策	
	目标产业选择标准相似	都锁定在外部正效应和规模经济效应的产业上	
	实施后果	都可能会受到其他国家的报复	
不同点	时代背景	初始于 19 世纪前后的德国与美国	出台于 20 世纪七八十年代，资本主义发展到垄断资本主义阶段
	理论前提	假定完全竞争市场	假定不完全竞争市场
	目标产业选择标准差异	刚刚起步，有发展潜力但没有形成规模和竞争力的产业	已经有较大规模，在市场上占有一定份额甚至已经形成垄断的较为成熟的产业
	保护目的	保护的目的是不保护	将他国的市场利润最大限度地转移到本国企业上
	政策手段	保护性关税	产业扶植政策为主，关税政策为辅

资料来源：根据郁郁，刘为(2004)①文献整理所得。

1. 两种贸易理论的相同点

首先，无论是幼稚产业保护理论还是战略性贸易保护理论都属于保护贸易理论。前者

---

① 郁郁，刘为. 保护幼稚产业理论与战略性贸易政策理论比较[J]. 沈阳大学学报，2004(10)：18-19.

是为了培养自己刚刚起步的有潜力的产业，从而让其最终能在国际市场上竞争，带有明显的保护特征；后者也主张政府能够通过一定的政策手段保护本国战略性产业，从而最大可能地牟取利润，甚至获取垄断利润。

其次，幼稚产业保护理论和战略性贸易保护理论在目标产业的选择上具有相同的标准。我们根据前者判定幼稚产业的标准可以发现，从穆勒标准到巴斯塔布尔标准再到坎普标准，都关注该幼稚产业是否具有规模经济效应以及外部联动性；同样，克鲁格曼在论述战略性贸易保护理论时就主张美国对那些能够产生巨大外部经济效益的行业提供补贴。

第三，两种贸易保护政策都会面临来自其他国家报复的可能性。既然贸易保护政策能够给一个国家带来好处，那么为了维护各自国家的利益，其他国家也开始倾向于使用贸易保护政策进行贸易报复。

2. 两种贸易理论的不同点

第一，两种理论产生的时代背景不同。幼稚产业保护理论初始于18世纪末和19世纪初的德国和美国。当时英国率先完成工业革命，大力推行自由贸易政策，企图利用其物美价廉的产品占领国际市场，获得巨额利润。当时美、德的工业基础较为薄弱，很难与英国进行竞争，如若让英国的产品自由进入国际市场，势必会对他们的经济造成一定的打击。为了避免这一冲击，美、德需要对其产业进行保护，并需要相应的理论对其保护行为进行支撑。幼稚产业保护理论就在这样的背景下产生了。战略性贸易保护理论则出台于20世纪七八十年代，它是资本主义发展到垄断资本主义阶段后产生的。20世纪七八十年代以来，资本主义各国贸易保护主义开始抬头，要求政府支持和保护本国垄断企业，从而在新的国际经济格局中占据有利地位，获取垄断利润。战略性贸易保护理论在此背景下应运而生。

第二，两种理论的假设前提不同。幼稚产业保护论是建立在完全竞争市场的前提之上的。而战略性贸易保护理论是建立在不完全竞争市场结构上的。因此，在后续对战略性贸易保护理论进行模型分析时都是假定为寡头垄断市场结构。只有在寡头垄断的前提下才会出现所谓的垄断利润，进而才会有垄断利润转移的问题。

第三，两种理论的目标产业选择标准存在差异。虽然无论是幼稚产业保护理论还是战略性贸易保护理论，都将规模经济效应以及外部联动性作为其目标产业的标准，但前者针对的是刚刚起步的、有发展潜力但还未发展起来的产业，即幼稚产业；后者则是针对已经存在一定的规模、在国际市场上占有一定市场份额甚至已经形成垄断的成熟或者较成熟的产业。

第四，两种理论的保护目的存在差异。幼稚产业保护论的政策目标在于通过政府的保护，促使产业自身产生出一种自行不断壮大的能力，在短期内提高劳动生产率和竞争力。一旦产业形成自身的竞争力之后，应当放弃过度的保护和扶植，即幼稚产业保护论属于开放式的保护，它并不排斥竞争，而是引入竞争的动态保护，是为了不保护而保护的一种理论，其政策重点是在于保护，是以守为主的防御性政策；而战略性贸易保护理论更像是一种以邻为壑的保护理论，即在一定的市场利润条件下，本国政府运用各种战略手段将他国的市场利润最大限度地转移到本国企业身上，战略性贸易保护政策的目标直接指向了垄断利润的获得。其政策重点在于夺取，是以攻为主的侵略性政策[①]。

---

① 郁郁，刘为. 保护幼稚产业理论与战略性贸易政策理论比较[J]. 沈阳大学学报，2004(10)：15.

第五，两种理论采取的政策手段存在差异。保护幼稚产业理论主要采取的政策手段是关税，而战略性贸易保护理论采取的政策手段则是产业扶植政策为主、关税为辅的形式。就产业扶植政策而言，包括生产补贴、出口补贴、出口信贷、研发补贴等多种形式。相对于保护幼稚产业所采取的政策而言，战略性保护所采取的政策具有更强的隐蔽性。

(三) 案例分析

世界两大飞机制造企业是分析战略性贸易保护政策效果的经典案例。假设世界市场中，飞机制造业是一个极具规模经济的行业，即在这样的市场中，只能容纳一个进入者而获得全部利润，如果两个公司同时进入这一世界市场，则会导致两败俱伤，都会遭到经济上的损失。波音和空中客车两公司的收益矩阵如下表 6-2 所示。

表 6-2　双方均无任何补贴的情形　　　　　　　　　　单位：亿美元

项　　目		空　中　客　车			
		制　　造		不　制　造	
波音	制造	空中客车	-10	空中客车	0
		波　音	-10	波　音	100
	不制造	空中客车	100	空中客车	0
		波　音	0	波　音	0

资料来源：黄卫平，彭刚，凌奇博. 国际经济学[M]. 北京：对外经济贸易大学出版社，2008.

在初时，我们假设波音公司没有政府干预。此时两家公司都生产，他们各自亏损 10 亿美元；如果市场只有一家公司生产，则生产的企业将获利 100 亿美元，而不生产的利润为 0。当然如果都不生产，两公司获利都为 0。

现在假定欧盟对航空公司制造业进行保护，给予空中客车 20 亿美元的补贴，而美国政府未对波音公司采取相应的保护措施。那么欧盟的 20 亿美元的补贴将使两家公司的盈亏发生变化，如表 6-3 所示。

表 6-3　欧洲对空中客车进行补贴的情形　　　　　　单位：亿美元

项　　目		空　中　客　车			
		制　　造		不　制　造	
波音	制造	空中客车	10	空中客车	0
		波　音	-10	波　音	100
	不制造	空中客车	120	空中客车	0
		波　音	0	波　音	0

资料来源：黄卫平，彭刚，凌奇博. 国际经济学[M]. 北京：对外经济贸易大学出版社，2008.

从表 6-2 和表 6-3 中我们可以看到，如果此时市场仅有空中客车一家生产，那么它的总利润将会变成 120 亿美元；如果空中客车和波音两家公司同时生产，那么波音因为没有补贴而亏损 10 亿美元，而空中客车则因为有补贴，可以获利 10 亿美元。也就是说，这时空中客车只要从事生产，那么无论波音公司是否进入市场都能盈利。这样，对于空中客车来说所作的决策必然是生产。但另一方面，波音公司如果仍然选择生产，则必然会导致 10 亿美元的亏损，而如果停止生产，那么原来占有的市场则会拱手让给空中客车，最终将会退出市场。因而对于波音公司而言，只有两种选择，要么不生产，要么亏损也要生产。但是对于一个企业而言，如果一直得不到补贴或者援助，是无法长期承受大量亏损的。因此，这一博弈的最终结果将是空中客车把波音公司挤出市场，在独占的市场中获得 120 亿美元的垄断利润。

从上述波音和空中客车的例子中我们可以看出，在不完全竞争的市场中，政府的干预可以改变厂商的竞争行为和结果，让本国企业在国际竞争中占领市场，使竞争结果向对本国有利的方向发展。据此，持战略性贸易保护观点的论者认为，对战略性产业给予补贴，从长远的观点看，对加强该企业的竞争力、独占市场、以取得规模经济收益是非常有效的。

二、战略性贸易保护理论的实践应用

(一) 日本半导体产业战略性贸易保护政策

无论是在汽车行业、钢铁行业还是半导体行业，战后日本的实践均被看作是推行战略性贸易保护政策最典型的应用。特别是在半导体行业中，战后日本的半导体行业虽然已经开始发展，但一直处于落后阶段，直至 20 世纪 80 年代初超越了美国，成为国际市场上半导体行业中的主要竞争者。这一成功的追赶与日本政府在半导体行业中实施的战略性贸易保护政策密切相关。

半导体行业的战略性特征主要有：首先半导体行业具有典型的规模经济特征。企业规模越大，平均成本就越低。正是由于规模经济效应，在半导体行业中，相对于小公司而言，往往大公司具有较强的成本控制能力。在市场的不断优胜劣汰中，导致小公司的市场份额不断被挤压，从而造成寡头垄断的局面。其次半导体行业具有高层次竞争性。半导体行业属于资本、研发密集型的行业，需要长期的、持续的研发投入、资金投入以及设备投入。而且产业链环节较多，具有明显的专业化分工的现象，导致整个行业的供应链管理难度较大。这无形提高了半导体行业的进入壁垒，进一步导致行业的垄断性增强。最后，半导体行业关乎国家安全。半导体行业是国家信息化产业国际竞争力的基础，也是现代军事系统发展的重要支撑。半导体行业作为信息产业的最上游，被各国政府视为信息经济的控制高地，无论对军事武器还是对国家经济竞争力都具有特别重要的意义[①]。因此我们发现不仅仅是日本，包括美国、韩国等半导体先进国家都曾在不同程度上，以不同形式对半导体行业采取一定的政策干预以确保该产业发展。

日本半导体行业的战略性贸易保护政策主要分为两部分，一是对半导体行业的保护政策；二是对半导体行业的扶植政策。

(1) 保护政策：

① 限制外国资本对国内半导体市场的渗透。日本政府通过颁布相关的法律政策，通过股权占比、专利技术转让、市场准入等条件严格审批外资企业流向本国半导体产业。

② 严格管理外国半导体产品进入本国市场。日本政府通过设置高额的进口关税、外

---

① 邵冰. 战后日本战略性贸易政策研究[D]. 长春：吉林大学，2020.

音获得的间接补贴不能超过销售额的 4%。虽然签订了协议，但是两国都不愿意率先采取削减补贴的行为，导致协议无法执行下去。

三、评价

(一) 主要贡献

1. 理论前提更符合现实经济的发展

战略性贸易保护理论极大放松了过去传统的不符合实际的完全竞争市场和规模经济不存在的假设，使得对贸易理论的研究又向现实社会更近了一步，在一定程度上具有更广泛的解释力。

2. 具有加强的针对性和实践性

战略性贸易保护理论根据不同国家和产业的特点与差异，提出鼓励出口的不同措施，而不是追求理论的一般性完美，具有很强的针对性和实践性。

3. 吸收并发展了传统贸易理论中的有益部分

战略性贸易保护理论仍然承认比较优势的合理性，只是将比较优势的来源扩大了，认为劳动生产率的差异源于生产规模，而生产规模的差异来源于国家的有效干预，强调了国家在经济生活中的作用。

(二) 局限性

虽然战略性贸易保护理论及政策措施不乏支持者和实践者，但这一理论及政策措施的实施也存在一定的局限性，从而遭到了不少的批评。

1. 战略性贸易保护政策的实施效果会因信息不充分而得不到发挥

战略性贸易保护理论在实际应用时所需要的信息大于各国政府所能获得的信息，这样，就会导致战略性贸易保护政策的实施得不到充分有效的发挥。以上述空中客车和波音的例子为例，欧洲通过向空中客车提供补贴使其能够最终独占市场获得垄断利润，是以空中客车和波音两家公司的技术水平和生产效率相同，以及两家公司同时生产都会造成损失为前提的。但如果假设条件改变，波音公司的生产效率高于空中客车，即使两家公司同时生产，也只有空中客车会承受损失，波音公司仍能获得 10 亿美元的利润。假定欧洲在向空中客车提供补贴之时并不了解这一信息，仍向空中客车提供了 20 亿美元的补贴，这样哪怕即使受到了巨额补贴，从长期而言，空中客车仍然无法将波音公司挤出市场。这样，欧洲采取的战略性贸易保护政策并不会发挥作用，反而要承担补贴的损失。

2. 战略性贸易保护政策会招来别国的报复引致贸易战

战略性贸易保护理论和政策在本质上属于以邻为壑的贸易政策，以牺牲别国的利益来提高本国的福利，容易遭致贸易报复，严重的甚至会引致贸易战。若战略性贸易保护政策招致别国的报复，将会导致这种政策的效果更难以实现。仍以上述波音和空中客车的例子，空中客车在 20 世纪 70~80 年代，长期接受来自欧洲政府的直接补贴，对此，美国政府也通过向波音公司提供军事和太空开发合同给予波音公司间接补贴以此作为对欧洲政府的报复。

3. 战略性产业选择的主观性

同幼稚产业保护论相似，战略性贸易保护理论在战略性产业的选择上存在一定的主观性，一旦选择错误将会造成资源的浪费。

4. 战略性贸易保护政策所产生的垄断利润也并非永久

自由进入的市场结构决定了垄断利润的暂时性。如果受保护产业的进入不存在任何的进入壁垒，那么该产业的垄断利润将诱使更多的企业进入，最终造成垄断利润的消失，从而无法实现战略性贸易保护理论和政策的预期目标。

复习思考题

1. 简述幼稚产业保护论中的幼稚产业选择标准。
2. 简述战略性贸易保护政策与其他贸易保护政策的区别与联系。
3. 简述凯恩斯超保护贸易理论与重商主义的关系？
4. 既然幼稚产业保护论告诉我们幼稚产业在扶植一段时间之后应该取消保护，为什么现实经济中不少产业在成长壮大之后仍然受到保护？
5. 试分阶段对中国汽车行业贸易政策的演变进行分析。

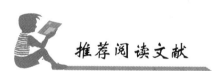

推荐阅读文献

[1] 刘东勋，翟志成，陈多长. 保护贸易理论是对自由贸易理论的修正和发展[J]. 国际贸易问题，1998(9)：6-10.

[2] 王弟海，龚六堂. 幼稚产业的发展路径及其政府政策的分析[J]. 数量经济技术经济研究，2006(3)：24-36.

[3] 祁峰，杨宏. 日本对幼稚产业的保护及启示[J]. 经济纵横，2001(12)：48-51.

[4] BALDWIN R. The Case Against Infant-Industry Protection[J]. Journal of Political Economy, 1969, 77(03)：296-305.

[5] BAO J Y. New Trade Protectionism and Strategic Trade Policy of China: An Analysis on Infant Industry and Protection Effectiveness[J]. Journal of International Trade, 2007, 12(2): 144-151.

第七章　当代国际贸易理论

通过本章的学习，掌握产业内贸易理论的主要内容，掌握产品生命周期理论的每个阶段的特征，理解国际竞争优势理论的决定因素和发展阶段。

第一节　产业内贸易理论

传统国际贸易理论，主要针对发达国家和发展中国家之间不同产业间的贸易，但自20世纪60年代以来，随着科学技术的不断发展，在发达国家之间的同种产业内的商品既进口又出口的贸易现象越来越多。解释这种现象的理论就是产业内贸易理论。

一、产业内贸易的界定、特征及测度

（一）产业内贸易的界定与特征

国际贸易从产品内容的角度进行划分可以分为两种类型：一种是产业间贸易(Inter-Industry Trade)；另一种就是产业内贸易(Intra-Industry Trade)，又称双向贸易(Two-Way Trade)。其中产业间贸易能很好地利用传统的要素禀赋理论进行解释，是指在具有完全不同类型的生产要素的国家之间进行的贸易，比如发展中国家出口初级产品，并从发达国家进口工业制成品。而后者是指具有相同、相似生产要素禀赋的国家之间进行的贸易，比如美国和日本之间进行小汽车的贸易。这一种类型的贸易就很难再用要素禀赋理论来进行解释，而是需要用产业内贸易来解释。

与产业间贸易相比，产业内贸易具有如下几个特征：

(1) 产品流向具有双向性；

(2) 产业内贸易的产品具有相似性，消费具有可替代性；

(3) 产业内贸易的产品生产过程中使用相似的要素投入。

（二）产业内贸易的测度

在实践中如何衡量产品是否属于同一产业是相对比较困难的。在研究中，考虑到统计上的便利性，一般是以联合国《国际贸易标准分类》(SITC)为基础，将类、章、组、分组和基本项目五个层次中的前三个层次作为标准，即以3位码层面的SITC号为依据，前三位数

字相同的产品作为产业内产品，而发生在产业内之间的产品贸易则被认为是产业内贸易。基于此，不少经济学家建立了产业内贸易指数来衡量产业内贸易的发展水平，具体如下：

$$T_i = 1 - \frac{|X_i - M_i|}{X_i + M_i} \tag{7-1}$$

其中，T_i 代表该国某一产业的产业内贸易指数，即某一产业的产业内贸易额在该产业的对外贸易总额中的比重；X_i 和 M_i 分别表示某一产业的出口额和进口额。T_i 的取值范围在 0 到 1 之间。T_i 越接近 1，说明产业内贸易的程度越高，T_i 越接近 0，说明产业内贸易的程度越低。

20 世纪 70 年代以来，产业内贸易发展十分迅速，格鲁贝尔等人基于产业内贸易指数，利用 OECD 数据库，对 10 个国家的 160 组产品进行了分析，发现产业内贸易从 1959 年的 36%增加到了 1967 年的 48%。

二、产业内贸易理论的主要内容

产业内贸易理论不同于其他理论，它不是一个单独的理论体系，而是由一系列用于解释产业内贸易问题的各种理论观点的总和。其中最具代表性的人物主要有格鲁贝尔(H.G. Grubel)、劳埃德(P.J.Lloyd)以及诺贝尔经济学奖得主克鲁格曼(P.R.Krugman)。产业内贸易理论的主要内容可以概括为如下三个方面。

1. 同类产品的异质性是产业内贸易的动因

同类产品的差异主要表现在商标、款式、包装、规格等方面，甚至有些在实物形态上属于同质产品的商品，因为售后服务、广告宣传等方面的差异也会被认为是异质性产品。比如美国和日本都同样生产汽车，但是日本汽车节能、轻巧，而美国的汽车则豪华、耐用，因此被认为是有差异的产品。这种差异性产品能够满足不同消费者的心理需求和偏好，从而导致了产业内贸易的发生，是产业内贸易产生的动因。

2. 需求偏好相似是产业内贸易的保证

国际贸易是国内贸易的延伸。厂商生产的产品首先是为了满足自己熟悉的国内市场，进而再延伸到国外市场。而一国的需求偏好取决于人均收入水平，而收入水平则取决于一国的经济发展水平。当两个国家经济发展水平相似的时候，两国之间便产生了共同的消费群体和消费层次。当然，发达国家中也有相当一部分的中、低收入者与不发达国家高收入者的需求相互重叠，这种重叠的需求也能为两国之间具有差别的产品的相互出口提供保证。

3. 规模经济是产业内贸易的利益源泉

产业内贸易是以产业内的国际分工为前提条件的。产业内国际分工越精细、越多样化，不同国家就能更专注于某一种规格产品的生产，从而提高生产效率、降低成本，进而达到规模经济，产生利润。反之，规模经济的产生，使得企业能够扩大市场。这样，就使研制新产品的费用和设备投资分摊在更多的产品上，可以节约研发费用，进而降低单位成本，获取利润。

三、评价

总体而言，产业内贸易理论的建立和发展能在一定程度上反映并解释第二次世界大战后的国际贸易和国际分工的情况，开辟了国际贸易理论研究的新角度，对各国适应国际市场新变化、制定合宜的贸易政策具有不可忽视的借鉴意义。

(一) 主要贡献

(1) 对传统贸易理论进行了批判，具有更符合实际的假定。与传统贸易理论的自由竞争市场的假定不同，产业内贸易理论是建立在不完全竞争的市场上的，更符合现实经济现状。

(2) 从供给和需求两个方面对国际贸易现象产生的原因进行了分析。该理论不仅从供给方面进行了论述，而且从需求方面分析和论证了国际贸易格局的变化，说明需求因素同供给因素一样都制约着国际贸易的发展。

(3) 承认国际贸易心理收益的存在。产业内贸易理论从一方面论证了国际贸易的心理收益，即不同需求偏好的满足。

(二) 局限性

1. 不具有解释上的普遍意义

产业内贸易理论只能解释现实中的部分贸易现象而不能解释全部的贸易现象。

2. 仍然是基于静态的分析方法

产业内贸易理论虽然从供给和需求的角度分析了国际贸易中的现实问题，但并没有将其动态化，没有考虑收入的变化、价格的变化对其产生的影响。这一点并没有突破传统贸易理论的局限性。

第二节　产品生命周期理论

技术是决定一国经济和贸易发展的重要因素，但传统的贸易理论是假设不存在技术进步的静态分析。产品生命周期理论把科学技术同其他因素相结合，引入到国际贸易的分析中，进一步推进了国际贸易理论的发展。

一、产品生命周期理论的主要内容

产品生命周期理论(Product Life Cycle Theory)是美国经济学家雷蒙·弗农(Raymond Vernon)在《产品周期中的国际投资与国际贸易》一文中首次提出的。

(一) 产品生命周期理论的假设前提

传统的国际贸易理论假定市场是完全竞争的，且生产函数及消费结构保持不变，而产品生命周期理论的假设前提是：

(1) 国家之间的信息传递是有限制的；

(2) 生产函数是变化的，生产达到一定规模后会产生规模经济；

(3) 产品在其生命周期各阶段以不同的要素密集型表现；

(4) 不同收入水平的国家需求和消费结构不同。

(二) 产品生命周期贸易理论的主要思想

弗农认为，在产品的整个生命期间，生产所需要的要素是会发生变化的，因此，在新产品的生产中可以观察到一个周期，即新产品阶段、成熟阶段、标准化阶段和衰退阶段构成的产品生命周期。这个周期在不同技术水平的国家里，发生的时间和过程是不一样的，存在较大的时差。而正是因为这一差异才产生了国际贸易。为了便于区分，弗农把这些国家依次分为创新国、其他发达国家和发展中国家，如图 7-1 所示。

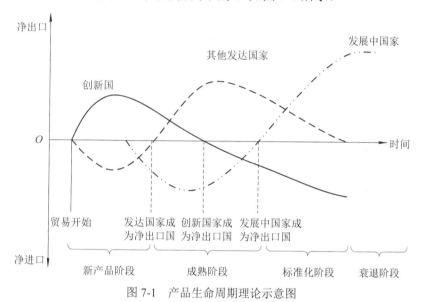

图 7-1　产品生命周期理论示意图

第一个阶段为新产品阶段。这一阶段技术尚处于发明创新阶段，研究与开发费用占总成本的绝大比例。从供给方面看，对于少数先进的发达国家，由于拥有较高的科技水平和较多的科技工作人员，因此在该阶段具有比较优势，在研究开发上有足够的人力资本支撑；另外，由于资本丰富，这些国家也能投入大量的资本，并且有较强的风险承担能力。从需求方面看，由于发达国家收入水平较高，因而在这些国家需求水平较高，对新产品的需求量较大，而且也能支付得起新产品的较高价格。因此这一阶段一般发生在少数发达国家，也称创新国，此时的产品也属于技术密集型产品或者研发密集型产品。

第二阶段为成熟阶段。这一阶段技术已确定并普遍采用，技术已不再是企业竞争优势的决定性因素。为了扩大生产和销售，企业将会进行大量的资本投入，产品从研发密集型转化为资本密集型。资本丰裕和熟练工人存量充足的国家开始拥有生产该产品的比较优势，并逐步替代创新国成为新的主要出口国。

第三阶段为标准化阶段。在这一阶段生产过程已经标准化了，产品的价格也因此大幅下降。在这一阶段，技术和资本逐渐失去了其重要地位，劳动力成为决定是否拥有比较优势的主要因素，产品特征从资本密集型逐渐变为劳动密集型。劳动力较为丰裕的发展中国家取代原出口国成为主要的出口国。

第四阶段为衰退阶段。在这一阶段产品的销售量和利润持续下降，随着技术的发展和

撑产业有竞争力的话，就会促进整个国家的竞争优势的提升。

4. 企业战略、企业结构和同业竞争

波特认为，战略组织和管理的模式对一国竞争优势的形成也非常重要。一个企业的战略组织和管理形式，不仅受到企业内部的因素和行业的影响，还受到一国所在国家环境的影响。环境不一样，相应企业所采取的战略组织和管理模式也不一样。只有适合本国国情的企业战略组织和管理模式才有利于提高竞争力。另外，波特还认为激烈的国内竞争也有利于国内竞争优势的创造[①]。

5. 政府行为

波特认为政府的作用在国际竞争力的创造和维持中也很重要，但其作用始终属于从属性。他认为政府不应该通过扶持或者提供优惠政策来创造企业的竞争力，而是从政策、制度上为企业创造有利的环境。这对企业竞争优势的形成很重要。例如 20 世纪 80 年代，日本、美国形成广场协议迫使日元升值，目的就是为了缩小美国的贸易逆差。这种做法在波特看来不是理性的。政府的作用主要给企业提供一个有利的环境，而不是提供更多的政策优惠。

6. 机会

机会包括重要的发明、重大的技术革命、投入成本的巨变、外汇汇率的突变、突发的世界性或者区域性需求、战争等。机会的重要性在于它有可能打破事物发展变化的进程和规律，使原来处于领先地位的企业失去竞争优势，而相对落后的企业若能顺应局势的变化利用新的机遇则有可能占据新的竞争优势。当然，机会所造成的影响有好有坏，造成影响的程度也取决于其他四个基本要素[②]。

(二) 国家竞争优势的发展阶段

波特认为竞争优势是一个动态的发展过程，为此他将一国的竞争优势分为四个阶段，即要素驱动阶段(Factor-driven)、投资驱动阶段(Investment-driven)、创新驱动阶段(Innovation-driven)和财富驱动阶段(Wealth-driven)，具体内容如下。

1. 要素驱动阶段

在要素驱动阶段，一个国家的竞争优势主要来源于一国的初级要素，而高级要素发挥的作用并不大。有竞争优势的产业主要集中在一些资源密集型和劳动密集型的产业上。由于产业水平层次比较低，因此国家竞争力也不是很强。

2. 投资驱动阶段

在投资驱动阶段，一个国家的竞争优势主要来自资本要素，具有竞争优势的产业集中在资本密集型的产业上。在这个阶段产业整体的水平还是要落后于世界先进水平，但可以通过资金投入引入国外的先进设备和技术来提高生产效率和产品竞争力。

3. 创新驱动阶段

在创新驱动阶段，一个国家的竞争优势主要来源于企业的研发，具有竞争优势的产业

---

① 周成名，吴汉嵩. 国际贸易学[M]. 长沙：国防科技大学出版社，2008.

② 同①。

集中在技术密集型的产业上。在这一阶段，国家竞争优势是最强的，企业能够在国际市场上的众多领域进行竞争，并不断实现技术升级。

4. 财富驱动阶段

在财富驱动阶段，产业竞争依赖于已获得的财富，企业创新、竞争意识明显下降，而更注重保持地位，并通过影响政府政策保护自己。在这个阶段，经济发展缺乏强有力的推动力，必须通过调整产业结构和制度创新等途径防止衰退。

二、评价

国家竞争优势理论超越了传统理论对国家优势地位形成的片面认识，从多角度、多层次阐明了国家竞争优势的确切内含及其影响因素，建立了国家竞争优势的概念体系和理论框架。

(一) 贸易基础的优势来源

比较优势理论从生产技术的差异，进而从劳动生产率与生产成本差异的角度揭示了贸易基础。认为每个国家应该集中生产并出口其具有比较优势的产品，进口具有比较劣势的产品。而国家竞争优势理论则从生产率差异的角度或者竞争优势差异的角度揭示了贸易发生的原因和基础。认为一个国家有能力出口具有较强竞争优势的产品，而进口竞争优势偏低的产品。

(二) 贸易基础的观察视角

传统的贸易理论大都从静态的角度或者有限因素的角度来解释贸易的基础，而国家竞争优势理论则从动态的角度和多因素的角度来对其进行解释。传统的国际贸易理论为了探讨国际分工和贸易模式，在一定的理论假设前提下，从特定的角度，如相对劳动生产率、资源要素禀赋、产品生命周期不同阶段等作出了各自的回答；而国家竞争优势理论则从生产要素、需求条件、相关和支持性行业以及企业战略、组织和竞争等多个角度来衡量贸易基础。另外，传统的贸易理论大多从静态的角度来分析贸易模式，比如 H-O 理论认定要素禀赋是不会改变的；而国家竞争优势理论则认为竞争优势是动态的，因而可以创造和增强。

(三) 政府的作用

传统国际贸易理论对政府的定位主要沿袭并继承了亚当·斯密的"守夜人"的思想，认为政府不应该干预经济生活；而国家竞争优势理论在继承传统贸易理论政府不应该干预经济的主流思想的同时，又认为政府在一国企业追求竞争优势的时候也起着一定的辅助作用，政府的任务应该是尽力创造一个支撑各要素发挥积极作用的良好环境。

复习思考题

1. 什么是产业内贸易？产业内贸易理论的主要内容是什么？

2. 产品生命周期理的各个阶段有什么特点？

3. 简述国家竞争优势理论与传统贸易理论的区别与联系？

4. 试用国家竞争优势理论分析我国文化娱乐行业的发展。

5. 从产品生命周期的角度分析发展中国家信息产业的进出口贸易。

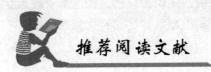

推荐阅读文献

[1] 张会恒. 论产业生命周期理论[J]. 财贸研究，2004(6)：7-11.

[2] 田文. 产品内贸易的定义、计量及比较分析[J]. 财贸经济，2005(5)：77-79.

[3] 方慧，尚亚楠. 基于动态钻石模型的中国文化贸易竞争力研究[J]. 世界经济研究，2012(1)：44-50 + 88.

[4] KLEPPER S. Entry, Exit, Growth, and Innovation Over the Product Life Cycle[J]. American Economic Review, 1996, 86(3)：562-583.

[5] ESPAÑA, J. Explaining Embraer's Hi-Tech Success: Porter's Diamond, New Trade Theory, or the Market at Work？[J]. Journal of American Academy of Business Cambridge, 2004(4)：489-495.

第三篇　理论篇（下）

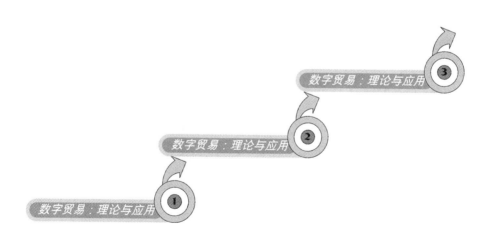

第八章　数字贸易对传统国际贸易理论的挑战

学习目的与要求

通过本章的学习，理解数字贸易对传统国际贸易理论在要素、成本以及市场结构方面带来的影响与挑战，思考如何构建符合数字贸易特征的国际贸易新框架。

第一节　拓宽传统生产要素框架

传统的国际贸易理论在贸易原因、贸易模式和贸易利得等方面已形成了完整的体系。而随着数字贸易的发展，其有别于传统贸易的特征对经典贸易理论已形成严峻挑战，其中核心要素——数据的引入是其首要特征。

一、要素结构的冲击

上一章通过对传统贸易理论的梳理我们发现，无论是亚当·斯密提出的绝对优势理论还是李嘉图提出的比较优势理论，都是基于劳动力是唯一的要素投入这一前提。但是随着资本主义的萌芽与发展，资本在企业生产活动中的作用变得越来越不可忽视，因而，从新古典贸易理论开始，将资本与劳动同时纳入了研究框架。当今，在数字经济时代，人工智能、云计算、区块链等数字创新技术的出现，数据做为数字经济时代的核心，日益释放出其重要的生产力作用，成为继劳动力、资本等传统生产要素后的一种新型要素。2017 年 5 月初，英国《经济学人》的一篇名为《世界上最宝贵的资源》的文章指出，数据是数字时代的石油。2020 年 4 月，数据作为一种新型生产要素被首次列入中央文件(《中共中央　国务院关于构建更加完善的要素市场化配置体制机制的意见》)。

(一) 数据要素的特征

与劳动力和资本等传统的要素相比，数据要素由于其独特的性质，在内涵和外延上体现出更多的复杂性。

首先，非竞争性与排他性并存。一方面数据要素具有一定的非竞争性，也就是说数据要素可以在同时、重复使用的过程中不损耗其价值，也不会受有形资产折旧的影响[1]。但

---

[1] 黄鹏，陈靓. 数字经济全球化下的世界经济运行机制与规则构建：基于要素流动理论的视角[J]. 世界经济研究，2021(3)：6.

另一方面，获取数据又在一定程度上受到法律与技术的限制，从而能够造成不同程度的排他性。例如，当大型的全球性网络平台获取数据后，并不会马上将其分享给其他用户使用，而是自身首先从中获取一定数据使用的垄断利润。

其次，事前不确定性。数据虽然具有创造价值的潜力，但在还没有投入使用并进入数据价值链的货币化阶段时，其价值并不能事先确定。而且，不同的数据用途会产生异质性的数据价值链，从而产生不同的增值。

再次，依赖性。数据的依赖性首先体现在，数据作为一种新的生产要素，必然要和传统的其他三种要素重新组合才能发挥其作用，特别是劳动力和资本要素；从另一个角度来讲，数据创造的价值还取决于数据的分析技术，企业搜集、传输、存储和分析的能力，而且数据的规模与数据价值的创造也存在显著的正相关关系。值得注意的是，当数据和其他补充的数据结合起来使用的时候，其创造的价值往往要比单独使用数据要素大得多。数据越是细分化或者颗粒化，其被用于结合的机会就越多，也越能创造出更多的潜在价值。

最后，错配性。数据所有者和收益的获取存在错配的现象。原始数据的提供者往往并不清楚数据的最终真实价值，数据绝大部分价值的收益往往是由完成数据货币化的平台企业获取的，而且在信息不对称的市场中，原始数据提供者的议价能力非常有限[①]。

(二) 数据要素与传统要素组合革新

数据要素存在着依赖性的特征，这种依赖性的核心就体现在与传统要素的组合构成上。

1. 数据要素与资本的组合

数据要素价值的创造直接取决于数字技术的高低，而数字技术背后则是研究与开发投入，即最终将依附于传统的资本要素支撑，这种与数字技术和算法相关的资本，简称为数字化资本。可以预测，数字化资本与数据要素的结合将在今后的经济增长中发挥重要作用。

2. 数据要素与劳动力的组合

数据要素价值的创造也取决于劳动力要素的质量。高质量的劳动力与数据的结合必然为数字贸易的发展创造出更大的贡献。这种有数字技术应用能力的劳动力要素，简称为数字技能熟练劳动力[②]。

二、要素流动的冲击

劳动、资本等传统生产要素由于受限于当时的历史环境，且交通运输尚不发达，因而在经典的国际贸易理论中常常假设生产要素可以在部门间流动，但在国家间不能流动。随着数字经济以及数字贸易的兴起，要素在部门间以及全世界范围内的流动呈现出了新的变化，这些变化无疑会对传统国际贸易理论中的要素自由流动的假设形成巨大的挑战。

---

① 黄鹏，陈靓. 数字经济全球化下的世界经济运行机制与规则构建：基于要素流动理论的视角[J]. 世界经济研究，2021(3)：6.

② 黄鹏，陈靓. 数字经济全球化下的世界经济运行机制与规则构建：基于要素流动理论的视角[J]. 世界经济研究，2021(3)：7.

（一）限制效应

在数字贸易的背景下，数据变成了企业赖以生存的核心竞争力，企业必然会限制它的自由流动，从这个角度来说，核心数据的流动在部门内部都会受到限制，部门之间自由流动的难度会更大，从而对要素的流动产生一定的限制效应[①]。

（二）放大效应

数据要素会放大要素流动的速度。尽管衡量数据流速目前还没有统一的方法，但是无论何种方法测量的数据流动速度都是在集聚增加的。UNCTAD(2021)的统计显示，1992 年全球 IP 流量大约是每天 100 GB，2002 年达到了每秒 100 GB，2017 年激增至每秒 46 600 GB 以上[②]。新冠疫情对互联网流量产生了显著的影响，2020 年的全球互联网宽带增速达到了 35%，是自 2013 年以来增幅最大的一次。预计 2022 年全球 IP 流量将达到每秒 150 700 GB，而全球月数据流量将会从 2020 年的 230E 字节增长到 2026 年的 780E 字节[③]。这组数据显示，随着数字经济化的发展，数据跨境流动规模出现了急剧扩大，而且这一流动远远超过了商品全球化背景下的商品流动速度。

三、要素外生性的冲击

数据要素的外生性是数字经济的另一个核心特征。数字经济下的大量生产经营和营销活动本身会在不损耗自身价值的情况下，再次衍生出更多的数据。数据要素这一特征突破了传统生产要素完全依靠外部供给的约束，而且使数字经济呈现出滚雪球式的自我强化特征[④]。数据要素这种外生性对传统国际贸易理论中的规模经济和范围经济产生了显著的影响。

（一）规模经济

规模经济起源于新贸易理论。在早期古典与新古典贸易理论中的市场常常被假定为完全竞争的市场，并且产品生产具有规模报酬不变的技术假设，贸易的动因来自于国家或者区域在劳动生产率或者要素禀赋上的比较优势的差异。而新贸易理论则认为市场是不完全竞争的，且存在规模经济，特别是发达国家之间，贸易动因是由产品差异化和规模经济所产生的。在规模经济的研究中，以美国经济学家马歇尔为代表的学者，将规模经济分为内部规模经济和外部规模经济，由规模经济所产生的规模报酬存在三个阶段：规模报酬递增、规模报酬不变以及规模报酬递减阶段。

---

① 张先锋，等. 数字贸易[M]. 合肥：合肥工业大学出版社，2021.

② 黄鹏，陈靓. 数字经济全球化下的世界经济运行机制与规则构建：基于要素流动理论的视角[J]. 世界经济研究，2021(3)：6.

③ UNCTAD. Digital Economy Report(2021): Cross-border data flows and development: for whom the data flow. UNCTAD, 2021.

④ SHAPIRO C, VARIAN H R. Information Rules: A strategic Guide to the Network Economy[M] .Harvard Business School Press, 1999.

　　数字贸易，特别是以平台为核心的交易中，出口规模更大、交易范围更广的出口商能够通过交易活动累积更多的数据信息，而这些数据将通过大数据技术实现对需求和市场信息的更精准把握，从而反向回馈出更多的出口利润，使得数字贸易呈现出比传统国际贸易中更强的规模经济效应[①]。但是，与传统国际贸易中的规模经济相比，数字贸易下的规模经济又呈现出许多不同的特征：

　　首先，在传统国际贸易理论中，规模经济主要来源于机器、设备以及厂房等固定成本。但在数字贸易中，规模经济主要来源于数据的数量和质量以及前面提到的数字化资本和数字技能熟练劳动力。

　　其次，在传统的国际贸易理论中，企业通过将规模调整到长期平均成本最低点时的规模来实现规模经济。由于企业的管理能力、企业资本存量以及内部交易等因素的影响，企业的长期平均成本一般呈现 U 型特征，因而决定了在传统贸易理论中，企业的规模不会无限扩张。但在数字贸易中，规模经济通常是通过网络外部性实现的。根据梅特卡夫法则，网络的价值以用户数量的平方速度增长。当网络用户超过某一临界点后，网络价值将会呈现爆发式增长[②]，因此在数字贸易中，企业可以通过不断地、无限地扩大网络用户规模来实现规模经济，从而提高利润。

(二) 范围经济

　　传统国际贸易理论中没有厂商的概念，一般不存在范围经济的假定，而经典的当代国际贸易理论虽然有厂商的概念，但无论是克鲁格曼(1980)还是梅里茨(2003)都假设每一家厂商只生产一种差异化产品，因此也消除了范围经济的可能性。在当今数字贸易领域，范围经济效应无论是通过平台上交易的传统货物还是服务贸易都将会更为明显，这种范围经济效应主要体现在供给方和需求方两方面。

　　从供给方的范围经济来看，数字经济以及数字贸易领域都存在着较高的固定成本以及近乎为零的边际成本的成本结构特征。为了分摊高额的固定成本，供应商不得不降低资产的专属性，使高固定成本的投资为不同的产品所占有，减少风险，从而形成了数字贸易领域下的范围经济效应比传统贸易下的范围经济效应更显著。

　　需求方的范围经济，也被称为网络效应，是指产品的价值会随着使用的消费者数量的增加而不断地扩大。这种效应一般会出现在信息产品或服务中，比如电话的使用，当只有一个人使用电话时，使用电话是毫无意义的，但是随着电话的普及，使用电话的价值将无限扩大。如果说传统的范围经济实现取决于产品的相关程度，那么数字经济下的平台企业实现范围经济则取决于用户数量的规模经济。因此，传统和当代的贸易理论忽略了数字贸易中更多范围经济的特征，可能不适用于解释数字贸易产生的原因以及贸易分工模式[③]。

① 张宇，蒋殿春. 数字经济下的国际贸易：理论反思与展望[J]. 天津社会科学，2021(3)：86.

② 陈根. 从数字经济到数字经济学，现代经济学面临数字化革命[EB/OL]. https://m.thepaper.cn/baijiahao_8467144, 2020-7-28/2022-01-06.

③ 张先锋，等. 数字贸易[M]. 合肥：合肥工业大学出版社，2021.

第二节　突破传统贸易成本约束

数字贸易以数据要素为核心，而数据要素具有显著的非竞争性特征。这一特征使得数字贸易中的部分对象能够在不产生任何成本的情况下，进行重复生产和使用，这就使得传统国际贸易理论分析中，比如边际成本、交易成本、运输成本等常用的成本概念都发生了很大变化[①]。

一、对贸易前生产的边际成本的影响

根源于知识、信息以及数字产品的可复制性以及虚拟化、平台化与生态化等特征，数字贸易在产品的生产过程中具有显著的低成本特性。

首先，由于知识、信息以及其他数字化产品本身具有可复制性以及虚拟化的特征，其生产过程具有极低的边际成本[②③]。此外，对于其他企业或者竞争者而言，数字化产品的可复制性特征使得其内涵技术的溢出效应更强，企业学习和模仿成本更低，从而进一步降低厂商的生产成本[④]。

其次，数字技术相关产品的生态化的特征，也能降低企业的生产成本。具体而言表现在以下两个方面：一方面，是软件与硬件的生态化。在云计算、大数据、物联网等新技术的驱动下，越来越多的企业产品的开发都会走向以软件、系统驱动的生态化发展模式。这样，数字贸易不仅仅能享受生态化发展模式带来的范围经济对成本的分摊作用，而且还能通过消费者对产品的黏性与锁定效应，为企业带来更大利润。比如我们熟悉 iPhone、iPad、Mac 之间就能通过隔空投送、热点、接力等软件服务构筑一个完整的苹果生态。另一方面，数字贸易背景下，平台、商家、支付、物流、政府等各个利益主体会遵循一定的契约精神，共享数据资源，实现价值共创共赢的生态系统。这样数字贸易中的产品，在生产过程中的成本就能通过利益主体之间的分摊得到进一步的降低。

二、对贸易中交易成本的影响

传统的国际贸易在商品或者服务实现最终的线下交易之前，需要利用传统的手段对外国消费者的信息进行搜寻，并对自身的产品进行推广与宣传，产生高于国内贸易成本的国际贸易成本。据统计，交易成本在制造业中尤为重要，约占总体贸易成本的 7%(WTO，2019)。但随着数字技术的深度发展，出口商一方面可以借助互联网技术和搜索引擎实现信息的快速搜寻，缓解传统国际贸易中因市场失灵形成的信息壁垒，降低信息成本以及不确定性造成的隐形附加的交易成本。另外，通过信息检索，精准定位市场和产量，实现定制化和零

---

① 熊立春，马述忠. 从传统贸易成本到数字贸易成本：内涵、特征与影响[J]. 上海商学院学报，2021(5)：3.

② FOURNIER L. Merchant Sharing Towards a Zero Marginal Cost Economy[J]. Arxiv Papers, 2014(1405:2051).

③ RIFKIN J.The Zero Marginal Cost Society[M]. Palgrave Macmillan, 2014.

④ 张宇，蒋殿春. 数字经济下的国家贸易：理论反思与展望[J]. 天津社会科学，2021(3)：85.

库存生产，从而进一步降低交易成本；此外，传统国际贸易中存在着大量的中间商以实现商品或服务的交换。但是数字贸易的兴起，一方面能增加对中间商的征信审查，更重要的是，更多 B2B 平台的兴起，促进了企业和消费者之间的直接沟通，弱化了传统国际贸易中的中间环节。

互联网平台等技术为数字贸易提供了很大的便利性，如何管理和使用数据等问题也接踵而来。为了保证数字贸易的安全稳健发展，必须投入一定的人力、物力和财力对数字贸易进行监管。这些因监管而产生的费用无疑会增加数字贸易中的交易成本。另外，数字贸易的普惠性特征，使得大量原本无法参与传统国际贸易的中小企业也加入到了贸易活动中，对于消费者而言，如何从众多的厂商和产品中识别出最具性价比的产品也会增加数字贸易中的交易成本。

三、对运输中运输成本的影响

引力模型是国际贸易研究中研究贸易因素中最重要也是最常用的分析框架。传统的引力模型认为地理距离是影响两国贸易规模的主要影响因素。异质性贸易理论也认为国际贸易与国内贸易最大的区别就在于国际贸易均存在冰山运输成本。鉴于此，传统贸易中，厂商会将商品集中在目的地市场以节约冰山成本。但随着数字贸易的产生，特别是数字产品的贸易，地理因素的影响大幅下降，甚至可以从引力模型中剔除。如 Lendle 等(2016)[①]以电子商务平台 eBay 为研究对象，发现地理距离对平台贸易的限制作用仅为传统贸易的 35%；Gomez-Herrera 等(2014)[②]也发现与线下交易相比，线上交易中与地理距离相关的成本被大大缩减。因此企业并不会围绕目的国市场形成高度的空间集聚现象。相反，依托互联网、云计算等高科技，数字贸易中会形成两种新的现象：一是越来越多的中小企业在世界各地从事数字贸易，数字贸易的企业更加分散。比如我国众多的电子商务企业分散在乡镇甚至农村，形成遍地开花的局面；二是资金雄厚的大企业更愿意把总部设在科技人才密集的区域，比如美国的硅谷、印度的班加罗尔、北京的中关村、广东的深圳、浙江的杭州等地[③]。

值得注意的是，虽然数字贸易中虚拟化、电子化的特征改变了传统地理距离对贸易规模的解释，但是其他一些隐性的距离对数字经济时代下的数字贸易的影响会进一步凸显，比如制度距离。在当前全球数字贸易规则尚未形成统一的框架、各国数字贸易法律法规呈现碎片化的情况下，数字贸易发展面临着前所未有的巨大的制度性壁垒。比如，跨境数据流动的限制、数字知识产权的限制、数字产品的限制等都会阻碍数字贸易的健康发展。

第三节　改变传统贸易市场结构

传统国际贸易理论对市场结构的假设不断放松，经历了从完全竞争市场到垄断竞争市场的过渡，对现实的解释力度不断增强。在古典的贸易理论中，无论是亚当·斯密的绝对

---

① LENDLE, A, et al. There Goes Gravity: eBay and the Death of Distance[J]. The Economic Journal, 2016(591).

② GOMEZ-HERRERA E, MARTENS B，TURLEA G. The Drivers and Imepediments for Cross-border E-commerce in the Eu[J]. Information Economics and Policy, 2014(7).

③ 张先锋，等. 数字贸易[M]. 合肥：合肥工业大学出版社，2021.

优势理论还是大卫·李嘉图的比较优势理论，都假设市场是完全竞争的。在当时的历史时期，英国产业革命尚未完成，制造业虽发展迅速却仍然是农业国，产品同质性现象严重，并未出现产品差异化的特征。在这种情形下假定市场结构是完全竞争的具有一定的合理性。对于当今社会而言，说到完全竞争市场也仅仅只与农产品市场相关联，而分析更多的制造业则偏离完全竞争市场的特征，属于垄断竞争的市场结构。随着数字经济的发展，现实市场结构更趋于寡头垄断，甚至完全垄断的市场竞争形态。比如，在电子商务方面，据 GMV 排名，2020 年全球 B2C 电子商务公司排名中，前三名分别是阿里巴巴集团、亚马逊、京东，其中位列第一名的阿里巴巴集团 11 450 亿美元的销售额几乎是位列第二位的亚马逊的两倍还多。2018 年上半年，网易考拉以 26.2% 的市场份额占据中国跨境电商市场份额首位，而天猫国际则以 22.4% 的市场份额居第二位，京东全球购以 13.4% 的市场份额紧随其后①。从以上数据可以发现，数字经济背景下的数字贸易更多的倾向于寡头垄断的市场结构，因此，在解释数字贸易产生的原因、贸易模式和贸易利得等方面，需要改变原来完全竞争或者垄断竞争的市场结构的假设，运用寡头垄断的相关理论进行解释。

复习思考题

1. 从要素的角度来看，数字贸易的产生对传统的贸易理论会产生哪些影响？
2. 数字贸易的产生对引力模型会造成哪些冲击？
3. 数字贸易会降低传统的贸易成本，同时也会产生新的成本，试举例说明。
4. 根据本章的学习联系我国数字贸易发展的实际，谈一谈不同地区发展数字贸易的比较优势。在我国数字贸易的发展中，应当如何充分发挥各地的比较优势？
5. 与新兴经济体相比，数字贸易在发达国家的发展更加迅猛，那么新兴经济体在未来能否赶超发达国家呢？如果可以，新兴经济体发展数字贸易的后发优势是什么？

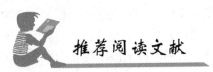

推荐阅读文献

[1]　张先锋，等. 数字贸易[M]. 合肥：合肥工业大学出版社，2021.
[2]　张宇，蒋殿春. 数字经济下的国际贸易：理论反思与展望[J]. 天津社会科学，2021(3)：84-92.
[3]　孙杰. 从数字经济到数字贸易：内涵、特征、规则与影响[J]. 国际经贸探索，2020(5)：87-98.
[4]　DEARDORFF A V. Comparative Advantage in Digital Trade[D]. University of Michigan Working Paper, No.664, 2017.
[5]　TAPSCOTT D. The Digital Economy: Promise and Peril in the Age of Networked Intelligence [M]. McGraw Hill, 1996.

---

① https://www.askci.com/news/chanye/20180827/1747371130167.shtml.

第九章　数字贸易对传统贸易模式的挑战

　　通过本章的学习，掌握数字贸易对传统国际贸易结构的影响，了解数字贸易对传统贸易模式的影响，理解数字贸易对全球价值链的影响。

第一节　数字贸易与贸易结构

　　与传统国际贸易相同，数字贸易一般也可分为数字货物贸易与数字服务贸易，但数字技术的快速发展与普及对传统国际贸易的结构产生了深远的影响。

一、货物贸易结构的改变

　　数字技术改变了传统国际贸易中的货物贸易的结构。

　　首先，数字技术的变革直接带动了信息技术部门的跨越式发展，信息技术产品出口成为世界贸易增长最快的部门之一。2016 年信息技术产品贸易额是 1996 年的三倍，约占全球商品出口的 15%[1][2]。

　　其次，数字技术，特别是在线市场(online-marketplace)的出现能够大量降低产品的交易成本及价格，增加了消费者选择，从而降低传统贸易规模。比如亚马逊和 e-Bay 等平台的快速增长，以及越来越多的实体零售店或者超市向在线零售领域的扩张，使得消费者能够足不出户地购买范围广泛的产品，从而造成越来越多的小规模、但多样化的货物跨越国境。据统计，在过去的十年中，跨境包裹贸易量的增长速度是全球商品贸易量的 3 倍以上[3]。数字技术对成本的影响程度随着产品的性质差异而有所不同。这取决于贸易成本的结构和数字化成本的比例，对于生产中通信成本、运输成本、监管合规成本和交易成本占比高的产品的贸易规模将得到大幅提高。

　　最后，数字技术的发展使得可数字化产品的线下贸易额下降[4]，越来越多的产品可以

---

① World Trade Organization. World Trade Report 2018. 2018.

② 盛斌，高疆. 超越传统贸易：数字贸易的内涵、特征与影响[J]. 国外社会科学，2020(4)：23.

③ OECD. Trade in the time of parcels. 2021, 5.

④ WTO(2018)报告显示数字技术导致可数字化商品(如 CD、书籍以及报纸)的贸易量从 2000 年占商品贸易总额的比例 2.7%下降到 2016 年的 0.8%。随着 3D 打印技术的成熟，这一趋势将会持续下去。

直接通过数字平台或者应用软件来获得[①]。比如我们可以通过 Spotify、Netflix 或 BBC iPlayer 等应用程序传输音乐和电视，并通过 YouTube 或 Twitch 观看视频内容；我们可以通过 Steam 等平台访问在线游戏，通过 Kindle 或 Audible 阅读或听书；我们也可以通过 Duolingo 等应用程序学习语言，等等[②]。据 WTO 统计，可数字化有形商品占全球进口总额的比重已由 2000 年的 2.86%下降为 2016 年的 0.8%左右[③]。此外，一些消费品的贸易可能受到了共享经济商业模式的影响而有所下降。

二、服务贸易比重的改变

数字技术催生了数字服务贸易的发展，使得服务贸易在贸易中的重要性显著提升。这里我们首先要区分三个概念：服务贸易、数字服务贸易、ICT 服务贸易，其中数字服务贸易是指服务贸易中可以通过网络跨境传输交付的部分，实际上包含了虽然可以但还未在线上跨境传输交付的服务；ICT 服务贸易主要指电信、计算机和信息服务的贸易，可能是数字服务出口中已经通过线上跨境传输交付比重最多的部分[④]。具体关系如图 9-1 所示，其中 ICT 服务贸易内含于数字服务贸易之内，而数字服务贸易内含于服务贸易之内。三者与货物贸易之间相互独立存在。

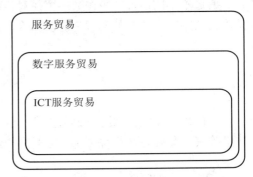

图 9-1　数字服务贸易及其相关概念关系图

WTO 的研究显示，服务贸易占国际贸易的比重从 1995 年的 18%提高为目前的 23%，以增加值计算的服务贸易占增加值贸易的比重更是高达 50%左右[⑤]。如图 9-2 所示，从 2006 年起数字服务贸易以及 ICT 服务贸易在传统服务贸易中的比重逐年上升。2020 年，即便在新冠疫情的肆虐之下，全球数字服务贸易出口依然逆时上涨 3.8%，占全球服务贸易的比重 62.8%，对服务贸易出口增长的贡献率高达 98.3%[⑥]。研究预测，到 2030 年，服务贸易的份额将从 21%增长到 25%[⑦]。数据显示，数字服务贸易在服务贸易中占据了主导地位，已成为推动全球贸易增长的重要引擎。除此之外，数字服务贸易在不同的国家间也具有不同的特征。从出口规模来看，发达国家的数字服务贸易的出口规模是发展中国家的 3 倍有余；

---

① 该部分内容其实在数字贸易中可划归为数字服务贸易，但考虑到本节主要阐释数字技术对传统货物贸易冲击，因此放在此部分。

② UK Borad of Trade, Digital Trade: A Board of Trade Report, 2021, 11.

③ 李赞，刘学谦. 全球数字贸易市场的特征与演进分析[J]. 发展研究，2020(3)：17.

④ 岳云嵩，赵佳涵. 数字服务出口特征与影响因素研究：基于跨国面板数据的分析[J]. 上海经济研究，2020(8)：108.

⑤ 盛斌，高疆. 超越传统贸易：数字贸易的内涵、特征与影响[J]. 国外社会科学，2020(4)：23.

⑥ https://baijiahao.baidu.com/s?id=1715161167778059349&wfr=spider&for=pc.

⑦ WTO. World Trade Report: The future of world trade: how digital technologies are transforming global commerce, 2018.

但从出口增速来看，发展中国家的数字服务贸易的增速则有较为明显的后发优势[①]。

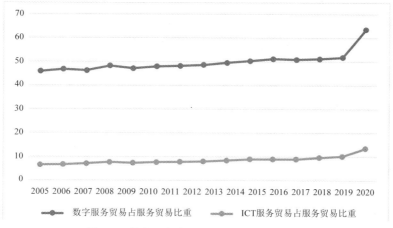

图 9-2　数字服务贸易及 ICT 服务贸易占比

资料来源：作者根据 UNCTAD 整理所得。

　　服务贸易的快速增长一方面是由于数字技术基础设施的建设和发展提高了数字网络的效率，降低了服务的贸易成本，使得可数字化的服务贸易获得巨大增长；另一方面，数字技术的广泛应用也提高了服务的可贸易性，将原本只能线下的服务变为线上服务，扩大了交易的服务范围种类。比如在教育领域中，通过数字技术已经形成了一个完整的，包含"读、写、师生交互、考试评测、反馈"等组成的数字化教育环境，对传统课堂教学造成巨大变革，并成为一种常见的、高频的社会学习行为；在咨询行业中，咨询师通过云计算进行数据分析，并将咨询报告以视频电话、电话会议或者邮件的形式传输给客户；在工程领域，工程师使用联网传感器分析并判断问题所在，并就设备的维修提供远程建议；在建筑行业，建筑师通过 3D 软件来制作数字绘图从而使客户可以在虚拟现实中参观模型。另外，数字技术的发展也催生了例如电信、大数据、云计算、人工智能等线上进行的新兴服务业[②]。

第二节　数字贸易与贸易模式

　　数字技术的不断创新与发展对贸易成本和国际贸易都产生着重大的影响。物联网(IoT)、人工智能(AI)、3D 打印和区块链等数字技术创新产物深刻地改变着交易方式、交易对象以及交易内容，数字贸易无论是在贸易主体、贸易对象还是交易方式等方面都与传统贸易的交易模式存在很大差异。

一、贸易主体的改变

　　首先，随着数据要素成为关键的生产要素，毫无疑问数字密集型产品生产企业成了一

---

① 余淼杰，郭兰滨. 数字贸易推动中国贸易高质量发展[J]. 华南师范大学学报，2022(1)：2.

② 岳云嵩，赵佳涵. 数字服务出口特征与影响因素研究：基于跨国面板数据的分析[J]. 上海经济研究，2020(8)：107.

种新型的贸易主体。

其次，更多的中小型企业甚至个人消费者成为重要的贸易主体，而传统贸易中的中间商则逐渐消失。在传统贸易中，受规模经济的制约，固定成本是阻碍中小企业参与国际贸易的重要阻力。相比之下，数字贸易依托互联网、云计算等高科技，成本因素，特别是冰山成本并不会成为阻碍企业进入出口市场的重要因素，因而，众多的中小企业参与到贸易活动中。另外，传统贸易的交易过程中由于信息不对称，因而供需双方需要通过代理商、批发商、零售商等中间商来进行交易，而在数字贸易中，借助互联网的搜寻效应以及新型的 B2C 和 C2C 等商业模式的普及，供需双方之间可以直接进行交易，使得更多的消费者能直接参与到贸易中，如图 9-3 所示。最终使得传统贸易中的代理商、批发商、零售商等诸多中间商从贸易中消失，而更多中小型企业以及个人消费者成为了贸易主体。据统计，在全球范围内，2019 年共有 120 万个新卖家加入亚马逊平台，即每天有 3287 个新卖家，不到 1 分钟就有 1 个新卖家通过亚马逊平台开始参与国际贸易，且新入驻的卖家中有 90%以上是中小企业和个体经营者[①]。根据亚马逊中小企业影响报告，2019 年英国中小企业产品的 60%出口到世界各地，销售额超过 27.5 亿英镑，其中苏格兰中小型企业的数量增加了约 1/3，威尔士、北爱尔兰和英格兰分别增加了 20%以上。eBay 在推出全球运输计划(GSP)后，出口销售额增加了 2.9%，这种增长完全来自 eBay 上的小型卖家，而且完全来自于出口的扩展边际增长[②]。

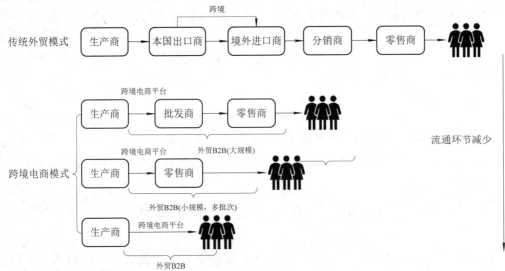

图 9-3　传统贸易模式与跨境电商模式流程对比

资料来源：艾瑞咨询。

最后，从更宏观角度来说，发展中国家的份额将随着数字贸易的发展而得到提高。以中国为例，数据显示，经历了 2021 年亚马逊的"封号潮"，2022 年底中国卖家在亚马逊上的份额再次回升到了 45%。据 WTO 预测，如果发展中国家采取适当的补贴政策，随着数字技术带来的成本下降，发展中国家在全球贸易中的份额可能会从 2015 年的 46%增长到 2030

[①] Morketing. http://www.100ec.cn/index/detail--6584046.html[EB/OL]. 2021-01-30/2020-05-06.

[②] 张洪胜，张小龙. 跨境电商平台促进全球普惠贸易：理论机制、典型事实和政策建议[J]. 国际商务研究，2021(4): 80.

年的 57%[1]。

二、贸易对象的改变

从交易对象来看，除了传统的商品外，数字化产品与服务将成为国际贸易的重要交易对象。数字技术的发展带动了数字化产品和服务的发展，同时，依托于互联网和数字交换技术，数字化产品和服务的贸易得以顺利进行。

此外，在数字经济时代下，数据作为一种新生的要素也在国际市场中进行跨境流动，并作为一种特殊的商品开始进行贸易。麦肯锡全球研究所(MGI)发布的《数据全球化：新时代的全球性流动》的报告指出，金融危机以来，传统货物贸易和服务贸易的增长已趋于平缓，但是跨境数据流动却逆势增长。一方面，跨境数据流动对不同国家间的信息传递提供了支持，提升了资源配置效率；另一方面，跨境数据流动通过搜索引擎、社交媒体、云计算等催生了新业态模式，对全球经济增长的贡献大幅提升[2]。

综上可以看出，以数据形式存在的要素和服务成为国际贸易中重要的交易对象，这一典型特征也是数字贸易与传统贸易重要改变。

三、贸易方式的改变

与传统贸易相比，贸易方式的改变主要体现在贸易方式的数字化上。贸易方式的数字化主要指面向贸易全流程的数字化转型，是数字技术在货物贸易与服务贸易领域的广泛应用，由此催生数字平台，从而引发大量的新业态，比如跨境电商、智慧物流、线上展会等[3]。联合国贸发会议(UNCTAD)发布的《数字经济报告(2019)》指出，过去 10 年，全球范围出现了大量基于数据驱动的数字平台[4]。平台和平台服务成为数字贸易时代下的主要交易模式，也是数字经济协调和配置资源的基本经济组织。平台的概念其实在传统贸易中就已经存在，但是传统贸易中的平台通常是指实体平台，即依托固定经营场所或常设机构发生，并依靠代理商、批发商、零售商等中间环节，通过纸质书面材料完成交易。例如百货公司将消费者和商人联系在一起，百货公司就是传统贸易中的实体平台。在数字贸易中，数字平台代替了传统的贸易实体平台，具有明显的虚拟性和开放性，一方面为企业和供应商提供展示商品、接受订单的虚拟场所，另一方面为消费者提供支付订单、跨境物流、消费者保护的服务。最终形成数字贸易的商品流、资金流和信息流[5]。2016 年的报告显示，超过50%的跨境服务贸易和超过 12%实物贸易均通过数字化平台完成[6]。具体而言，数字平台的主要特征有如下几个[7]。

① WTO. World Trade Report: The future of world trade: how digital technologies are transforming global commerce, 2018.

② 张春飞. 数字贸易的主要特征、发展趋势和对策研究[J]. 新经济导刊，2021(3)：63.

③ 张琦. 数字贸易给世界经济带来深刻变革[N]. 经济日报，22-5-27(11).

④ 张春飞. 数字贸易的主要特征、发展趋势和对策研究[J]. 新经济导刊，2021(3)：63.

⑤ 盛斌，高疆. 超越传统贸易：数字贸易的内涵、特征与影响[J]. 国外社会科学，2020(4)：22.

⑥ 李赞，刘学谦. 全球数字贸易市场的特征与演进分析[J]. 发展研究，2020(3)：18.

⑦ OECD. An introduction to online platforms and their role in the digital transformation. 2019.

1. 直接网络正效应(Positive direct network effects)

所谓的直接网络效应是指同一市场内消费者之间的相互依赖性，即使用同一产品的消费者也可以直接增加其他消费者的效用。当然直接网络效应可以分为直接网络正效应和直接网络负效应。当消费者的效用随着使用同一产品的消费者的增加而增加时，就是直接网络正效应。比如像社交媒体平台或者即时通讯平台等。对于这些平台而言，如果仅仅只有一个消费者，那么这个平台几乎是没有任何价值的，对于消费者而言也是无效的，但是随着使用者或者消费者数量的增加，平台价值越来越大，消费者的效用越来越大。都具有直接网络正效应。因此直接网络正效应的存在将会给平台形成带来一个良性循环。

2. 间接网络正效应(Positive indirect network effect)

与直接网络效应不同的是，只要存在间接网络效应，所有平台的间接网络效应都是正向的。间接网络效应主要是指当某种产品的使用者增加时，它的互补品会更加丰富，价格会更低(Katz & Shapiro，1985)。这种间接的网络效应主要来自于基础产品和辅助产品之间技术上的辅助性，从而导致了产品需求上的依赖。一般而言，这种依赖使基础产品和辅助产品都无法单独为消费者或者产品使用者带来效应。在间接网络正效应的情况下，消费者从某种基础产品中所能获得的效用依赖于该产品的辅助产品的数量和质量；另一方面，基础产品的消费者需求越大，辅助产品的种类也就越多，价格就越低，用户使用该基础产品所获得的效用也就越大。

3. 交叉补贴(Cross-subsidization)

交叉补贴指的是，企业或平台用相关市场或相关业务经营运作所获得的利润来弥补免费品的成本，也就是说网站本身免费，但是相关的其他商品或服务要收费，通过收费产品补贴免费产品。即天下没有免费的午餐是因为午餐的成本实质上只是在不同市场、不同群体、不同产品、不同时期之间转移，并没有消失。之前，科技网志(TechCrunch)介绍了一个婚姻介绍网站，人们使用它寻找约会对象是免费的，但是如果使用者想真正地和对方约会，就必须打网站提供的声讯电话进行安排，而声讯电话是收费的。再比如大家熟悉的小米手机。小米手机，包括小米公司生产的智能手环、AI 音响等素来以高性价比著称。2018 年提交的 IPO 申请期间更是报出来其硬件利润只有 5%，相比于苹果的 35%，三星的 15%，可以说是非常的低[①]。这后面的理论依据或者商业逻辑就在于交叉补贴。

4. 有规模而无实质(Scale without mass)[②]

有规模而无实质是指数字平台由于可以接触到大量客户并实现高额销售收入，但对厂房和设备的投资相对较少。这一特征的本质就在于互联网平台特殊的成本架构：接近为零

----

① 小树林.以小米为例，在网络经济的视角下深入分析附加产品交叉补贴的免费商业模式[EB/OL].
https://www.jianshu.com/p/c7691beeab58,2019-01-19/2022-04-16.

② BRYNJOLFSSON，el al. Scale without mass: Business process replication and industry dynamics[J]. Harvard Business Schoole Technology&Operations Mgt. Unit Reseach Paper, 2008(07-016).

的边际成本。一旦平台产生的利润完全吸收掉固定成本(比如电脑等硬件投入、前期软件开发的费用等)的时候，原则上就能无限地开发更多的用户群，而且不产生或者产生极低的边际成本。

5. 世界范围可达(Potentially global reach)

正是由于互联网终端对终端(end-to-end)的操作设计，数字平台就有接触到世界范围内消费者的可能。同时也正是由于数字平台有规模而无实质的特征，数字平台才能够在不断扩张的同时满足来自于世界范围内消费者的需求。

6. 范围经济(Panoramic Scope)

由于所提供的两项或者多项服务之间的互补性，一些数字平台企业能够从范围经济中获得一定的收益。比如，开发成本或者数据能够在不同的服务中共享或者可以对新的应用程序设定相似的外观或者相似的使用体验，从而使消费者能够快速上手"姊妹"平台。提供互补性服务的数字平台较提供独立服务的数字平台能更快地获得竞争优势，从而更快地获取更多的消费者或者用户。当然这也是一个良性循环的过程。当企业在平台中获取了更多的用户数据之后，更有利于企业进一步优化现有平台，从而吸引或者捆绑更多的消费者，或者更容易地开发另一个互补性的服务，进而再次获取更多拥护者的数据。

7. 生产同时使用用户数据(Generation and use of user data)

虽然数字平台绝不是唯一一类生产并使用用户数据的商业模式，但生产和使用数据的重要性对数字平台类企业来说远远高于其他类型的企业。当然对于不同类型的数字平台型企业来说，他们在数据生产、依赖程度以及开放程度上有不同程度的差异。

8. 毁灭性创新(Disruptive innovation)

虽然不是所有的数字平台企业都具有这一特征，但是绝大部分成功的数字平台企业是具有毁灭性创新这一特征的。什么叫毁灭性创新？首先，毁灭性创新一定是具有破坏性的，它一定是颠覆性地改变了市场或者创造了一个全新的市场。毁灭性创新与渐进式的技术进步有根本的差异。举个例子，引入一种较现有药物药效更有边际效用的新药品就算是渐进式技术进步，而毁灭性创新是不同寻常的，或者说是不可预料的进步。另外，毁灭性创新通常能够降低现有企业的市场份额，甚至有时候迫使原有企业退出市场。比如 iPhone 手机完全取代了 Nokia，DVD 租赁公司 Blockbuster 在 Netflix 出现之后完全从市场中消失。其次，毁灭性创新不仅是引入一个新的产品或者生产流程，而且还通常带有一种全新的商业模式。比如 Airbnb 或者 Uber 的产生，不是一种新的生产技术，而更多地属于一种新的商业模式。

9. 转换成本(Switching costs)

用户、消费者一旦使用或者对某个平台进行了投资，那么再想转换平台的成本将会比较高昂。比如，一个社交媒体平台，对于用户来说，开设个性化的账号、上传照片、视频或者其他信息、建立自己的社交网络、包括粉丝、朋友等，甚至更广义上来说，仅仅是对该平台在使用上或者感官上的熟悉程度，或者对该平台建立的依赖或者信心等都属于用户投资。一旦这类投资足够大，那么这部分投资或将很难转移，即使该平台价格上升，或者质量下降，甚至提供的隐私保护程度下降，等等[1]，那么用户将会被锁定在该平台上，而不会转向其他的社交网络平台。甚至有些时候，投资不仅仅涉及到某一个平台，甚至是这个平台所在的整个数字生态系统的时候，用户更难转移到其他平台中。

10. 赢者通吃(winner-take-all or winner-take most)

实际上，在直接网络正效应、规模经济和范围经济的作用下，某些市场上的数字平台企业将会呈现出赢者通吃的现象[2]、[3]。成功的数字平台企业在某些市场能通过极快的增长率快速占领市场，但是对于实体企业而言，即使是创新的实体企业，也很难达到这一效果。比如 Facebook 从最开始产生，到拥有 100 万用户仅仅用了 4.5 年，而对于手机市场，获得 100 万用户需要 16 年，而对于有线电话市场需要 75 年时间[4]。

上述的十个特征不仅仅局限于数字平台。比如网络效应、范围经济、毁灭性创新或者转换成本等，其实在数字平台出现之前就已经存在了。但当这些特征组合在一起同时出现时，各特征将会相互放大，从而导致爆炸性增长。

目前世界各地出现了大量的数据驱动的数字平台，发展势头惊人。按照 2017 年 7 月 31 日收盘价计算，全球十大平台企业的市值已经超过十大跨国公司的市值，如表 9-1 所示。

表 9-1　全球十大平台企业和十大跨国公司市值比较　　单位：亿美元

平台企业		跨国公司	
名　称	市　值	名　称	市　值
苹果	7808	伯克希尔·哈撒韦	4341
谷歌	6491	强生	3596
微软	5619	埃克森美孚	3322
亚马逊	4721	摩根大通	3277
Facebook	4841	富国银行	2697
阿里巴巴	3946	雀巢	2623
腾讯	3811	沃尔玛	2455
Princeline.com	997	美国电话电报公司	2394
百度	784	保洁公司	2325
Netflix	781	通用电气	2233

注：市值基于 2017 年 7 月 31 日收盘价计算。

资料来源：裴长洪，倪江飞，李越. 数字经济的政治经济学分析[J]. 财贸经济，2018(9)：13.

---

① OECD. The Digital Economy[EB/OL]. https://www.oecd.org/daf/competition/The-Digital-Economy-2012.pdf. 2012-02-17/2022-04-16.

② INSITI M，LAKHANI K. Managing our hub economy[J]. Harvard Business Review, 95(5): 84-92.

③ ROBERT H，FRANK R，COOK P. The Winner-Take-All Society[M]. New York：Penguin Randon House，2012.

④ Boston Consulting Group. The digital Imperative[EB/OL]. https://www.bcg.com/publications/2015/digital-imperative.aspx.

第三节　数字贸易与全球价值链

自 20 世纪 70 年代以来，随着运输成本的下降和信息技术的广泛运用，国际分工进一步深化，产品的生产过程被分割成不同的生产阶段，形成了全球价值链分工。在全球价值链分工体系下，各国通过中间品的生产和贸易，承担不同的生产环节，以完成最终产品的生产。数字技术的发展在很大程度上改变了全球价值链，数字贸易背景下的全球价值链也呈现出不少新特征。

一、全球价值链收益创造来源的改变

数字贸易背景下全球价值链收益创造来源的改变一方面表现在传统微笑曲线的深化。Stan Shih(1992)通过微笑曲线图形化将产品生产阶段与产品所创造的价值联系在一起,说明增加值最高的生产阶段分布在生产前的研发阶段和生产后销售服务阶段。而随着数字经济的兴起，这一增加值的分布还在不断的强化中，呈现出：生产制造创造的增加值越来越低，而生产前和生产后阶段所创造的价值则越来越高[1]。

另一方面，数字贸易背景下，全球数据价值链将逐步成为全球价值链收益创造的新维度。而全球数据价值链是在传统价值链的基础上，以数据为载体而形成的，是数字经济模式下的一种新的分工模式。数据价值链所创造的价值来源于数据和数字平台，而价值创造的大小很大程度上取决于数据收集、存储和分析的能力。在数字经济全球化下，数据作为新的要素具有重要的意义，但是单个数据的价值很小甚至没有价值，然而一旦数据被进行整理、汇编和分析，那么个人和企业就能依据数据做出决策，从而体现出价值。数字平台是从多个国家、多个地点搜集原始数据、存储和传输数据，再到分析和利用，最后通过数据货币化产生收入。因此，数据是数据价值链中价值创造的驱动力，数字平台是全球数据价值链中价值创造的中心[2]。

二、全球价值链形态的改变

数字贸易平台交易的新模式使得供需双方之间能够直接交易，借助大数据等技术，供应商能够更加精准、快速地满足消费者的需求。传统价值链中由于规模经济而带来的以"成本为中心"的全球价值链模式开始逐步向"以产品和用户为中心"转变。传统跨国企业通过资本跨境流动寻求低成本的生产要素逐渐转变为以满足消费者需求的方向转变，使得嵌入在传统的"线性"模式供应链中的"刚性"中间商不再存在，从而根本上改变了全球价值链的形态[3]。换句话说，与传统纵向一体化的全球价值链不同，以数字平台为核心

---

① 田浩. 全球贸易的数字化转型：规模、形式与影响[J]. 工信财经科技，2021(5)：112.

② 盛斌，张子萌. 全球数据价值链：新分工、新创造与新风险[J]. 国际商务研究，2020(6)：23.

③ 黄鹏，陈靓. 数字经济全球化下的世界经济运行机制与规则构建：基于要素流动理论的视角[J]. 世界经济研究，2021(3)：9.

的新型全球价值链将呈现为一个由不同用户和不同行业供应商所组成的生态系统，并逐步形成一个"蛛形"的组织结构，使得相关利益体之间可以进行高度横向协作，提高全球价值链的韧性和灵活性，进而提高分工效率①。

三、全球价值链布局的不确定性

全球价值链形态的改变必然导致其布局的改变，但由于数字技术本身仍在发展中，而且不同数字技术的影响方向也不尽相同，因此全球价值链布局变化尚不明确。

(一) 从全球价值链长度的布局来看

一方面，数字贸易能够促进全球价值链的延长与扩张。首先，数字技术通过降低贸易成本促进全球价值链的扩张。在全球价值链分工中，中间产品要多次跨境，对通讯成本、物流成本、协调沟通成本等贸易成本更加敏感。数字技术的应用与普及大大地降低了贸易的通讯成本、交流成本与搜索成本等，促进了全球价值链的扩张。其次，数字技术产生了新的数字产品，形成了全新的价值链，比如，传统的纸质书籍、报刊，杂志，以及实体唱片、游戏等货物产品，逐步变成了数字产品，形成了从制作到销售的电子传输价值链模式。再次，数字贸易通过增加服务的可贸易性促进全球价值链的扩张。服务是产品生产中不可或缺的中间投入，数字技术提高了中间服务的质量和可贸易性，如计算机服务、研发、广告、电信服务、金融服务以及其他专业性服务，从而促进了全球价值链的扩张。

另一方面，数字贸易也可能引起全球价值链的收缩。智能自动化和 3D 打印可能会引起跨国企业把生产或其他业务从低劳动成本的国家转向更有消费力和更广阔市场的国家。从 3D 打印应用的速度和范围看，它未来可能会对全球价值链贸易产生重大影响。目前，3D 打印主要用于全球价值链上游活动，如原型制造，作为传统的减材制造流程的补充。从长远来看，3D 打印可能将在某种程度上取代传统制造方式，减少外包生产和组装需求、生产步骤以及存货、仓储、配送、零售中心和包装的需求。在 3D 打印普及的世界里，价值链不但可能会变短，而且可能会改头换面，变成以设计、图纸和软件等形式的跨境数据交换，而不是实体货物和服务的跨境交换。

(二) 从全球价值链参与主体的布局来看

一方面，数字技术的发展与应用降低了企业进入全球市场的门槛，使更多中小企业和低收入国家有更多的机会参与到全球价值链的分工中，并获取与全球价值链增值或数字技术相关的收益。另一方面，虽然全球价值链有利于发展中国家参与全球价值链的分工，但是数字经济以及数字贸易毕竟属于技术密集型行业，其在全球价值链的分工状态势必与一定的技术水平相关，从而在一定程度上为发展中国家参与全球价值链分工造成了阻碍②。比如大部分发展中国家参与的劳动密集型行业在数字经济的背景下逐渐变为数据密集型的

① 黄鹏，陈靓. 数字经济全球化下的世界经济运行机制与规则构建：基于要素流动理论的视角[J]. 世界经济研究，2021(3)：8-9.

② 王彬，高敬峰，宋玉洁. 数字技术与全球价值链分工：来自中国细分行业的经验证据[J]. 当代财经，2021(12)：116.

行业，其生产的过程正逐渐从发展中国家回归到发达国家中，从而在一定程度上减少了发展中国家参与全球价值链的程度。而且，在当前的全球价值链分工中，处于主导地位的仍然是少部分发达国家中拥有较大的数字平台的国家。这些发达国家的数字平台通过将大量搜集的数据进行货币化，从而产生具有经济价值的数据产品，而发展中国家大部分则是这一类数据产品的进口国或者是原始数据的出口国，处于全球价值链的低端。

复习思考题

1. 简述贸易对象的数字化的主要形式。

2. 数字贸易时代全球价值链变化趋势如何？

3. 数字贸易时代下全新的交易模式有哪些？

4. 全球价值链背景下，数字技术的发展对其利润创造产生了哪些影响？我国企业应该如何更多地从中获取更大的利润。

5. 试分析在数字贸易时代下，我国应该如何参与到全球价值链中。

推荐阅读文献

[1]　世界贸易组织. 世界贸易报告 2018：世界贸易的未来：数字技术如何改变全球商务[R]. 上海：上海人民出版社，2018.

[2]　中国人民银行南京分行经常项目管理处课题组. 数字贸易视角下的全球价值链重构研究[J]. 金融纵横，2021(5)：30-36.

[3]　盛斌，高疆. 超越传统贸易：数字贸易的内涵、特征与影响[J]. 国外社会科学，2020(4)：18-32.

[4]　LOUNG P, MISHRA S, PAPAGEORGIOU C, et al. World trade in services: evidence from a new dataset[D]. IMF Working Paper No.17/77, Washington D. C., 2017.

[5]　STRANGER R, ZUCCHELLA A. The great convergence: information technology and the new globalization[M]. Cambridge:Harvard University Press, 2016：140-141.

第十章　数字贸易对传统贸易壁垒的挑战

学习目的与要求

通过本章的学习，理解数字贸易壁垒的概念，了解数字贸易壁垒的成因，掌握数字贸易壁垒的分类与特点，熟悉数字贸易壁垒的测度指标。

第一节　数字贸易壁垒的概念和成因

数字贸易作为推动全球经济发展的一股新力量，其突飞猛进的发展势头与现阶段的法律、法规的滞后形成了一种违和的局面。尽管数字贸易自由化仍然被认为是推进数字贸易发展的重要因素，但各国出于保护各自利益的诉求，或多或少地会制定一些政策对数字贸易的推进和发展造成了一定的阻碍和负面影响，这就形成了数字贸易壁垒。

一、数字贸易壁垒的概念

(一) 对数字贸易壁垒的不同见解

贸易壁垒即对国外商品劳务交换所设置的人为限制，主要是指一国对外国商品劳务进口所实行的各种限制措施[1]。数字贸易壁垒伴随着新兴的数字贸易产生。关于数字贸易壁垒的界定，学界和政府都对其进行了详尽的论述。一些学者认为数字贸易壁垒具有典型的"边境后措施"特征，并不能等同于传统的关税壁垒和非关税壁垒[2]。从数字贸易壁垒表现形式来看，部分学者认为除了国内法律、法规之外，还存在着许多其他类型的数字贸易壁垒与障碍。其实施的主体并不仅仅是由政府造成的。美国贸易代表办公室发布的《2018年国家贸易评估报告——关于外国贸易壁垒》将数字贸易壁垒描述为"保护国内商品和服务免受外国竞争、人为刺激国内商品和服务出口或未能提供充分有效的知识产权保护的法律、法规、政策或做法"[3]。

(二) 本书对数字贸易壁垒的理解

本书对数字贸易壁垒的理解是基于对数字贸易和贸易壁垒的综合认知，即存在针对数

---

① 孟欣宇. 数字贸易壁垒对国家创新能力的影响研究[D]. 武汉：中南财经政法大学，2020.

② 党修宇，殷凤. 全球数字贸易壁垒发展特征、成因及其中国应对[J]. 秘书，2022(04)：18-30.

③ 张岩. 数字贸易壁垒对全球价值链分工地位影响研究[D]. 天津：天津财经大学，2020.

字贸易活动的约束条件和限制政策，这些约束或限制既可以表现为针对数字贸易活动的关税，也可以表现为非关税的数据管制、知识产权、市场准入等特定标准[①]。

二、数字贸易壁垒的成因

同传统国际贸易类似，各界依然认为数字贸易自由化能极大地促进数字经济，乃至全球经济的快速增长。但各国政府、企业仍出于自身利益考虑，高筑数字贸易壁垒，使得全球数字贸易壁垒呈现出数量日益增多、涉及范围与种类不断扩大、形式更加隐蔽与复杂、地区差异日益显著的特点。对于数字贸易壁垒的成因，可以从宏观国家层面、中观产业层面以及微观个人与企业层面加以分析。

(一) 宏观层面考虑：国家安全

随着大数据的发展，数字贸易中所蕴含的社会、安全、军事等方面的信息价值不断增大。维护国家安全日益成为各国关注的重点问题。各个国家出于对数据要素所带来的社会安全以及军事价值的考虑，对数据的跨境流动采取了一系列的限制措施，避免数据流动带来关系国计民生和军事安全等数据泄露的风险。

(二) 中观层面考虑：幼稚产业保护

数字贸易和数字经济归根到底属于资本密集型或者技术密集型的行业，这一形态势必造成在不同国家之间存在着发展不均衡的问题。2016 年数据显示，主要发达国家数字经济规模占国内生产总值的比重均在 50% 左右，而多数发展中国家无论是数字经济规模还是数字贸易与发达国家之间均存在明显差异[②]。因此，相较于数字经济发展具有优势的国家而言，处于落后地位的国家为了保护本国数字产业的发展更可能实施一系列保护措施限制国外处于优势的数字产业直接与本国数字产业竞争，这些措施毫无疑问会形成数字贸易壁垒。

(三) 微观层面考虑：个人隐私与企业利益

对于个人而言，大数据时代个人隐私问题已成为学界和社会的重要议题。比如当我们在使用淘宝、微信或者进行网络游戏时，包括性别、民族、年龄等在内的个人信息就可能泄露。不少国家在颁布相关数字贸易法律条例时将提高个人数据保护标准纳入其中，在一定程度上限制了数字贸易的自由流动。对于企业而言，数据要素中蕴含着巨大的商业价值和经济价值，企业会积极游说政府设置一些限制措施，以期在国内市场上获得优势地位。

三、数字贸易监管措施与数字贸易壁垒

数字贸易监管措施和数字贸易壁垒是两个相关但并不等同的概念。数字贸易监管措施是一个中性概念，它包括所有影响数字贸易的政策措施，也确实有可能对数字贸易造成障碍，那么是否可以将凡是对数字贸易有限制作用的措施都称为数字贸易壁垒呢？以数据跨境流动限制措施为例，尽管数据的自由流动是支撑数字贸易发展的重要基础，也是产业数字化

---

① 汪晓风，周骁. 数字贸易壁垒：美国的认知与政策[J]. 复旦国际关系评论，2020(24)：2.

② 汪晓风，周骁. 数字贸易壁垒：美国的认知与政策[J]. 复旦国家关系评论，2020(24)：2-5.

和数字产业化的必然要求。但是，它也蕴含着威胁国家安全、泄露个人隐私和侵犯商业秘密等风险①。因此，出于公共政策目标考虑，数据跨境流动监管有其存在的合理性和必要性。

在数字贸易监管措施中甄别出数字贸易壁垒，一般可遵循三合原则，即监管目标合法性、监管手段合理性、监管效果合意性。符合三合原则的数字贸易监管措施并不能简单地称为数字贸易壁垒。

(一) 监管目标的合法性

国际贸易规则一般采取例外条款的方式允许缔约方出于保护合法政策目标的目的实施一定的贸易监管措施。服务贸易总协定(The General Agreement on Trade in Services，简称GATS)第14条一般例外条款规定，出于维护安全公共道德、公共秩序、人类和动植物的生命健康等公共政策目标，或是出于保护个人隐私、安全有关的目标，成员国可以对服务贸易采取限制措施。同理，在数字贸易领域，为了实现合法的公共政策目标，实施数字贸易限制措施也是被允许的。因此，在区分数字贸易壁垒和数字贸易监管时，不能将任何妨碍或限制数字贸易流动的措施都等同于数字贸易壁垒②。

(二) 监管手段的合理性

监管手段的合理性需要满足三个条件：首先，在制定保护水平前，应该以风险评估为原则。SPS协议第5.1条要求各成员在制定卫生与植物卫生措施时，要以相关风险评估为基础，同时考虑有关国际组织制定的风险评估技术。之所以有这样的规定，就是为了避免各成员在缺乏科学依据的情况下，主观上盲目夸大所面临的风险，以感知的而不是确实存在的风险为依据制定过高的保护水平③④。

其次，保护水平在制定中，应该以满足必要原则为基础。数字保护水平的程度和手段的严格程度是否是实现公共政策所必须的，那些保护效果超过合法目标的监管措施将构成数字贸易壁垒。以《全面与进步跨太平洋伙伴关系协定》(Comprehensive and Progressive Agreement for Trans-Pacific Partnership，CPTPP)为例，该协议第14.11.3(b)款规定各缔约方对数据跨境流动施加的限制不应超过实现公共政策目标所需的限度⑤。

最后，保护水平在制定后，应该最小化技术性措施对贸易的限制作用。SPS协定的宗旨规定，在确保公共政策目标实现的同时，应该最小化技术性措施对贸易的限制作用。因此，在数字贸易领域，数字贸易保护水平的制定也应以数字风险评估为基础，并将数字贸易流动的消极作用降到最低。

(三) 监管效果的合意性

在数字贸易监管领域，是否遵循非歧视原则也是判定一项监管措施是否构成数字贸易

---

① 周念利，姚亭亭. 数字服务贸易限制性措施贸易抑制效应的经验研究[J]. 中国软科学，2021(02)：11-21.
② 王岚. 数字贸易壁垒的内涵、测度与国际治理[J]. 国际经贸探索，2021(11)：85-100.
③ 罗小明，王岚. 技术性贸易壁垒内涵辩证[J]. 现代财经，2007(11)：57-62.
④ 王岚. 数字贸易壁垒的内涵、测度与国际治理[J]. 国际经贸探索，2021(11)：85-100.
⑤ 同④.

壁垒的重要标准。GATS 虽然允许缔约方为了合法目标采取相关服务贸易限制措施，但以不在相似国家之间构成任意的、不合理的歧视性手段为前提，即不能违背 WTO 的最基本的原则——非歧视原则。具体包括两个层面：

首先，在贸易主体层面上的非歧视。在相同情形下，如果一项监管措施对本国主体和外国主体存在差别待遇(违反国民待遇)，或者对不同外国主体存在差别待遇(违反最惠国待遇)，这种贸易限制措施将构成数字贸易壁垒。

其次，在贸易方式层面的非歧视。与传统的贸易方式相比，一国对数字方式达成的交易设置更多的限制措施，也将构成数字贸易壁垒。

数字贸易监管措施与数字贸易壁垒范围关系如图 10-1 所示。

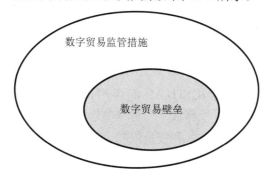

图 10-1　数字贸易监管措施与数字贸易壁垒范围关系

第二节　数字贸易壁垒的种类与特点

目前数字贸易壁垒并没有一个统一的定义与分类，一些机构和学者对数字贸易壁垒从不同的角度进行了分类梳理。

一、数字贸易壁垒的种类

(一) 世界范围内分类梳理

目前，国际社会以及学界对数字贸易壁垒的分类标准各有不同，并没有达成共识。表10-1 对世界不同组织、机构、经济体以及部分学者对数字贸易壁垒的分类进行了梳理。

表 10-1　世界范围内分类梳理

组织机构	分 类 标 准
美国贸易代表办公室 (USTR，2017)	数字本地化壁垒(data localization barriers)；技术壁垒(technology barriers)；互联网服务壁垒(barriers to internet services)；其他壁垒
美国国际贸易委员会 (USITC，2017)	专门针对数字贸易的措施(digital-specific measures)以及传统市场准入和投资限制措施
Fefer et al.(2018)	关税壁垒(tariff barriers)和非关税壁垒(nontariff barriers)

资料来源：作者整理所得。

1. 美国贸易代表办公室对数字贸易壁垒的分类

2017 年美国贸易代表办公室(USTR)明确了数字贸易壁垒的四大类型：

一是数字本地化壁垒(data localization barriers)，包括在特定管辖范围内存储数据或在本地定位计算设施的不必要要求，以及完全禁止跨境数据流。

二是技术壁垒(technology barriers)，包括满足繁复和不必要的安全标准的要求，以及披露加密算法或其他专有源代码的要求。

三是互联网服务壁垒(barriers to internet services)，包括不适用于新商业模式的监管制度，以及互联网平台对用户生成的内容和活动承担与知识产权无关的责任。

四是其他壁垒，包括有关电子认证和签名、互联网域名、数字产品、电子支付平台和其他歧视性做法。这一分类主要聚焦在非关税壁垒方面可能会对数字贸易产生的阻碍作用的政策措施[①]。

2. 美国国际贸易委员会对数字贸易壁垒的分类

2017 年美国国际贸易委员会(USITC)公布了一份关于全球数字贸易的报告，该报告根据限制数字贸易壁垒政策的特定性将数字贸易壁垒划分为：专门针对数字贸易的政策措施和能够影响数字贸易的传统市场准入和投资限制措施两类。具体如下：

(1) 专门针对数字贸易的政策措施有：一是数据措施，包括数据保护和隐私措施(Data Protection and Privacy)以及数据本地化措施(Data Localization)；二是私人和公共网络安全措施，包括公开源代码措施(Disclosing Source Code)和限制密码措施(Restrictions on Cryptography)；三是审查制度；四是知识产权措施，包括数字盗版(Digital Piracy)、著作权侵权中的中介责任(Intermediary Liability for Copyright)、附属版权法(Infrigements)等。

(2) 能够影响数字贸易的传统市场准入和投资限制的措施有：一是市场准入措施，包括最低门槛措施(De minimis Thresholds)、电子支付措施(Electronic Payments)、政府采购措施(Government procurement)以及技术标准(Technical Standards)；二是投资限制措施，包括限制外资的所有权和股权参与(Limits on Foreign ownership&equity participation)、当地成本要求(Local content requirements)以及歧视性许可、税收和费用(Discriminatory Licensing, taxes and fees)等。

3. Fefer et al.对数字贸易壁垒的分类

Fefer et al.(2019)按照政策工具的类别将数字贸易壁垒分为关税壁垒和非关税壁垒。其中非关税壁垒包括：

① 本地化要求(Localization Requirements)，包括数据跨境流动限制、其他本地化要求；

② 知识产权侵权(Intellectual Property Rights Infringement)；

③ 国家标准和繁琐的合规审核程序(National Standards and Burdensome Conformity Assessment)；

④ 过滤、拦截以及网络中性措施(Filtering, Blocking, and Net Neutrality)；

⑤ 网络安全风险措施(Cybersecurity Risks)。

---

① 张岩. 数字贸易壁垒对全球价值链分工地位影响研究[D]. 天津：天津财经大学，2020.

(二) 本书的分类标准

本书在以上分类的基础上，结合传统贸易壁垒的分类，对数字贸易壁垒进行了重新的组合，具体类型如表10-2所示。

表 10-2　数字贸易壁垒种类

类　　型		解　　释
数字贸易关税壁垒	实体货物中的关税壁垒	对实体货物征收关税
	数字产品中的关税壁垒	对数字产品征收关税
数字贸易非关税壁垒	数据管制　本地化措施	主要包括服务本地化、设施本地化以及数据本地化
	数据管制　数据跨境流动限制	主要包括数据自由跨境流动的一般障碍以及分散的各国数据隐私标准
	知识产权壁垒　恶名市场名单制度	旨在通过公布侵犯知识产权的企业及市场促使企业创新，加强知识产权保护
	知识产权壁垒　知识产权数字壁垒的国际条约	即 TRIPS-plus 趋势，主要指各国，尤其是发达国家通过签署双边贸易协定和多边协定，推动知识产权改革
	市场准入壁垒　技术壁垒	主要指一国政府对进口产品通过法律规范制定技术标准从而达到限制数字贸易进口目的的一种歧视性做法
	市场准入壁垒　互联网非中性审查措施	主要包括互联网平台或内容的筛选、审查和监管等
	市场准入壁垒　其他歧视性措施	包括数字贸易主体资格的最低标准限制、对外资所有权或者股权的限制等

(三) 数字贸易关税壁垒

与传统货物贸易中的关税壁垒相比，数字贸易由于其标的的特殊性，对传统贸易规则造成了巨大的挑战与冲击。比如数字产品由原来的磁带、CD 等有物理形态的载体转变为无形的数据流载体，使得传统的海关监管无法监测，造成海关估价等贸易壁垒几乎对数字产品的流动难以形成阻碍。根据数字贸易中标的的特殊性，数字贸易关税壁垒可以分为实体货物中的关税壁垒和数字产品中的关税壁垒[1]。

1. 实体货物中的关税壁垒

所谓实体货物中的关税壁垒是指数字贸易壁垒中的征税标的是以实体货物的形式存在，大部分借助跨境电子商务实现的。我国 2016 年 4 月 8 日发布了《关于跨境电子商务零售进口税收政策的通知》，预示着我国开始正式对跨境电子商务进口征收进口税[2]。随着全球跨境电子商务的发展，越来越多的国家或地区开始对跨境电子商务进行征税，并加强对

---

[1] 郑淑伟. 国际数字贸易壁垒的现状和我国的应对策略[J]. 对外经贸实务，2019(07)：42-45.

[2] 在 2016 年 4 月 8 日新政策出台前，其实我国也对跨境电子商务进口活动中，依托保税区的跨境电子商务零售进口商品在实际操作中按照邮递物品征收行邮税。但是，跨境电子商务零售进口商品交易实质上具有贸易属性，仅征收行邮税产生的低价优势形成了行业间严重的不公平竞争，产生了不良影响。

跨境电子商务税收的监管。表 10-3 中列出了部分国家在实体货物中的收税标准[①]。

表 10-3　部分国家对跨境电子商务的税收情况

国　别	征　收　政　策
英国	所有在线销售商品均须缴纳增值税，一般标准税率达 17.5%，优惠税率 5%
俄罗斯	自 2018 年 7 月 1 日起，所有邮寄包裹须提供收货人(俄罗斯公民)的个人纳税号及购物网址链接，以检查免税进口商品是否超额，否则包裹将退回给发货人
日本	超过 1000 万日元的跨境电商在国内作书面登记，并委任税务代理人作代理单位
泰国	新电商税收法案要求满足条件的业务经营者缴纳税款
土耳其	2019 年 5 月底，对电商产品以及其他邮寄物品征收高达 20%的进口关税，并将进口货物的价值上限定为 500 欧元
印度尼西亚	2020 年 1 月 1 日起，跨境电商商品进口税起征数额由每日 75 美元大幅调低到 3 美元

2. 数字产品中的关税壁垒

所谓数字产品主要指可数字化的，并能通过网络传输的产品。HIS Markit 的研究报告指出，2012 年以来，全球数字产品增长较快，2012 年市场规模为 512 亿元；到 2019 年，全球数字产品市场规模进一步增长至 1247 亿元，同比增长 11.6%。2020 年全球数字产品市场规模突破 1300 亿元[②]。由此可见，数字产品的关税壁垒将会越来越多地引起各国的重视。

(四) 数字贸易非关税壁垒

数字贸易的非关税壁垒主要包括数据管制、知识产权壁垒和市场准入等[③]。

1. 数据管制

数据管制包括本地化措施，即各国要求公司将数据存储在其境内服务器上的政策和数据自由跨境流动的一般障碍。根据 2017 年 USITC 的报告显示，数据管制是阻碍数字贸易中最常被使用的政策措施。全球数据管制措施在过去六年中翻了一番[④]。数据管制的数字贸易非关税壁垒主要体现在以下方面：

(1) 本地化措施。数据作为一种新的生产要素和生产力，它的重要性日益凸显，所有企业的运营都越来越依赖于数据流，各国政府也日益看重。数据本地化成为国际规则和国内立法的重要议题，近年来，全球数据本地化措施的数量大大增加，如图 10-2 所示。本地

---

① 贵商资讯. 走出去|跨境电商主要经营及合规风险解析[EB/OL]. https://m.thepaper.cn/baijiahao_16107234. 2021-12-31/2022-4-11.

② 前瞻经济学人.2022 年全球专用通信行业市场规模与竞争格局分析[EB/OL]. https://baijiahao.baidu.com /s?id=1724442489897039484&wfr=spider&for=pc.2022-02-11/2022-04-11.

③ 涂芷筠. 数字贸易的非关税壁垒研究[D]. 大连：大连海事大学，2020.

④ USITC. Gloab digital trade1: market opportunities and key foregin trade restrictions[EB/OL]. https://www. usitc.gov/publications/332/pub4716.pdf.2017-08/2022-04-13.

化措施大致包含服务本地化、设施本地化和数据本地化①。

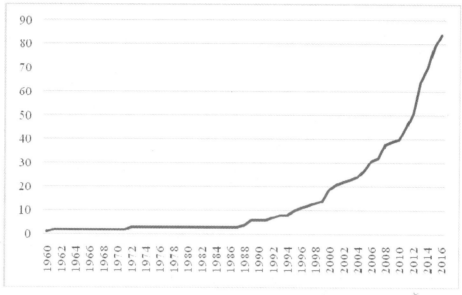

图 10-2　1960—2015 年间数据本地化措施趋势图

注：该数据涵盖了全球 65 个国家的数据本地化措施。

数据来源：ECIPE Digital Trade Estimates Database。

①　服务本地化是指国家政府强制服务或产品提供者在其国家政府管辖范围内设立办事处或者企业，或者对公司董事会成员有国籍限制。

②　设施本地化指国家政府强制互联网服务或产品提供者在其国家政府管辖范围内的服务器(本地化数据主机)上存储有关互联网用户的数据。存储在本地司法管辖区的数据可以是数据的唯一副本，也可以是发送到另一个司法管辖区进行存储或处理所需的数据的本地副本。

③　数据本地化指国家政府迫使互联网服务提供商通过其管辖范围内的网络(本地化数据路由)发送数据包。实施数据本地化可能会减少对外汇的需求，因为本地企业和互联网用户不必向外国公司支付费用，就可以将数据托管在海外。同时，与效率最高的全球数据中心运营商所享有的规模经济相比，本地数据中心可能向本地企业和互联网用户收取更高的数据存储费用，从而增加成本，降低规模，导致当地经济整体效率下降，甚至形成数据孤岛(data silos)，从而更容易引发网络安全风险。

根据一些分析人士的数据显示，采用本地化措施的市场的计算成本可能比更开放的市场高30%～60%②。在某些情况下，数据本地化措施会导致某些企业退出特定的市场。比如 2016 年，在线支付公司 Paypal 暂停了在土耳其的业务，以回应土耳其要求 Paypal 将其信息系统完全本地化的要求。除此之外，数据本地化还严重地制约了信息技术的发展如表10-4所示。

①　涂芷筠. 数字贸易的非关税壁垒研究[D]. 大连：大连海事大学，2020.

②　LYNCH D J. The U.S. dominates the world of big data. But Trump's NAFTA demands could put that at risk[J]. Washington Post, 2018(28).

表 10-4　互联网技术与数据本地化影响

互联网技术	受影响对象	具 体 影 响
网络通信服务	所有互联网通信服务提供商	相对于小规模公司而言，在线运营的大公司往往受益于规模经济，受到的负面影响相对较小。
基于云计算的数据处理	依赖于特定国家的云中心和服务器	增加了公司存储数据的位置，并将全球数据割裂成特定国家的数据集。此外，如果服务器因自然灾害或机械故障等事件而受损，将数据本地化到各个国家可能会加大丢失数据的风险。对于进行大量跨境数据流动的大型跨国公司来说，数据本地化也可以有效地阻止进入某些市场。
电子商务	所有电子商务企业	与互联网通信服务提供商一样，数据本地化会增加电子商务公司运营难度，复杂性以及成本。
物联网	依赖物联网的供应商	针对物联网采取数据本地化措施会迫使供应商创建新的或者不必要的数据中心(data center)，从而将数据流暴露到其他潜在的漏洞区域，降低数据安全性。另外，为了应对数据本地化措施可能需要数据绕道或采取低效路径，从而造成延迟(latency)，降低了物联网功能。

资料来源：USITC. Global Digital Trade1: Market Opportunities and Key Foreign Trade Restricions. 2017。

(2) 数据跨境流动限制。数字贸易的发展势必会带来数据要素的流动，特别是跨境流动；反之，数据的跨境流动也提高了企业的生产力，给企业带来了显著的经济效益。数据流动已成为数字经济时代下的关键组成部分，被称为促进商业的"21 世纪全球化标志"和"将全球经济联系的缔结组织"[1]。

数据管制政策除了数据本地化要求之外，还包括数据跨境流动的限制。数据跨境流动的限制包括一般障碍以及不同国家间差异化的隐私标准。正如传统贸易中不允许非法商品的交易一样，对数据自由流动的支持也不应该延伸到非法领域，比如盗版数字内容、恶意软件等。事实上，包括丹麦、意大利、西班牙、葡萄牙和英国在内的许多国家已经封锁了出售盗版数字内容的网站[2]。美国凭借其在数字技术领域全方位领先的优势，始终秉承着跨境数据自由流动的立场，并坚定地推行了一系列旨在鼓励跨境数据流动的政策，比如《2013 年美国数字贸易法案》《全球电子商务框架》等。但相较于美国，欧洲则对跨境数据流动有更为严格的限制，2016 年 4 月，欧洲议会通过了《通用数据保护条例》(简称 GDPR)，该条例堪称是史上最严厉、最翔实的一部保护用户个人数据安全的法律，把个人信息保护和监管提高到了一个前所未有的高度。尽管如此，欧盟也意识到限制数据跨境流动将会阻碍数字贸易的发展。因此欧盟和美国在此领域不断进行谈判，从安全港原则到隐私盾协议，不断寻找安全、稳定和可信赖的跨境数据流动方案。

① MANYIKA J, LUND S, BUGHIN J, et al. Digital globalization: the new era of global flows[R]. Mckinesy Global Institute, 2016.

② 涂芷筠. 数字贸易的非关税壁垒研究[D]. 大连：大连海事大学，2020.

除此之外，由于价值主张的分歧以及法律、文化的冲突，造成了各国之间分散的数据隐私要求。比如欧盟高度重视个人隐私和数据保护，强调数据主体有权控制和监管数据，而美国更加崇尚自由，相应的监管措施也更加宽松。总体而言，世界范围内各国的数据保护和隐私措施通常分为两类：一是采用广泛综合监管，即对整体经济中的数据流动进行广泛的监管；二是采用适用于特定行业的部门监管。表 10-5 列出部分国家对数据保护和隐私措施的种类。

表 10-5　部分国家数据保护和隐私措施情况

国　家	BSA[①]排名	措 施 类 型	国内法律/法规是否对私人数据进行监管
巴西	19	无相关监管措施	部分
中国	21	特定行业的部门监管	部分
印度	18	特定行业的部门监管	部分
印度尼西亚	15	广泛综合监管	部分
俄罗斯	22	广泛综合监管	是
法国	13	广泛综合监管	是
德国	7	广泛综合监管	是
意大利	9	广泛综合监管	是
西班牙	11	广泛综合监管	是
英国	12	广泛综合监管	是

资料来源：USITC. Global Digital Trade 1: Market Opportunities and Foreign Trade Restrictions[EB/OL]. (2017-08-01)[2022-08-03]. https://www.usitc.gov/publications/332/pub4716.pdf.

各国数据隐私规则的冲突为全球数字贸易流动带来严重的消极影响，特别是对于跨国公司而言，分散的隐私政策可能会导致其成本的增加，阻碍企业参与数字贸易。因而如何协调各国的隐私，创建共同的法律政策框架，便成为各国正在努力寻找的突破口。比如 2022 年 4 月 21 日，美国、加拿大、日本、韩国、菲律宾、新加坡和我国台湾地区共同发布《全球跨境隐私规则声明》，宣布成立全球跨境隐私规则论坛，以促进数据保护和隐私规则的互操作性并帮助弥合不同监管方式之间的差距。

2. 知识产权壁垒

互联网的便捷性及可获得性必然会滋生知识产权滥用的增加。知识产权保护制度本身是中立的，旨在通过给予相关权利人的法定垄断权，鼓励创造性的智力活动，促进知识创新、技术进步与社会经济发展[②]。但是，对于国家而言，若一国采取的与贸易有关知识产

① BSA(软件联盟)是一个代表全球软件行业的行业协会。BSA 的全球云计算得分卡对 24 个国家在包括数数据保护和隐私等 7 个关键政策领域的优势和劣势进行了排名。每个国家的排名从 1 到 24；数字较低的国家表明其数据保护和隐私措施比数字较高的国家更强。
② 郭春荣. 略论知识产权保护壁垒[D]. 福州：福州大学，2002.

权保护的立法、行政、司法等方面的措施，违反世界贸易组织的《与贸易有关的知识产权协定》(TRIPs)，阻碍了正常的国际贸易与国际生产经营活动时，就构成知识产权贸易壁垒；而对于企业而言，若企业凭借其在知识产权上的绝对优势，以知识产权为名，获取超过知识产权所授予的独占权或垄断权时，就造成了不公平的贸易，构成了知识产权壁垒。同理，当数字贸易下的知识产权保护超出了合理的范围和标准，就构成知识产权壁垒，对国际贸易造成不合理障碍。

1) 恶名市场名单制度

恶名市场(Notorious Market)名单，其实是 2006 年美国贸易代表办公室颁布的《特别301 报告》中的一部分，旨在揭露对知识产权有侵权行为的企业或市场名单。由于政策需要，该名单从 2010 年起以不定期审查报告的形式单独列出。

根据美国贸易代表办公室的官方定义，恶名市场是指侵犯知识产权的企业及市场，其出发点是为了在知识密集的数字经济环境下，保护和促进知识产权的发展，协助有关机构打击侵权行为。原则上恶名市场名单制度可以促使企业不断创新，加强对知识产权保护的投入，也使得相关国家和企业提高对知识产权保护立法的关注。但是，恶名市场名单存在两个问题。第一，中立性。恶名市场名单是基于美国单方面政策与利益需要颁布的，往往反映了美国贸易保护主义的倾向，因此其客观性与可信度存在较大的争议性。第二，法定性。虽然恶名市场名单制度只是美国国内政策的一部分，并不具有法律效力，但是由于颁布主体是美国贸易代表办公室，该办公室是总统办公厅的内阁机构，直接对总统和内阁负责，因此其发布的名单将会在世界范围内产生极大的关注及影响[1]。

2) 知识产权数字壁垒的国际条约

TRIPs 相关规定保证知识产权不仅受到一国法律的保护，也受到国际条约成员国的保护。但 TRIPs 是 1994 年签订的，最新一次修订是 2005 年，没有涉及数字环境下知识产权的保护，因此现有国际知识产权保护制度并不能覆盖数字经济环境下产生的知识产权问题。基于此，多数国家缔结了"国际互联网条约"，但该条约对知识产权保护的力度并不严格，仅仅规定了对技术措施和权利管理信息的保护，并不能满足在知识产权上具有优势的发达国家的诉求。为此很多西方发达国家利用自身在国际上的话语权与国际规制制定能力，通过与选定的国家签署双边、诸边和多边贸易协定，推动构成最有利于发达国家数字技术、数字贸易优势的知识产权保护协定，并对知识产权保护水平不达协定标准的发展中国家实施制裁，逐渐对发展中国家形成知识产权数字壁垒，对公平的自由贸易形成一种事实上的违背。这种趋势称为"TRIPs-plus"趋势[2]。但实际上，当前国际上由于各个国家在经济发展水平和技术水平上存在着较大的悬殊，对于大部分发展中国家而言，若制定较为严格的知识产权保护水平不仅不能促进其产业进步与技术创新，反而会产生巨大的消极影响。因此知识产权保护水平的制定不能采取"一刀切"的方式，而是应该根据不同国家的发展水平因地制宜。但就目前而言，现有的知识产权保护政策基本上是由发达国家推动的，因此

---

① 李京普. 知识产权的数字壁垒及中国应对[J]. 电子知识产权，2018(02)：61-69.

② 涂芷筠. 数字贸易的非关税壁垒研究[D]. 大连：大连海事大学，2020.

在一定程度上对发展中国家构成了明显的壁垒[①]。

3. 市场准入壁垒

数字贸易市场准入壁垒包括技术壁垒、互联网非中性的审查措施以及其他歧视性措施。

1) 技术壁垒

技术壁垒在传统国际贸易中也存在,是比较常见的一种非关税壁垒。技术壁垒一般是指一个国家出于国家安全或者公共安全的考虑对进口产品制定一套有利于本国的利益发展的技术标准,从而给外国企业进入该国市场造成障碍[②]。在数字贸易背景下,技术壁垒最常见的一种形式就是源代码披露。部分国家出于对国家公共安全的考虑,将公开或者本地化转让源代码作为企业进入本国市场的前置条件,但作为源代码持有方的企业,考虑到源代码强制性披露会造成商业机密的泄露风险,从而对企业的技术竞争优势形成非公平歧视。

比如,巴西国家电信局(ANATEL)要求进口的电信产品由指定的测试设施进行测试,而不允许由独立认证机构认证的机构进行测试[③]。唯一的例外是设备太大或太贵,无法运输到指定的测试设施。这一措施不仅仅增加了出口商的出口资金成本和时间成本,而且也存在一定的商业机密泄露风险。另外,巴西2015年第8135(2013)号总统令实施条例草案在对政府采购的规制中,要求所有IT企业必须公布源代码[④]。印尼政府在2015年提出的一项关于电子系统软件的法规草案中,也要求电子系统提供商在提供与公共服务相关的服务时,必须公开软件源代码[⑤]。

2) 互联网非中性审查措施

在开放的数字经济背景下,互联网技术带来信息的自由流动,使得进出口双方能够以较低的成本获取更多的信息。然而若国家利用公共安全为由,使用互联网审查措施,通过设置防火墙或其他限制手段,对互联网平台中的内容进行拦截或者过滤,将会直接削弱互联网作为搜索引擎带来的效用,阻碍数字贸易的发展,形成数字贸易壁垒。当然,不同的国家在对互联网平台中的内容进行审查与过滤中存在各自的警戒线。比如,德国对仇恨言论有限制,泰国则监督其国王的评论,而印度则拦截关于主权、国防等方面的言论。还有一些绝对的价值观,比如对儿童色情的限制。这种限制是合理合规的,充分体现了一个国家的社会责任担当。近年来,关于政府以国家安全为由滥用互联网审查措施的案例急剧增加。据谷歌公司统计,自2011年以来,全球政府删除过滤的请求日益增长,自2013年6月到2013年12月,土耳其提交的删除请求最多,其次是美国。

3) 其他歧视性措施

除了上述数字贸易壁垒之外,还有其他歧视性措施对数字贸易构成壁垒。比如数字贸易主体资格的最低标准限制。该要求对从事电子商务企业的货物价值设定一个最低的阈值,

---

① 涂芷筠. 数字贸易的非关税壁垒研究[D]. 大连:大连海事大学,2020.

② 王岚. 数字贸易壁垒的内涵、测度与国际治理[J]. 国际经贸探索,2021(11):85-100.

③ 同①。

④ BSA, post-hearing submission to the USITC. April 21, 2007, 13. Open-sourced software is usually available to the public for use rather than held for sale or lease.

⑤ BSA, post-hearing submission. April 21, 2007, 10.

并要求出口商在履行国际订单的同时，必须确保完成关税支付和相关的文书工作。设想如果门槛设置得很低，那么对于通过 eBay 和 Etsy 等在线市场从事电子商务的小型出口商来说，这些要求就会变得特别沉重。因为对于这类出口商而言，通常没有专门负责确保遵守海关法规的雇员。为了满足最低标准限制，这些公司的员工将 50% 以上的时间用于行政事务，而不是用于其他工作，从而导致企业资源使用效率低下。而且，许多国家的海关机构在合规流程方面明显缺乏透明度，更进一步加剧了这一负担。要填写哪些表格，如何正确填写，以及不同目的的表格有什么不同，这些都是很不清楚的，如果卖方犯了一个错误，他们的货物可能会被耽搁。对于小规模卖家来说，这可能会导致数千美元的收入损失，甚至会因为国际客户等待订单的时间过长，损害他们的声誉。

另外，传统的非关税壁垒中对外资所有权的限制也同样影响到了数字贸易行业。在大多数国家中，影响数字服务投资的所有权限制一般是与电信有关的部门。采用强制性合资企业和股权上限能够确保企业的很大控制权掌握在国内伙伴手中，同时往往还需要将技术强制转让给东道国，从而构成了贸易壁垒。菲律宾宪法禁止对大众媒体的所有外国投资，包括付费电视。越南对付费电视服务实施了一系列限制：首先，对付费电视服务可以播放的外国频道总数设置了 30% 的上限；其次，要求所有付费电视运营商通过当地代理商工作；最后，要求大多数外国节目由获得许可的当地代理商编辑，并要求在越南制作的付费电视上播放越南的商业广告。

二、数字贸易壁垒的特点

数字贸易的特点决定了数字贸易壁垒主要表现为如下几个特征。

(一) 限制对象的特殊性

传统国家贸易壁垒限制的对象主要是实体的货物贸易和服务，而由于数字贸易的交易对象的特殊性，使得数字贸易壁垒限制的对象与传统贸易壁垒不同，其具体措施所针对的对象主要是数据[①]。

(二) 限制措施的目的一般基于安全问题

在传统国际贸易壁垒中，特别是非关税壁垒中，基于"国家安全""食品安全"为由的贸易壁垒虽然也已存在，但数字贸易中的安全问题一般是指个人隐私安全，甚至可能是国家安全。因此相较于传统的贸易壁垒而言，数字贸易壁垒更难以质疑、分辨与处置[②]。

第三节　数字贸易壁垒的测度

如何测度数字贸易壁垒？目前国际上衡量数字贸易壁垒的量化指标有两个。一是欧洲的数字贸易限制指数(简称 DTRI)；二是 OECD 数字服务贸易限制指数(简称数字 STRI)。

---

① 裴韵. 论数字经济影响下贸易壁垒新形态的法律规制困境[D]. 苏州：苏州大学，2019.

② 同①。

一、欧洲的数字贸易限制指数

数字贸易限制指数(The Digital Trade Restrictiveness Index，DTRI)由欧洲智库欧洲国际政治经济中心(ECIPE)发布，重点对全球 64 个国家和地区的数字贸易开放度进行评估，涵盖了近 100 多个类别的政策措施，是全球第一个测度数字贸易壁垒的指数。

(一) DTRI 的主要内容

DTRI 指数从财政限制和市场准入、企业设立限制、数据限制、贸易限制四个方面评估了各国在数字贸易方面的限制程度，提高了全球数字贸易透明度，同时为各国之间比较数字贸易限制程度提供了一种简单的方法。该指数的取值范围从 0(即完全开放)到 1(即完全受限)，DTRI 值越大，表明该国数字贸易受限程度越大，企业开展数字贸易的成本越高。具体如表 10-6 所示。

表 10-6　欧洲数字贸易限制指标

类别(集群，Cluster)	限制措施(章，Chapter)	具体内容(子章节，Sub-Chapter)
财政限制和市场准入	关税和贸易保护	对 ICT 产品及其投入征税
		对 ICT 产品及其投入征反倾销税、反补贴税和实施保障措施
	税收和补贴	数字商品和产品税收制度
		在线服务税收制度
		数据使用税
		补贴和税收优惠的歧视性政策
	政府采购	涵盖数字商品和服务的优惠采购制度
		要求放弃专利、源代码或商业秘密
		技术要求(如加密技术、产品标准和格式)
企业设立限制	外商投资	对外国所有权的限制措施
		对董事会和经理人的限制措施
		投资与并购审查
		与外商投资有关的其他限制性措施
	知识产权	专利
		版权
		商业秘密
		与知识产权有关的其他限制措施
	竞争政策	竞争
		与竞争政策有关的其他限制性措施
	商业流动	配额、劳动力市场测试和居住时间期限
		与商业流动相关的其他限制措施

续表

类别(集群，Cluster)	限制措施(章，Chapter)	具体内容(子章节，Sub-Chapter)
数据限制	数据政策	数据跨境流动限制
		数据保留
		数据隐私的主体权利
		数据隐私的管理要求
		违规处罚
		与数据政策有关的其他限制措施
	平台责任	避风港框架
		通知与删除制度
		与平台责任相关的其他限制措施
	内容访问	网络内容的审查和过滤
		宽带和网络中立性
		与内容访问相关的其他限制措施
贸易限制	贸易数量限制	数字商品进口限制
		市场的本地内容要求
		数字商品出口限制
	标准	电信标准
		产品安全认证(EMC/EMI、无线传输)
		产品审查与测试要求
		加密要求
		与标准相关的其他限制措施
	在线销售与交易	交易实现障碍
		域名(DNS)注册要求
		在线销售
		消费者保护法对在线销售存在歧视性

资料来源：ECIPE(2018). Digital Trade Restrictiveness Index.

　　DTRI 集群总指数及各集群指标排名如表 10-7 所示，主要国家得分情况如下图 10-3 所示。

表 10-7　DTRI 总指数及各集群指标排名

排名	DTRI		财政限制和市场准入		企业设立限制		数据限制		贸易限制	
	国家	指数值	国家	指数值	国家	指数值	国家	指数值	国家	指数值
1	CHN	0.70	IND	0.63	CHN	0.77	CHN	0.82	CNN	0.63
2	RUS	0.46	BRA	0.62	THA	0.54	RUS	0.63	ARG	0.57
3	IND	0.44	CHN	0.60	VNM	0.50	TUR	0.60	VNM	0.51
4	IDN	0.43	ARG	0.49	TWN	0.46	FRA	0.45	BRA	0.49
5	VNM	0.41	PAK	0.49	MYS	0.45	IDN	0.44	IDN	0.48
6	BRA	0.40	IND	0.43	CHE	0.44	VNM	0.43	RUS	0.43
7	TUR	0.38	ZAF	0.43	ECU	0.42	DEU	0.41	IND	0.40
8	ARG	0.38	NGA	0.41	IND	0.40	KOR	0.39	TUR	0.37
9	FRA	0.36	RUS	0.40	RUS	0.40	BRN	0.38	ECU	0.35
10	THA	0.35	USA	0.37	FRA	0.40	DNK	0.35	MYS	0.35
11	MYS	0.34	TUR	0.35	DEU	0.40	MYS	0.35	NGA	0.34
12	PAK	0.33	GRC	0.33	USA	0.38	LTU	0.34	FRA	0.33
13	DEU	0.33	KOR	0.33	IDN	0.36	FIN	0.33	PAK	0.31
14	ECU	0.32	PRY	0.32	JPN	0.35	ITA	0.31	TWN	0.30
15	KOR	0.31	ECU	0.31	ZAF	0.34	GBR	0.31	ESP	0.29
16	NGA	0.29	CHL	0.28	PHL	0.34	IND	0.31	KOR	0.28
17	ZAF	0.27	ITA	0.28	BRA	0.33	PAK	0.30	THA	0.28
18	MEX	0.27	THA	0.27	BEL	0.33	ESP	0.30	HKG	0.27
19	ROU	0.27	BRN	0.27	SVK	0.33	HUN	0.30	MEX	0.27
20	BRN	0.26	PHL	0.27	BGR	0.32	THA	0.29	CAN	0.26
21	ESP	0.26	HUN	0.26	COL	0.32	ROU	0.27	DEU	0.26
22	USA	0.26	FRA	0.26	BRN	0.32	POL	0.27	ROU	0.25
23	TWN	0.25	GBR	0.25	GRC	0.31	MEX	0.26	HRV	0.25
24	GRC	0.24	AUS	0.25	ROU	0.31	SWE	0.26	CYP	0.25
25	ITA	0.24	MEX	0.24	MEX	0.30	AUS	0.25	ITA	0.25
26	HUN	0.23	BGR	0.24	CAN	0.29	CHE	0.25	ISR	0.23
27	AUS	0.23	CZE	0.24	AUS	0.28	CAN	0.25	HUN	0.22
28	SVK	0.23	DEU	0.24	ARG	0.28	SGP	0.25	POL	0.20
29	CAN	0.23	LVA	0.24	PAN	0.27	EUR	0.24	SVK	0.20
30	CHE	0.22	LTU	0.24	CRI	0.26	GRC	0.23	SVN	0.20

排名	DTRI		财政限制和 市场准入		企业设立限制		数据限制		贸易限制	
	国家	指数值	国家	指数值	国家	指数值	国家	指数值	国家	指数值
31	FIN	0.22	NLD	0.24	PRT	0.25	COL	0.23	CRI	0.19
32	PHL	0.22	ROU	0.24	NOR	0.25	NGA	0.23	EST	0.17
33	BEL	0.22	EUR	0.23	NLD	0.25	MLT	0.22	PHL	0.17
34	POL	0.22	PRT	0.23	KOR	0.25	PER	0.22	EUR	0.16
35	DNK	0.22	PAN	0.22	PRY	0.24	NZL	0.22	FIN	0.16
36	LTU	0.21	VNM	0.22	PER	0.24	PRT	0.22	AUS	0.15
37	EUR	0.21	CYP	0.21	SGP	0.24	AUT	0.21	BEL	0.15
38	PRY	0.21	SVN	0.21	SWE	0.23	ZAF	0.20	CZE	0.15
39	COL	0.20	JPN	0.21	AUT	0.23	ECU	0.20	DNK	0.15
40	SWE	0.20	AUT	0.21	ESP	0.23	LUX	0.20	LTU	0.15
41	BGR	0.20	BEL	0.21	ISR	0.22	EST	0.20	MLT	0.15
42	ISR	0.19	HRV	0.21	TUR	0.22	IRL	0.20	COL	0.14
43	HRV	0.19	POL	0.21	EUR	0.21	LVA	0.20	USA	0.12
44	GBR	0.19	SVK	0.21	PAK	0.21	SVK	0.19	CHL	0.12
45	AUT	0.19	ESP	0.21	POL	0.20	BEL	0.19	PRY	0.11
46	PRT	0.19	SWE	0.21	NGA	0.19	ISL	0.19	ZAF	0.11
47	CZE	0.18	FIN	0.21	LUX	0.19	ISR	0.18	SGP	0.11
48	CYP	0.18	DNK	0.20	FIN	0.19	SVN	0.18	JPN	0.11
49	SVN	0.18	EST	0.20	LVA	0.19	ARG	0.17	AUT	0.10
50	JPN	0.18	MYS	0.20	HRV	0.18	HKG	0.16	GRC	0.10
51	EST	0.18	IRL	0.19	CZE	0.18	CZE	0.16	LUX	0.10
52	LUX	0.17	LUX	0.19	CHL	0.17	PRY	0.16	SWE	0.10
53	LVA	0.17	MLT	0.19	DNK	0.16	USA	0.15	GBR	0.10
54	NLD	0.16	CHE	0.17	HUN	0.15	BRA	0.15	BRN	0.08
55	MLT	0.15	ISR	0.13	EST	0.14	BGR	0.14	ISL	0.08
56	CHL	0.15	TWN	0.13	SVN	0.13	CYP	0.14	NOR	0.08
57	SGP	0.15	COL	0.12	LTU	0.12	NOR	0.13	BGR	0.07
58	PER	0.15	PER	0.11	CYP	0.12	NLD	0.13	IRL	0.05
59	CRI	0.14	CAN	0.10	ITA	0.11	TWN	0.12	LVA	0.05
60	PAN	0.13	ISL	0.09	ISL	0.10	HRV	0.11	NLD	0.05

续表二

排名	DTRI		财政限制和市场准入		企业设立限制		数据限制		贸易限制	
	国家	指数值	国家	指数值	国家	指数值	国家	指数值	国家	指数值
61	HKG	0.13	CRI	0.09	MLT	0.09	PHL	0.11	PRT	0.05
62	IRL	0.13	NZL	0.08	GBR	0.09	JPN	0.04	PER	0.05
63	NOR	0.13	NOR	0.05	IRL	0.07	CHL	0.04	CHE	0.03
64	ISL	0.11	HKG	0.02	NZL	0.07	CRI	0.04	PAN	0.02
65	NZL	0.09	SGP	0.02	HKG	0.07	PAN	0.03	NZL	0.00

数据来源：ECIPE(2018). Digital Trade Restrictiveness Index.

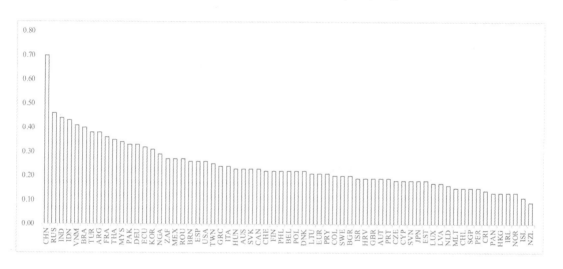

图 10-3　全球 65 个国家 DTRI 得分情况

数据来源：ECIPE(2018). Digital Trade Restrictiveness Index.

从表 10-7 和图 10-3 可以发现，中国是数字贸易限制最严格的国家，紧随其后的是俄罗斯、印度、印度尼西亚和越南。这些国家都具有非常严格的数字贸易限制。数字贸易最开放的五个国家(地区)分别是新西兰、冰岛、挪威、爱尔兰和中国香港地区。这些国家(地区)属于相对较小的经济体，因而更依赖于全球市场。总体而言，相较于发达国家，新兴经济体对数字贸易的限制更大。

(二) DTRI 测算方法

DTRI 是四个集群的简单平均值。四个集群本身是属于每个相关集群的章节的加权平均值。每章又是其子章的加权平均值。四个集群具体如下。

1. 集群 A(Cluster A)：财政限制和市场准入

表 10-8 分别展示了集群 A 中章和子章节及其子章节具体内容的权重。在章这一层，由于税收和补贴对数字贸易扭曲的影响相对较小，因此赋予的权重比其他两章低。

表 10-8　Cluster A 权重分布

限制措施 (章，Chapter)	权重	具体内容 (子章节，Sub-Chapter)	权重	具体项目(Items)	权重
关税和贸易保护	0.40	对 ICT 产品及其 投入征税	0.8	平均适用最惠国待遇	0.2
				加权平均适用最惠国待遇	—
				最高关税税率	0.2
				零关税覆盖率	0.4
				签署 ITA Ⅰ	0.05
				签署 ITA Ⅱ	0.05
				其他限制性或歧视性关税措施	0.1
		对 ICT 产品及其投入 征反倾销税、反补贴 税和实施保障措施	0.2	反倾销措施	0.8
				反补贴措施	0.1
				保障措施	0.1
税收和补贴	0.20	数字商品和产品 税收制度	0.35	版权税	0.33
				对数字商品和产品的歧视性征税	0.33
				对外国数字商品和产品实行歧视 性征税	0.33
		在线服务税收制度	0.35	电子商务的歧视性税收制度	0.33
				在线服务的歧视性征税	0.33
				对外国在线服务的歧视性征税	0.33
		数据使用税	0.15	数据使用特定税	1
		补贴和税收优惠的 歧视性政策	0.15	税收优惠的歧视性应用	0.40
				补贴的歧视性应用	0.30
				出口信贷的歧视性应用	0.30
政府采购	0.40	涵盖数字商品和 服务的优惠采购制度	0.60	排除外国公司	0.40
				本地化内容要求	0.30
				其他限制性做法	0.20
				世贸组织政府采购协议(GPA)	0.10
		要求放弃专利、源代码 或商业秘密	0.20		1
		技术要求(如加密技术、 产品标准和格式)	0.20		1

资料来源：作者根据 ECIPE(2018)Digital Trade Restrictiveness Index 自行整理所得。

2. 集群 B(Cluster B)：企业设立限制

表 10-9 分别展示了集群 B 中章和子章节及其子章节具体内容的重要程度。其中，外商投资、知识产权以及竞争政策获得同等权重，商业流动在这一层面的重要性相对较低，因为商业流动大多具有横向性质，对数字贸易的影响往往是间接性的。

表 10-9　Cluster B 权重分布

限制措施 （章，Chapter）	权重	具体内容 （子章节，Sub-Chapter）	权重	具体项目(Items)	权重
外商投资	0.30	对外国所有权的 限制措施	0.5	最大外国股权份额	0.7
				合资要求	0.1
				最低资本要求	0.1
				外国公司数量配额	0.1
		对董事会和经理人的 限制措施	0.1	董事会的国籍或居住要求	0.7
				管理人员的居住国籍要求	0.3
		投资与并购审查	0.3	要求显示净经济效益	0.2
				国家安全筛查	0.5
				超出竞争原因的并购限制	0.3
		与外商投资有关的 其他限制性措施	0.1	与外商投资有关的其他限制性措施	1
知识产权	0.30	专利	0.3	针对数字商品的法律禁令	0.4
				专利申请程序的限制	0.5
				针对专利使用的竞争政策规则或其 他补救措施	0.1
		版权	0.3	缺乏明确的版权例外	0.5
				版权执法不力	0.5
		商业秘密	0.3	强制披露商业秘密	1
		与知识产权有关的 其他限制措施	0.1	与知识产权有关的其他限制措施	1
竞争政策	0.30	竞争	0.90	电信部门自由化欠缺	0.5
				政府对电信运营商股份的所有权	0.2
				电信业的反竞争事实	0.3
		与竞争政策有关的 其他限制性措施	0.1	与竞争政策有关的其他限制性措施	1
商业流动	0.10	配额、劳动力市场测试 和居住时间期限	0.9	配额	0.33
				劳动力市场测试	0.33
				居住时间期限	0.33
		与商业流动相关的 其他限制措施	0.1	与商业流动相关的其他限制措施	1

资料来源：作者根据 ECIPE(2018)Digital Trade Restrictiveness Index 自行整理所得。

3. 集群 C(Cluster C)：企业设立限制

表 10-10 分别展示了集群 C 中章和子章节及其子章节具体内容的重要性。由于数据政策会对数字贸易造成昂贵的成本，特别是其中涵盖的本地化政策等问题可能导致企业的跨

境经营受到严重限制，甚至无法实现，因此获得最高权重。其他两章虽然权重略低，但是重要性也很高。

表 10-10　Cluster C 权重分布

限制措施 (章，Chapter)	权重	具体内容 (子章节，Sub-Chapter)	权重	具体项目(Items)	权重
数据政策	0.40	数据跨境流动限制	0.5	禁止转移或本地化要求	0.5
				本地存储要求	0.25
				条件流程政策	0.25
		数据保留	0.15	最短期限	0.7
				最长期限	0.3
		数据隐私的主体权利	0.1	繁琐的一致性要求	0.5
				被遗忘的权利	0.5
		数据隐私的管理要求	0.15	数据保护影响评估(DPIA)	0.3
				数据保护官(DPO)	0.3
				数据泄露通知	0.1
				政府对个人数据的访问	0.3
		违规处罚	0.05	罚款超过 250 000 欧元或设定为收入的百分比	0.5
				监狱时间	0.5
		与数据政策有关的其他限制措施	0.05	与数据政策有关的其他限制措施	1
平台责任	0.30	避风港框架	0.6	平台责任缺乏避风港	0.7
				用户身份要求	0.1
				监控要求	0.2
		通知与删除制度	0.3	繁琐的通知和删除条款	0.5
				不遵守通知的经济制裁	0.5
		与平台责任相关的其他限制措施	0.1	与平台责任相关的其他限制措施	1
内容访问	0.30	网络内容的审查和过滤	0.7	网页内容拦截	0.5
				网页内容过滤	0.25
				歧视性地使用许可方案	0.25
		宽带和网络中立性	0.2	国外网站故意减速	0.5
				某些内容的网络带宽优先级	0.1
				限制性云计算法规	0.2
				社交网络的具体规定	0.2
		与内容访问相关的其他限制措施	0.1	与内容访问相关的其他限制措施	1

资料来源：作者根据 ECIPE(2018)，Digital Trade Restrictiveness Index 自行整理所得。

4. 集群 D(Cluster D)：企业设立限制

表 10-11 分别展示了集群 D 中章和子章节及其子章节具体内容的重要性。贸易数量限制、标准以及在线销售与交易在对数字贸易的影响上是相当的。

表 10-11　Cluster D 权重分布

限制措施 (章，Chapter)	权重	具体内容 (子章节，Sub-Chapter)	权重	具体项目(Items)	权重
贸易数量限制	0.33	数字商品进口限制	0.6	进口禁令	0.6
				其他进口限制	0.4
		市场的本地内容要求	0.3	市场的本地内容要求	1
		数字商品出口限制	0.1	出口限制	1
标准	0.33	电信标准	0.2	缺乏外国企业参与标准制定机构	0.5
				不透明的标准制度	0.5
		产品安全认证(EMC/EMI、无线传输)	0.2	缺乏自我认证	0.5
				外国企业的歧视性申请程序	0.5
		产品审查与测试要求	0.3	产品筛选检测要求偏离国际标准	0.5
				以国家安全为由禁止数字商品或服务	0.5
		加密要求	0.2	偏离国际规范的强制性加密标准	0.33
				缺乏对国际加密标准的认可	0.33
				要求披露产品认证的敏感专有信息	0.33
		与标准相关的其他限制措施	0.1	与标准相关的其他限制措施	1
在线销售与交易	0.33	交易实现障碍	0.5	限制在线销售和交易	0.5
				限制网上支付	0.3
				最低门槛要求	0.2
		域名(DNS)注册要求	0.25	电子零售的本地域要求	0.6
				本地域名的物理存在要求	0.4
		在线销售	0.15	限制特定产品的在线销售	1
		消费者保护法对在线销售存在歧视性	0.1	消费者保护法对在线销售存在歧视性	1

资料来源：作者根据 ECIPE(2018)，Digital Trade Restrictiveness Index 自行整理所得。

二、OECD 的数字服务贸易限制指数

数字 STRI 构想及其测算基础都来源于现有的 STRI 数据库。数字 STRI 指数衡量了阻碍或者完全禁止公司使用互联网提供服务的能力。

(一) 数字 STRI 主要内容

数字 STRI 指数涵盖 46 个国家(包括 36 个 OECD 国家、10 个非 OECD 国家)，数字贸

易限制措施主要划分为五大类，即基础设施和连通性、电子交易、支付系统、知识产权、影响数字服务贸易的其他壁垒，以贸易限制的综合指数考查各国数字服务贸易壁垒，指数值介于 0 和 1 之间，数值越大表明数字壁垒越严重。

(1) 基础设施和连通性。该类别涵盖的问题主要包括：互联互通之间的相关法律法规、限制通信服务的措施以及关于数据传输和跨境数据流动等方面的措施与政策等。

(2) 电子交易。该类别涵盖的问题主要包括：电子商务经营许可证的歧视性条件、非居民公司在线税务登记和申报、偏离国际标准电子合同的规则、电子签名等有关措施，以及缺乏跨境数字贸易的争端解决机制。

(3) 支付系统。该类别涵盖的问题主要包括：支付结算方式的法律法规、国内支付安全与国际标准的偏离问题，以及与网上银行或保险相关的限制。

(4) 知识产权。该类别涵盖的问题主要包括：外国公司在与版权和商标有关的知识产权保护方面的歧视性问题以及与知识产权有关的执法机制与措施安排。

(5) 影响数字服务贸易的其他壁垒。该类别涵盖的问题主要包括：影响跨境数字贸易的运营绩效要求、与下载和流媒体相关的限制措施、在线广告的限制；跨境服务的提供形式以及反竞争做法的有效补救机制等。

数字 STRI 具体的指标体系如表 10-12 所示。

表 10-12　数字 STRI 指标体系

类　别	具 体 项 目
基础设施和连通性	互联是授权的
	互联价格和条件受到监管
	互联参考报价公开
	垂直分离是必须的
	非歧视性互联网流量管理是强制性的*
	在所考虑的细分市场中至少有一家占主导地位的公司**
	限制使用通信服务
	个人信息的免费跨境传输或问责原则的应用*
	当某些私营部门的保障措施到位时，个人数据的跨境转移是可能的
	跨境数据流动：个人数据可以跨境传输到隐私保护法基本相似的国家
	数据跨境流动：跨境转移需逐案审批
	跨境数据流：某些数据必须本地存储
	跨境数据流动：禁止数据传输
电子交易	电子商务经营许可证的歧视性条件
	从事电子商务需要许可证或授权**
	非居民外国提供者可以使用在线税务登记和申报
	偏离国际标准化规则跨境交易国家的合同规则
	法律或法规明确保护机密信息
	法律法规规定电子签名与手写签名具有同等法律效力
	存在争端解决机制解决跨境数字贸易产生的争议

续表

类　别	具体项目
支付系统	对支付结算方式的歧视性访问
	国家支付安全标准偏离国际标准
	对网上银行或保险的限制
知识产权	外国公司在商标保护方面受到歧视
	为保护版权及相关权利而歧视外国人
	版权保护的例外情况根据国际规则受到限制*
	知识产权执法：可采取司法或行政执法措施和救济措施
	知识产权执法：有临时措施
	知识产权执法：有刑事执法程序和处罚
影响数字服务贸易的其他壁垒	影响跨境数字贸易的绩效要求
	影响跨境数字贸易的下载和流媒体限制
	在线广告限制
	需要商业存在的形式才能提供跨境服务
	需要本地存在才能提供跨境服务
	当商业行为限制特定市场中的竞争时，公司会采取补救措施
	对数字化服务的其他限制

注：对标有"*"的这些措施，收集数据仅用于提供信息，这些数据无助于指数的计算。对标有"**"的措施，也不进行打分，但会影响其他措施的计分。

资料来源：Ferencz J. The OECD Digital Services Trade Restrictiveness Index. OECD Trade Policy Papers, No.221, OECD Publishing, Pairs.

如图 10-4 所示 OECD 国家数字 STRI 显示，在 2014 年，OECD 国家的数字贸易限制指数平均值为 0.114 8，相比，2020 年平均值达 0.138 8，限制指数高于 2014 年。

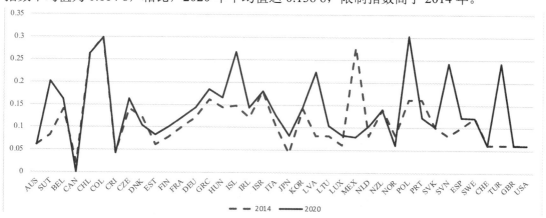

图 10-4　OECD 国家数字 STRI 比较

资料来源：OECD. Digital Service Trade Restrictiveness Index.

图 10-5 显示了中国(除中国香港地区外)2014—2020 年数字 STRI 变化趋势。可以发现，中国数字 STRI 从 2014 年到 2020 年之间有所提升，且数值高于同时期的 OECD 国家的平均值。

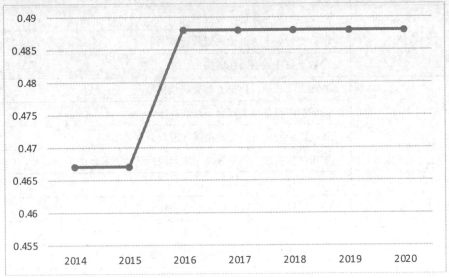

图 10-5　中国(除中国香港地区外)2014—2020 年数字 STRI 变化

资料来源：OECD. Digital Service Trade Restrictiveness Index.

(二) 数字 STRI 的测算

数字 STRI 的构建包括三个关键步骤：评分、加权和汇总。评分是将定性指标信息转化为定量数据；加权旨在平衡措施的相对重要性；汇总是计算加权平均值的最后一步。

复习思考题

1. 简述数字贸易壁垒与传统贸易壁垒的异同。
2. 数字贸易壁垒的种类有哪些？
3. 数字贸易壁垒的测度指数有哪些？
4. 根据本章的学习并联系我国数字贸易发展的实际，谈一谈数字贸易壁垒对我国创新能力的影响。
5. 查阅 DTRI 指数，分析就目前而言，数字贸易限制水平与一国经济发展水平的关系以及数字贸易限制的国家分布情况。

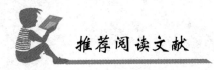

推荐阅读文献

[1]　裘韵. 论数字经济影响下贸易壁垒新形态的法律规制困境[D]. 苏州：苏州大学, 2019.

[2]　孟欣宇. 数字贸易壁垒对国家创新能力的影响研究[D]. 武汉：中南财经政法大学，2020.

[3]　赵瑾. 数字贸易壁垒与数字化转型的政策走势[J]. 国际商务，2021(2)：72-81.

[4]　OECD. OECD Digital Economy Outlook 2017[R/OL]. (2017-10-11)[2021-8-14]. http://dx. doi.org/10.1787/9789264276284-en.

[5]　ECIPE. Digital Trade Restrictiveness Index[EB/OL]. (2018-04)[2021-8-14]. https://ecipe.org/ dte/dte-report/.

第十一章　数字贸易对传统贸易规则与监管的挑战

通过本章的学习，了解涉及数字贸易规则的协定以及主要核心议题，理解数字贸易监管与传统贸易监管的区别，思考构建数字贸易规则的中国路径。

第一节　数字贸易对传统贸易规则的挑战

以大数据、人工智能、云计算为代表的数字技术驱动的第四轮科技革命掀起了全球范围内的数字经济浪潮。以互联网为传输通道、数据跨境流动为交换载体、电子支付为主要结算方式的国际贸易新形式——数字贸易，正逐渐显示出其重要性，并对建立在传统货物贸易和服务贸易基础上的现行贸易制度框架提出新的挑战[①]。WTO总干事阿泽维多(Roberto (Roberto Azevêdo)曾于2013年刚上任时表示："目前的WTO规则诞生于一个没有互联网连接的世界里，高速的创新已经与过时的贸易制度互相冲突。"

一、贸易规则框架的冲击

随着数字贸易全球化的迅猛发展，传统国际贸易框架，无论是多边还是双边协定，无论是货物贸易协定(GATT)还是服务贸易协定(GATS)都未形成系统性的数字贸易规则，无法适应数字贸易全球性、无形性和即时反应等特点，由此造成了各国之间规则的冲突以及分歧。因而数字贸易规则的制定已经引起了世界各国的重视，越来越多的国家积极参与数字贸易规则的制定。

(一) 多边协定

WTO是负责制定和维护国际贸易规则的最主要国际组织，在数字贸易国际规则制定中扮演了重要角色。1996年新加坡举行的第一次部长级会议，WTO首次正式提及电子商务的议题，并通过了《关于信息技术产品贸易的部长级宣言》，于次年3月份正式生效。随后，1998年WTO又通过了《全球电子商务宣言》和《电子商务计划》，各成员国初步意识到现行的WTO规则已经无法满足当时的贸易新形势，新的规则需要尽快制定[②]。

---

① 熊鸿儒，马源，陈红娜，等. 数字贸易规则：关键议题、现实挑战与构建策略[J]. 改革，2021(1)：65.

② 章思勤，宾建成. 数字贸易国际规则进展及中国的对策[J]. 特区经济，2021(2)：42.

随着数字经济的发展，各国越来越重视电子商务规则和体系的构建。WTO 在 2017 年 12 月的第十一届部长级会议上，由澳大利亚、日本和新加坡三国发起，71 个成员就与贸易有关的电子商务方面的 WTO 谈判开展了探索性工作。2019 年 1 月，76 个 WTO 成员就相关问题发布了电子商务联合声明倡议(Joint Statement Initiative on E-commerce，JSI)。该倡议旨在世贸组织的基础上，围绕与贸易有关的电子商务启动谈判，以寻求在现有世贸组织协议和框架的基础上，在尽可能多的世贸组织成员的参与下，就与贸易有关的电子商务议题达成高标准的成果。从倡议内容来看，主要从六个主题进行了探讨，包括促进电子商务发展、开放性和电子商务、信任和数字贸易、跨领域相关问题、电信以及市场准入。就目前来看，谈判已经在网络消费者保护、电子签名和认证、垃圾邮件、公开政府数据、电子合同、透明度、无纸化贸易以及开放互联网接入等问题上取得了实质上的进展。2022 年，中国与其他世贸组织成员共同发表《电子商务工作计划》部长决定，支持电子传输免征关税，助力全球数字经济发展。

近几年来，虽然 WTO 对部分领域做出了合理的规定，但是依然存在一定的问题。例如，在 WTO 现阶段讨论中，通常是将数字贸易规则问题放在电子商务框架中，并未严格区分电子商务和数字贸易的概念，这就反映出 WTO 现有体制与全球贸易发展趋势的脱节。

另外，《服务贸易协定》(GATS)作为 WTO 的重要组成部分，也对数字贸易领域制定了一些条款，但由于 GATS 诞生于互联网发展早期，对数字贸易的内涵和可能产生的影响认识有限，因此并不能完全规范数字贸易流动。比如视听服务、广告服务等数字贸易的重要形式，在 GATS 就并未对其进行说明[①]。

(二) 区域或双边协定

在区域或双边协定维度，区域或双边协定在数字贸易规则上正陷入碎片化的态势。多哈谈判的搁浅，使得很多国家放弃多边平台，转而寻求区域或双边平台，推动局部的跨境数据流动。近年来，区域贸易协定的数量急剧增加，而且越来越多的区域贸易协定专门设置了有关电子商务或数字贸易的章节，其中最常见的领域包括：电子交易框架、电子认证和电子签名等[②]。在众多的区域贸易协定中，对数字贸易监管规则产生重要影响力的主要涉及到 CPTPP、日本与欧盟签订的经济伙关系协定、《北美自由贸易协定》(North American Free Trade Agreement，NAFTA)和韩国的自由贸易协定这四种。

首先，对于 CPTPP，无论是其前身《跨太平洋伙伴关系协定》(Trans-Pacific Partnership Agreement，TPP)，还是美国退出之后的 CPTPP 都已在数字贸易方面建立了一套全新的数字贸易规则。不同之处在于，对于由美国领导的 TPP 而言，是第一个强调跨境数据自由流动的协议，而当美国退出了 TPP 之后，其他 11 个国家结合自身发展水平，在 TPP 关于数字贸易的框架之上，排除了一些知识产权条款，但整体上仍然保持了原先的数字贸易规则的内容。由于其在数字贸易规则中的领先性与先进性，特别是涉及到的数据"安全港"问题，使得 CPTPP 协定很快成为数字贸易规则中的"现代化"贸易协定的标准范式，随后的

① 熊鸿儒，马源，陈红娜，等. 数字贸易规则：关键议题、现实挑战与构建策略[J]. 改革，2021(1)：68.

② OECD. Digital Trade Inventory: Rules, Standards and Principles[R]. 2021.

很多双边贸易协定都借鉴了 CPTPP 中的数字贸易相关规则①。但一个明显的缺陷在于，该协定并未很好地协调其与现行的 WTO 规则下的矛盾关系，一旦以 CPTPP 或者 TPP 作为模板，将会与 WTO 框架下的数字贸易规则造成冲突。另外，该协定由于是美国牵头制定，因而对政府的数字贸易相关行为与监管提出了很高的要求，从而无法完全覆盖在数字经济中不存在显著优势的国家。

其次，在《日本—欧盟自由贸易协定》(Japan-EU FTA)中，由于欧盟在数据跨境流动领域一直秉承着保守的态度，所以该协定中没有制定数字贸易中跨境数据流动的相关规则，欧盟方面只是承诺在该协定生效后的三年后重新对这一问题进行讨论②③④。

再次，《北美自由贸易协定》(NAFTA)于 2018 年被更新为《美国—墨西哥—加拿大协定》(USMCA)。在 USMCA 出现之前，NAFTA 的数据保护规则方法较为欠缺，更新为 USMCA 之后，以 TPP 协定在数字贸易中的规则为基础，围绕跨境数据传输、源代码披露、隐私权以及网络安全等方面制定了有效的数字贸易规则。

最后，关于韩国的自由贸易协定中数字贸易规则，该规则不仅包括了基本的数据保护等条例，还包含了非歧视原则与电子签名等方面的数字贸易规则，覆盖面很广泛，具有一定的先进性。

(三) 其他组织

有关其他组织，比如亚太经济合作组织(Asia-Pacific Economic Cooperation，APEC)、二十国集团(G20)、经济合作与发展组织(OECD)、联合国(UN)以及世界海关组织(WCO)也对数字贸易规则进行了规定。在经济合作与发展组织所制定的数字贸易规则方面，其制定数字贸易规则的立场与美国国际贸易委员会(USITC)并不一致，主要目的是维护全球范围内数字贸易规则的完整性与一致性，推动数字贸易的发展；在亚太经济合作组织所制定的数字贸易规则方面，早在 2008 年，亚太经济合作组织所提议的《数字繁荣的行为清单》就开始尝试推进数字贸易中的基础设施、信息流、智力资本等六个重点领域的相应规则的制定。

特别是在跨境数据流的跨境隐私规则方面，APEC 坚持秉承其自主自愿，协商一致的原则，不要求合作组织内的各国采用自上而下的隐私法律，而是采用法律以及行业规范的灵活规则，从而达到在更广泛的国际范围内实施更加有效的数据隐私保护，同时也为数据跨国流动提供了一个更加灵活和通用的规则框架⑤。

数字贸易的不断发展，对现有的多边、诸边和双边协定在数字贸易框架的制定上都提出了巨大的挑战。无论是多边协定下的数字贸易规则还是区域或者双边协定下的数字贸易规则，抑或是其他组织或者欧美国家的规则，都存在明显的不足：一是司法管辖区之间缺

① 汤婧. 国际数字贸易监管发展与新特点[J]. 国际经济合作，2019(1)：79.

② AARONSON S A. What are we talking about when we talk about digital protectionism?[J]. Institute for International Economic Policy Working Paper, 2018, 12.

③ JANOW M E, MAVROIDIS P C. Digital trade, E-commerce, the WTO and Regional Frameworks[J]. World Trade Review, 2019(18): 1-7.

④ MELTZER J P. Governing digital trade[J]. World Trade Review, 2019: 1-26.

⑤ 陈维涛，朱柿颖. 数字贸易理论与规则研究进展[J]. 经济学动态，2019(9)：114-126.

乏协调；二是解决低价值商品跨境争端的不足；三是数据隐私安全问题；四是缺乏国际支付机制的问题；五是物流网络的不足[①②]。为了克服数字贸易在发展过程中陷入困境，促进数字贸易持续稳定健康发展，各国应该努力寻求合作，积极为数字贸易的发展提供一个统一的框架标准与规则。

二、主要核心议题冲击

无论是在何种贸易规则框架下，全球数字贸易规则制定主要集中于跨境数据流动、数字知识产权保护、数字税和文化例外等，具体内容如下[③]。

(一) 跨境数据流动

跨境数据流动是全球数字贸易规则制定的核心问题，保持跨境数据自由流动与数据隐私保护间的平衡，是制定科学有效的数字贸易规则的关键[④]。

1. 跨境数据流动规则主要内容

跨境数据流动的规则主要聚焦于两个方面，一是数据自由流动的松紧程度，二是与数据流动伴随而产生的个人隐私保护等问题。在跨境数据流动方面，由于不同的技术优势、法律规则以及文化价值的差异，各国对数据自由流动与隐私保护的诉求不尽相同。

(1) 美式规则。美国在数字产业上处于绝对的领先优势，拥有一批在全球占主导地位的互联网巨头，并能从跨境数据流动中获取巨额利益。因此，美国极力主张并推行个人数据跨境自由流动，反对采取限制跨境数据自由流动的手段。但与之矛盾的是，在特定数据领域美国又戒备森严，严格限制重要技术性数据的流出，意图遏制竞争对手发展。这种规则的制定我们可以称之为美式规则。

(2) 欧盟规则。对于欧盟来讲，一方面与美国相比，其在数字技术上的竞争力较弱；另一方面，从文化价值的角度来看，欧盟特别重视个人隐私。基于此，欧盟在 2018 年出台了史上最为严格的数据保护立法：《通用数据保护条例》(GDPR)，限制跨境数据自由流动。虽然如此，但欧盟仍然承认数据合理的自由流动能够促进数字贸易的发展。为了在保护数据隐私的基础上同时确保跨大西洋数据流动的高效性，2016 年，"欧盟-美国隐私盾"协议生效。这种规则的制定我们可以称之为欧盟规则。

(3) 中式规则。中国对跨境数据流动介于欧美两国之间，持审慎态度，并出台了《网络安全》《促进大数据发展行动纲要》，不断加强对跨境数据流动的监管。对于关键信息基础设施在中国境内运营中收集和产生的个人信息和重要数据应当在境内存储并进行监管，对于确需向境外提供的跨境数据，须按规定对网络运营者进行安全评估，这种规则的制定我们可以称之为中式规则。

---

① MELTZER J P. Maximizing the opportunities of the internet for international trade[J]. E15 Expert Group on the Digital Economy-Policy Options Paper, 2016.

② 陈维涛，朱柿颖. 数字贸易理论与规则研究进展[J]. 经济学动态，2019(9)：114-126.

③ 王今非. 全球数字贸易规则谈判核心议题与伙伴关系[D]. 杭州：浙江大学，2021.

④ 同③。

2. 跨境数据流动与实践探索

随着跨境数据流动在经济、政治和社会等方面发挥着越来越重要的作用，不少国家、区域或者国际组织也纷纷在该领域制定了相关的监管措施或者法律法规。在数据保护和隐私法下监管跨境数据流动的第一个例子可以追溯到 20 世纪 70 年代欧洲各国通过的数据保护法规①。在 20 世纪 80 年代，各国际组织也纷纷制定了处理该主题的相关文件，其中影响最深远的是 OECD 的相关文件。在区域一级颁布的相关文书中，欧盟数据保护指令(The EU Data Protection Directive)包含了规范跨境数据流动的最详细的规则，尤具影响力。2004 年 APEC 也颁布了其隐私框架，成员国可以自愿实施该框架，并根据问责制原则为个人数据的国际传输提供保护②，之后其他不同的区域贸易组织也开始制定数据跨境流动方面的规则。具体而言，世界主要组织机构和区域贸易协定对跨境数据流动的相关规定如表 11-1 所示。

表 11-1　WTO 和主要 RTA 中跨境数据流动相关规定

组织类型及名称		相 关 文 件
多边贸易协定	OECD	《关于保护隐私和跨境个人数据流动指南》(1980 年) 《跨境数据流动宣言》(1985 年) 《保护全球网络隐私的部长级宣言》(1998 年)
	UN	《关于计算机化个人档案的指南》(1990 年)
	WTO(GATS)	电信服务附件和例外条款
区域贸易协定	EU	《关于自动处理个人数据的个人保护公约》(1981 年) 《数据保护指令(95/46)》(1995 年) 《通用数据保护条例》(2016 年)
	CPTPP	第十四章"电子商务"
	RCEP	第八章"服务贸易"和第十二章"电子商务"
	APEC	《隐私框架》(2004)
	USMCA	第十九章"电子商务"

资料来源：作者根据资料整理所得。

1) 跨境数据流动规则的国际尝试

关于跨境数据流动规则的国际尝试主要体现在以下方面：

(1) OECD 相关规定。OECD 的科学技术政策委员会(the Committee for Scientific and Technological Policy，CSTP)下设的计算机应用工作组(Computer Utilization Group，CUG)早在 20 世纪 70 年代就率先提出了跨境数据流动的概念。随后，在 1980 年 OECD 就通过了名为《关于保护隐私和跨境个人数据流动指南》(Guidelines on the Protecion of Privacy and Transborder Flows of Personal Data)的文件，这一文件被认为是首次从全球角度处理跨境数据流动的尝试，旨在达到双重目标：即实现设定对隐私和个人数据的最低保护标准以及尽可能消除以个人隐私保护之名限制跨境数据流动可能的相关原因。但该指南仅仅是一部推

---

① 比如奥地利、芬兰、法国、爱尔兰、卢森堡和瑞典等国家。

② KUNNER C. Reguluation of Transborder Data Flows under Data Protection and Privacy Law: Past, Present and Future[J]. OECD Digital Economy Papers, 2010(187).

荐性指南，并不具备约束力。

1985 年 4 月 11 日，OECD 通过了《跨境数据流动宣言》(Declaration on Transfer Data Flows)。这一宣言旨在解决由于跨境数据流动而引起的相关政策问题，并进一步重申了 OECD 致力于与各成员国共同解决跨境数据流动等问题的决心。

1998 年在渥太华举行的经合组织部长级会议——无国界世界：实现全球电子商务的潜力的会议上，通过了一项名为《保护全球网络隐私的部长级宣言》的文件，重申了"他们对保护全球网络隐私的承诺，以确保尊重重要权利，建立对全球网络的信心，并防止对个人数据的跨境流动进行不必要的限制。"特别是，他们宣布将"努力在成员国采用的不同方法之间架起桥梁，以确保根据经合组织隐私指南对全球网络进行隐私保护。"

直到现在，随着技术的变革和全球化局势的不断变更，对世界各国政府以及公民带来了新的挑战和机遇，跨境数据流动等问题受到越来越多的关注。OECD 积极与工商界、民间社会组织、非成员国和其他国际组织之间展开合作，旨在为跨境数据流动等问题达成全球层面的一致政策方针。

(2) UN 相关规定。1990 年，联合国发布了《关于计算机化个人档案的指南》(Guidelines concerning Computerized Personal Files)，该指南采用非约束性指导文件的形式。联合国大会要求政府、政府间和非政府组织在开展活动时尊重这些指南。该指南指出，"当涉及跨境数据流动的两个或多个国家的立法为保护隐私提供了类似的保障措施时，信息应该能够像在每个有关领土内部一样自由流通。如果没有互惠的保障措施，则不得对此类流通施加不当限制，而且仅限于保护隐私的要求"。

(3) WTO 相关规定。无论是关税与贸易总协定(GATT)还是服务贸易总协定(GATS)都在一定程度上影响着跨境数据流动[①]。但是，随着多哈回合谈判的无实质性进展，关于跨境数据流动的问题就绝大部分依靠 GATS 协定中的电信服务附件和例外条款来进行监管和规定[②]。现有的国内外学者也都倾向于在 GATS 的框架中讨论跨境数据流动的问题。电信服务附件中规定公共电信网络和服务准入之后同样允许其他成员的服务提供者在其境内进行数据跨境流动。但是在 GATS 协定的例外条款中有个人信息保护例外条款涉及到了数据相关问题，该例外条款规定当保护的对象是个人隐私数据、个人机密文件或个人重要的私密信息时，便可引用该条款。

总体而言，虽然 WTO 持续对电子商务规则进行关注，并不断努力去制定相关的监管规则。但迄今为止，现有的国际法律法规并没有针对跨境数据流动的专门章节，对跨境数据流动的讨论全部基于现有协定本文之下，应对复杂的数据跨境流动问题具有明显的局限性。

2) 跨境数据流动规则的区域尝试

关于跨境数据流动的区域尝试主要表现在以下方面：

由于 WTO 等国际组织在电子商务相关问题上的进展相对缓慢，与跨境数据流动相关

---

① 其实，《技术贸易壁垒协定》(Technical Barriers to Trade Agreement，TBT)和《与贸易有关的知识产权协定》(The Agreement on Trade-Related Aspects of Intellectual Property Rights，TRIPS)也在一定程度上影响着跨境数据流动。

② 朱丹. 数字贸易中跨境数据流动国际法规法制研究[D]. 蚌埠：安徽财经大学，2021.

的问题越来越多地出现在区域贸易协定(RTA)中。

(1) EU 相关规定。欧盟在数据跨境流动方面的规定起步相对较早。1981 年，欧洲委员会颁布了《关于自动处理个人数据的个人保护公约》(Convention for the Protection of Individuals with regard to Antomatic Processing of Personal Data)，公约于 1985 年 10 月 1 日生效。该公约规定："一方不得仅出于保护隐私的目的，禁止或经特别授权将个人数据跨境流向另一方领土"(第 12 条第(2)款)。然而，公约继续给出了相应的例外条款(第 13 条第(3)(a)-(b)款)。2001 年，欧洲委员会通过了该公约的附加议定书，该议定书规定，只有在"充分的数据保护水平"得到保证的情况下，各方才允许将个人数据传输给非缔约方(第 2 条第 1 款)但是，后续也补充了相应的减损条款。之后，欧洲委员会还通过了一项规范警察部门使用个人数据的建议，其中也包含个人数据国际转移的规则。

1995 年通过的欧盟《数据保护指令(95/46)》(Data Protection Directive 95/46)应该算是规范跨境数据流动的最有影响力的法律文书。该指令在欧盟 27 个成员国和 3 个 EEA 成员国(冰岛、列支敦士登和挪威)具有法律约束力，根据该指令，欧盟和 EEA 内部的个人数据转移可不受数据保护级别的限制。但是，禁止向其他国家/地区传输数据，除非该国家/地区提供由欧盟委员会确定的足够水平的数据保护，或除非满足某些其他条件。之后，在该指令的基础上，欧盟理事会在 2016 年 4 月 14 日通过了《通用数据保护条例》(General Data Protection Regulation，简称 GDPR)，并于 2018 年 5 月 25 日正式生效。该条例增加了更多跨境数据流动的条件，被称为最严格标准[①]。但是从另一方面来讲，过于严苛的数据流动保护或者限制会影响一国数字经济的发展，而且跨国公司成员之间因为商业往来必然存在频繁的数据流动的需求，为此源于欧盟数据保护指令 95/46 中的 BCRs(约束性企业规则，Binding Corporate rules)在《通用数据保护条例》中被上升到了欧盟法层面，授权公司在日常事务处理中只要满足了 GDPR 中有关数据跨境流动的标准时，就可以直接进行数据流动。虽然 BCRs 能在一定程度上提高数据传输的效率，但是需要注意的是，BCRs 受众范围较小，并不具有普适性。因为 BCRs 的认证程序过于复杂，一般中小型的企业几乎都被圈在了 BCRs 标准之外。

欧盟在其所有贸易谈判中都在追求对跨境数据流动和个人数据保护采取一种新的方法。这种方法禁止不同形式的数据本地化和数据存储措施。同时，欧盟将隐私和数据保护视为基本权利，欧盟条款规定"各方可以采用并维持其认为适合保护个人数据和隐私的保障措施"。2018 年签署的《欧盟—日本经济伙伴关系协定》也未包括个人数据的跨境流动。但是，日本和欧盟同意通过各自数据保护系统的相互充分性允许个人数据自由流动[②]。

(2) CPTPP 相关规定。CPTPP 包含了一套相对完整的有关数据流动的条款。比如该协议规定"各方承认，各方可能对通过电子方式传输信息有自己的监管要求"。但是，"当此活动是为了开展相关人员的业务时，各方应允许通过电子方式跨境传输信息，包括个人信息"。但是由于 CPTPP 和 TPP 之间的历史渊源，CPTPP 规则背后更多地反映了发达国家，特别是美国，希望通过扩张制度性权利的方式实现数据自由流动的核心诉

---

① 东方. 欧盟、美国跨境数据流动法律规制比较分析及应对挑战的"中国智慧"[J]. 图书馆杂志，2019(12)：92-97.

② CASALINI F, GONZALEZ J L. Trade and cross-border data flows[J]. OECD Trade Policy Papers, 2019(220).

求。与此同时，CPTPP 还制定了很多新兴经济体无法接受的相关数据流动的条款，以遏制其发展[①]。

(3) RCEP 相关规定。与 CPTPP 相比，区域全面经济伙伴关系协定(RCEP)在充分尊重与兼容各成员国各自的数据保护法律与政策的情况下，RCEP 所设定的条件相对较为宽松，更符合发展中国家的立场和要求。因此，从这个角度来说，RCEP 更充分地体现了跨境数据流动区域规则的包容性。RCEP 关于数据跨境流动的条款包括了数据自由流动原则和数据跨境基本安全利益例外原则，主要分布在第八章"服务贸易"和第十二章"电子商务"当中[②]。

(4) APEC 相关规定。2004 年，APEC 集团的 21 个成员经济体就 APEC《隐私框架》(Privacy Framework)达成一致，这是亚太地区首份有关跨境数据流动规则的法律性指导文件。该框架以 OECD 指南为蓝本，通过诉诸问责制原则保护在 APEC 成员之外传输的个人数据。但由于 APEC《隐私框架》并不具有法律约束力，在具体实践中仍然存在着很大的漏洞。事实上，目前 APEC 成员在跨境数据流动等方面，各有各的做法。这就意味着即使在实施框架的国家之间也可能存在一定的分歧。

(5) USMCA 相关规定。2018 年达成的《美墨加协议》(USMCA)也涉及关于跨境数据流动以及个人隐私方面的相关规定。比如，它规定"任何一方不得禁止或限制信息的跨境传输"。另外，USMCA 参考了 APEC 隐私框架和 OECD 隐私指南等方法，制定了个人隐私保护方面的框架。但是相较于其他的协定，USMCA 中对跨境数据流动的相关规定更能反映美国的利益。比如在 USMCA 中逐步弱化了因个人数据保护规则以及利用公共政策目标(比如数据安全或者网络安全等)而对数据流动采取的限制行为。

到目前为止，各国际组织、国家、地区对跨境数据流动的监管由于不同的利益考虑呈现碎片化的特征，尚未形成统一的认识和框架。

(二) 数字知识产权保护

数字贸易的标的多为信息密集型、知识密集型产品，知识产权保护自然成为数字贸易规则与谈判中的一个重要问题，而且对其规则的制定远比一般实物产品更复杂。

1. 数字知识产权规则内容

无论是在多边贸易协定视角下还是在区域贸易协定视角下，针对数字知识产权领域讨论的相关规则分为五类：数字内容版权保护、源代码非强制本地化、虚拟空间中的商业秘密保护、电子商标系统以及网络服务提供者责任。

1) 数字内容版权保护

数字内容版权保护是指对互联网环境下以数字形式存在的文本、图像、声音等内容的版权加以保护[③]。在这一规则中不同的国家或者区域又根据自身的利益进一步细分为三个具体的议题：版权保护期延长、电子复制纳入复制权范畴和承诺政府仅使用正版

---

① 谢卓君，杨署东. 全球治理中的跨境数据流动规制与中国参与[J]. 国际观察，2021(5)：104.

② 洪治纲，霍俊先. RCEP 对数据跨境流动的规制及其重要影响[J]. 西南金融，2022(4)：87.

③ 周念利，李玉昊. RTAs 框架下数字知识产权规则的数字贸易效应测度及异质性分析[J]. 国际经贸探索，2021(5)：38.

软件。

(1) 版权保护期延长是针对不少区域贸易协定在 TRIPs 的基础上将版权的保护期从 50 年延长到 70 年。虽然这一规定不是特别针对数字知识产权保护的，但是确实对数字产品的知识产权保护有所提高。

(2) 电子复制纳入复制权范畴是指电子方式复制的作品也纳入知识产权保护的范畴。

(3) 承诺政府仅使用正版软件，由于美国是软件出口最多的国家，这一规定主要是美国在推广其数字知识产权保护规则时通常使用的。而对于欧盟、日本、中国或其他亚洲国家则很少覆盖这一条款。

2) 源代码非强制本地化

在知识产权领域中涉及的软件源代码、算法的待遇规制，即是否允许强制披露、转让或获取源代码及公开算法，这一问题逐渐成为当前各国争论的焦点，也是中美在知识产权领域重要的分歧之一。源代码非强制本地化是指一国不得强制其他国家公开软件源代码，不得将公开源代码作为进入本国市场的前提条件。这一诉求与传统上一般贸易有关的知识产权保护协定(TRIPs)产生冲突。TRIPS 第 10 条规定，计算机程序，无论是源代码还是目标代码，应作为文字作品受版权保护。这里面临的关键困境是：源代码或算法本身是一种与企业技术竞争力密切相关的知识产权，但知识产权受保护的前提是需要公开。

一方面，以欧美为主的发达国家对源代码强制本地化持反对意见。他们认为，源代码属于知识产权保护的商业秘密，如果企业面临强制性的源代码转让将会不利于企业的创新，甚至有可能泄露商业秘密。因此欧美等发达国家利用其在规则制定上的优势，以保护源代码为名，大力推行源代码非强制本地化规则，试图通过贸易规则阻止其他国家要求披露软件源代码和算法的做法。

另一方面，以中国为主的发展中国家和新兴经济体对源代码非强制本地化持反对意见。他们认为，源代码的强制本地化是出于对本国的网络安全保护的需要。以中国为例，出于维护国家安全和金融行业秩序的考虑，中国人民银行、银保监会规定，企业提供给金融机构的软件源代码需要向银保监会备案，这与发达国家(比如 USMCA)的观点完全相悖。

3) 虚拟空间中的商业秘密保护

多边贸易协定或者不少国家在签订区域贸易协定时都不同程度涵盖了有关商业秘密的条款，但并未将这一条款延伸至数字技术领域。在 TPP 以及 USMCA 等美国参与的区域贸易协定中增加了对虚拟空间中的商业秘密的保护，但是这也仅限于对美国参与的 RTAs 中，其他协定中尚未得以涵盖。

4) 电子商标系统

电子商标系统包括两方面的内容，首先是提供商标的电子申请和维护系统；其次是提供商标公开的电子数据库。这一条款简化了新技术时代下的商标申请流程，便利了商标权人，同时也加强了对商标知识产权的维护[1]。

---

① 李玉昊. RIAS 框架下美式数字产权规则及其数字贸易效应研究[D]. 北京：对外经济贸易大学，2021.

5) 网络服务提供者责任

网络服务提供者责任(Internet Service Providers，ISPs)指充当中介机构，利用在线数字通信为用户的网络活动提供运输、缓存和连接等服务的供应商。这一规则主要涵盖两层含义：一是，第三方知识产权侵权中的 ISPs 责任豁免限制；二是，要求成员方给 ISPs 提供相应的法律激励[1]。

2. 数字知识产权与实践探索

1) 数字知识产权与国际尝试

数字环境下的知识产权保护的国际尝试始于《世界知识产权组织版权条约》(World Intellectual Property Organization Copyright Treaty，简称 WCT)以及《世界知识产权组织表演与录音制品条约》(Wolrd Intellectual Property Organization Performances and Phonograms Treaty，简称 WPPT)。但是这两者仅简单地规定了对技术措施和权利管理信息的保护[2]。《与贸易有关的知识产权》(以下简称，TRIPs)至今仍然是一项最权威的、最全面的关于知识产权保护的条约。但是随着数字技术的出现，TRIPs 在该领域几乎没有具体的监管条款。与数字知识产权相关的条款仅零散地分布在现有框架中，对数字技术环境下的知识产权保护力度与规制能力相对较弱。

2) 数字知识产权与区域尝试

总体而言，在区域贸易协定的框架下，数字知识产权的发展大致经历了三个阶段：

(1) 数字知识产权发展的 1.0 阶段。在这一阶段中，是以 2007 年签订的美国—韩国 FTA、2015 年签订的中国—韩国 FTA 等双边 RTAs 为代表的数字知识产权发展的第一阶段，主要特点在于将传统的知识产权保护规则延伸到数字贸易领域[3]。

(2) 数字知识产权发展的 2.0 阶段。这一阶段是以 2015 年达成的《跨太平洋伙伴关系协定》为代表的数字知识产权保护的第二阶段。在这一阶段中专门设立了有关数字知识产权的规则，比如源代码非强制本地化规则。

(3) 数字知识产权发展的 3.0 阶段。这一阶段是以 2018 年达成的《美墨加协定》、2018 年签订的《日本—欧盟经济合作协定》(EPA)为代表的数字知识产权保护规则发展的第三阶段。该阶段主要是在上述两阶段的基础上对数字知识产权保护规则进行进一步的深化和拓展。具体而言：

① 数字知识产权规则与欧美 RTAs。TPP 在传统知识产权保护标准上和数字知识产权标准上都高于 TRIPs 协议，具体来看：在著作权方面，TPP 要求所有成员国都应该批准或加入 WCT 以及 WPPT；在商标权方面，TPP 要求成员国提供商标电子申请和维护系

---

① 周念利，李玉昊. RTAs 框架下数字知识产权规则的数字贸易效应测度及异质性分析[J]. 国际经贸探索，2021(5)：36-40.

② 尚妍. 数字知识产权保护的新发展：从《反假冒贸易协定》到《跨太平洋伙伴关系协定》[J]. 暨南学报(哲学社会科学版)，2015(6)：71.

③ 周念利，李玉昊. RTAs 框架下数字知识产权规则的数字贸易效应测度及异质性分析[J]. 国际经贸探索，2021(5)：36.

统以及电子商标数据库；在争端解决方面，TPP 要求成员国提供以《统一域名争议解决政策》(Uniform Domain Name Dispute Resolution Policy，简称 UDRP)所建立的原则为基础的争端解决程序或与之类似的程序；在执法措施方面，TPP 规定了详细的网络服务提供者责任、技术保护措施和权利管理信息等内容[①]。CPTPP 是在美国退出之后，剩余 11 国在 TPP 的基础上继续推进的贸易协定。在该协定中，CPTPP 对 TPP 最大的改动就是删除了部分与数字知识产权保护有关的规则。综合性经济贸易协定(Comprehensive Economic and Trade Agreement，CETA)是欧盟与加拿大签订的贸易协定。该协定与 TPP 中关于数字知识产权保护的规则有相似之处。比如，在著作权方面，CETA 要求双方都必须遵循 WCT 和 WPPT 的规则；在商标权方面，CETA 要求双方提供公开的商标电子申请和数据库等。

② 数字知识产权规则与中国 RTAs。中韩 FTA 的规定与 TPP 也有类似之处，但与 TPP 相比，中韩 FTA 的相关规则更为详细。在著作权方面，中韩 FTA 要求双方均已加入 WCT 和 WPPT；在商标权方面，中韩 FTA 要求双方提供商标电子申请系统和商标电子数据库；在执法措施方面，也涉及了技术保护措施和权利管理信息。中奥 FTA 与中韩 FTA 相比更加笼统，比如规定双方包含发明专利、实用新型、工业设计、植物品种保护、地理标识和商标相关信息的网络数据库；规定知识产权申请程序中的通知包括电子形式等。RCEP 在著作权方面，同样要求成员国应当确保加入 WCT 和 WPPT；在商标权方面，RCEP 在域名抢注纠纷解决机制上与 TPP 不同；在执法措施方面，RCEP 规定了技术保护措施和权利管理信息。另外 RCEP 还规定了专利的新颖性应当结合网络加以判断[②]。

(三) 数字税

数字经济的快速发展加快重塑价值创造过程、贸易模式、产业组织和分配格局，各国围绕数字经济活动的征税管辖权和收入分配的争夺异常激烈。数字税成为全球经济治理焦点议题，涉及国际、国内两方面税收政策。

1. 数字税规则的内容

数字税分为广义数字税和狭义数字税。世界上许多国家早已开始对数字贸易、数字平台销售商品征税，比如阿尔巴尼亚、俄罗斯、安哥拉、巴林、孟加拉国、南非、挪威、韩国、阿联酋等国对数字经济征收 15%～20%的增值税；日本、新西兰等国对数字经济征收消费税；澳大利亚对非本地电子商务公司向其消费者销售的低价值商品征收 10%的商品及服务税[③]。借鉴一些学者的分类，将这些涉及实体经济销售数字业务税收称之为广义税收。本书讨论的数字税属于狭义范围内的数字税，又称数字服务税，主要指来源国对其境内互联网公司提供

---

① 刘亚军，邵思蒙. FTA 中数字知识产权规则研究[J]. 北方法学，2020(3)：110.

② 同①。

③ 彭玥. 数字服务税的国际比较及中国选择[D]. 北京：中国财政科学研究院，2021.

的数字服务所征收的直接税①，仅限于对数字服务这种虚拟数字服务业务征税的情况。与传统产品和服务贸易存在显著差异的是，跨国数字服务企业注册地与实际服务发生地不一致的现象非常突出，跨国利润转移和避税非常便利，对传统贸易税制构成挑战。例如美国科技巨头纷纷将欧洲总部落在爱尔兰、卢森堡等税收洼地以合法避税。联合国估算数据显示，跨国公司转移利润导致各国政府每年损失的税收高达 5000～6000 亿美元。税负公平性遭受挑战，据欧洲委员会评估，传统行业平均税率 23.2%，数字行业有效平均税率仅为 9.5%。在传统税制造成传统贸易与数字贸易税负不公的背景下，数字服务税应运而生。

2. 数字税与实践探索

(1) 数字税与国际尝试。数字税与 OECD。OECD 在 2012 年受 G20 财长和央行行长会议委托，启动了针对基础侵蚀和利润转移(Base Erosion and Profit Shifting，简称 BEPS)的一项研究；2013 年 6 月，OECD 发布了《BEPS 行动计划》，并在 G20 圣彼得堡峰会中通过；2014 年发布了《关于数字经济面临的税收挑战的报告》；2018 年发布了《数字化带来的税收挑战：中期报告》；2019 年发布《应对经济数字化的税收挑战》，在该报告中 OECD 提出了一项基于双支柱的政策框架，支柱一侧重于征税权的重新分配，提出对利润分配及联结度规则同时进行审查和修订；支柱二侧重于 BEPS 议题，主要解决税收管辖权尚未行使或未完全行使征税权造成的税基侵蚀与利润转移问题②；2020 年 1 月，OECD 发布了《OECD/G20 税基侵蚀和利润转移(BEPS)包容性框架关于解决经济数字化带来的税收挑战的双支柱声明》；2020 年 10 月，OECD 又公布了双支柱的蓝图；2021 年 7 月，OECD 在《关于解决经济数字化带来的税收挑战的双支柱方案的声明》中表示，双支柱方案已获包容性框架中的 130 个国家和地区支持，但方案具体细节以及后期生效还需要一定时间③。就目前来看，国际层面的数字税规则的制定，尚已取得了一定的进展，但是为应对跨国互联网企业的 BEPS 问题，还要解决一些关键问题，比如内部转让定价的公平交易认定等④。

(2) 数字税与区域或单边尝试。跨境数字经济规模日益扩大，各国税收主权和利益受到较大影响，为避免诸边、多边组织数字税谈判分歧对数字服务税制定的妨碍，特别是净进口国维护本国税收利益的意愿愈发强烈，单边开征数字税的国家逐步增多。腾讯研究院研究显示，截至今年 4 月，已有 46 个国家开征或拟征直接数字税，直接数字税是指以企业营收和利润为税基，税率从 1%至 15%不等的新增税，包括数字服务税、数字预提税等；

---

① 这里要与之区分的是电子传输的关税减免问题。对电子传输的免关税及延期一直是国际贸易中重要的，的，同时也是颇具争议的课题。电子传输作为电子商务中的重要部分，随着数字技术的不断发展，越来越受到各国的重视。从历史上看，早在 1998 年 WTO 成员在《电子商务工作计划》中明确了对电子传输延迟征收关税，即电子传输的免关税承诺。其后 WTO 部长级会议多次对该承诺延期；以美国为首的电子产品输出大国，积极推动电子传输关税豁免，并主张适用 GATT 规则永久地免除电子传输的关税；欧盟则认为 GATT 规则并不直接适合于电子传输，虽暂时地选择电子传输关税豁免，但并不赞同电子传输关税永久化免除；其他国家，主要是发展中国家不愿意电子传输关税永久化免除。但是这里我们讨论的数字税仅仅是数字服务税，与电子传输关税不同。

② 华成红. 数字税的国际实践研究及启示[J]. 财会研究，2020(2)：181.

③ 戴慧. 数字税对跨境数字贸易的影响及政策建议[J]. 中国发展观察，2021(7)：27.

④ 姚前. 数字经济与数字税[J]. 宏观经济，2020(85)：56.

澳大利亚、加拿大、智利等 87 个国家通过修改增值税和消费税的方式，对数字经济征收间接税。具体规则如表 11-2 所示。

表 11-2　数字税主要国家征收概况

国家	生效时间	税率	征 收 对 象	征 收 门 槛
法国	2020 年 1 月	3%	(1) 数字接口方提供的中介服务 (2) 针对数字平台的广告服务	全球营业收入：>7.5 亿欧元/年 国内营业收入：>2500 亿欧元/年
英国	2020 年 4 月	2%	(1) 在线社交服务 (2) 搜索引擎服务 (3) 在线交易市场服务	全球营业收入：>5 亿英镑/年 国内营业收入：>2500 万英镑/年
奥地利	2020 年 1 月	5%	(1) 在线广告服务	全球营业收入：>7.5 亿欧元/年 国内营业收入：>2500 万欧元/年
土耳其	2020 年 3 月	7.5%	(1) 在线广告 (2) 音视频在线销售服务 (3) 电商交易服务	全球营业收入：>7.5 亿欧元/年 国内营业收入：>300 亿欧元/年
印度	2020 年 4 月	2%	(1) 提供在线广告服务及用于在线广告的其他配套服务 (2) 在线销售电子商务运营商拥有的商品和服务 (3) 电子商务运营商促进的在线商品销售或服务提供	国内营业收入：>2000 万卢比/年

资料来源：作者整理所得。

① 数字税与法国实践。法国是最早发起和实施数字税的国家。2019 年 5 月，法国通过《数字服务税征收法案》，明确规定从 2020 年 1 月开始对特定的数字产品或服务征税。总体来看，法国数字服务税征税对象为从事数字接口方提供的中介服务或者针对数字平台的广告服务等业务的数字企业，征税门槛为全球年度营业收入超过 7.5 亿欧元且在法国年度营业收入超过 2500 亿欧元，税率为在法国年度营业收入的 3%[①]。由于征税对象中有三分之二的企业为美国企业，为此，法国征收数字税引起了美国强烈的反感[②]。2019 年 12 月，美国贸易谈判代表办公室针对法国这一举动展开了 301 调查，企图征收报复性关税以进行反击。最终，2020 年 1 月，法国同意暂停数字服务税征收直到 2020 年 12 月。

② 数字税与英国实践。继法国与美国的数字税争端之后，英国政府在 2020 年 1 月出台的《财政法案》中规定，将从 2020 年 4 月 1 日开始征收数字服务税，其征税范围与法国基本类似，主要包括在线社交服务、搜索引擎服务以及在线交易市场服务。同时，

---

① 薛伟. 数字经济下的增值税：征税机制、避税问题及征收例解[J]. 财会月刊，2021(9)：156-160.

② 沈楠. 全球数字服务税的征管进展和争议本质[J]. 新经济，2021(10)：105.

英国财政法案中也为从事上述业务的数字企业设定了征税门槛，即全球年销售额超过 5 亿英镑且至少有 2500 万英镑来自英国应税收入，税率为在英国年度营业收入的 2%[①]。这一规定意味着，英国也对亚马逊、谷歌、脸书在内的众多美国科技巨头征收 2% 的数字税，从而能够规制硅谷公司通过将利润转移到爱尔兰等低税率地区而逃避支付数亿税收的行为。

③ 数字税与奥地利实践。奥地利征税范围相对前面两个欧盟国家来说相对狭窄。仅限于在线广告服务(不包括数据传输业务)。征税门槛是数字企业全球年营业收入超过 7.5 亿欧元，在奥地利本土年度营业收入超过 2500 万欧元，核定税率为 5%。

④ 数字税与土耳其实践。与奥地利不同，土耳其与法国和英国的数字税征收范围相比，范围更广。主要包括在线广告、音视频在线销售服务、电商交易服务等，属于征税范围最广的国家。征税门槛包括数字企业全球年度营业收入超过 7.5 亿欧元，且在土耳其境内年度营业收入超过 300 万欧元，核定税率为 7.5%[②]。

⑤ 数字税与印度实践。除了欧洲国家开征数字服务相关税收之外，不少亚洲国家也已开征或者拟开征数字服务税。印度早在 2016 年就基于 OECD 的 BEPS 项目建议的方法开展了对数字服务税的探索，并于 2020 年对数字服务税进行了修订。根据印度数字税的相关法规，其征税范围主要包括提供在线广告服务及用于在线广告的其他配套服务、在线销售电子商务运营商拥有的商品、在线提供电子商务运营商提供的服务、电子商务运营商促进的在线商品销售或服务提供，征税门槛为一年合计超过 2000 万卢比，核定税率为 2%[③]。

(四) 文化例外原则

文化产品不同于一般的商品，文化安全直接关系到一个国家的政治意识形态。因此早在 1993 年，在乌拉圭回合的最后一轮谈判上，法国明确提出了文化例外主张，并得到了大部分欧洲国家的支持与响应。直到现在，欧盟仍然拒绝完全开放广播、电视、电影等视听服务市场和其他文化服务市场。受此影响，欧盟在数字贸易谈判中也秉承着文化例外的原则，拒绝对文化产业进行谈判，拒绝国际贸易规则在文化产业部门的适用性，保护本国文化不被其他文化侵蚀。

第二节 数字贸易监管变革

数字贸易在贸易主体、贸易对象、贸易方式等方面极大地改变了全球贸易的运行轨迹，给传统国际贸易监管带来了巨大的挑战。从全球数字贸易治理的角度而言，数字贸易监管存在着严重的"碎片化"现象，在跨境数据流动、数字知识产权以及数字税等领域缺乏统一的、合理的制度安排。各国之间分歧的数字贸易监管迫使企业需要在多个监管框架下进行协调，从而增加了企业的制度遵从成本。

---

① 华成红. 数字税的国际实践研究及启示[J]. 财会研究, 2020(2): 182.

② 朱明霞. 数字服务税的国际实践、影响与启示[J]. 财会月刊, 2022(7): 155.

③ 方铸, 王成展, 王敏. 亚洲国家数字服务课税的实践比较研究[J]. 财政科学, 2021(6): 126.

一、监管对象

从监管对象看，与传统国际贸易相比，数字贸易监管对象由有形拓展到无形。从各国针对数字贸易监管的实践来看，至少有六大核心领域被纳入数字贸易监管范畴：

(1) 网络基础设施及通信服务。

(2) 云计算服务。当前云计算服务越来越多地被应用到数字贸易中。对于我国而言，阿里云是国内云主机的佼佼者。美国云计算起步最早，云计算厂商、产品以及技术也在全球范围内遥遥领先，云集了大量的诸如亚马逊、微软、谷歌、IBM 等云计算巨头。

(3) 数字产品。其中包括新产生的数字产品，如游戏、智能推荐服务；还包括传统产品的数字化，如电子书、数字音乐等；以及数字技术与传统产品的融合，比如智能家居、无人驾驶等。

(4) 电子商务。跨境电子商务面临着各国间在电子支付、海关程序以及物流等关键环节的监管措施差异，这些都属于数字贸易的监管范畴。

(5) 数字技术在具体行业中的应用。主要包括与物联网(IoT)相关的互联网设备和数据管理技术，机器人学习以及其他自动化技术等。

(6) 企业、消费者应用互联网设备进行的通信服务。随着大数据、云计算的发展，企业或者消费者可运用的通信设备也更加多元化，比如通过计算机、手机以及可穿戴设备等进行语音、文本或视频的通讯交流，这些也都是数字贸易监管的对象[①]。

二、监管目标

理论上，数字贸易监管目标应以商业目标为核心诉求，但在实践中，数字贸易作为一种新兴贸易方式和贸易业态，与数字经济时代的公共安全、隐私权保护、数字知识产权和产业竞争力密切相关，使得各国数字贸易监管具有多重交叉目标。

1. 公共安全与网络安全维系

数字技术产品和服务贸易的过程，对关键基础设施和重要领域信息系统及数据的公共安全具有高度依赖性，数字贸易越来越依赖于强有力的安全标准或加密措施。数字贸易有关的公共安全主要与跨境数据流动、跨境金融结算设施密切相关，主要指全球范围内数据权力的不均衡，和他国以行政权力干涉甚至监控本国数据流动的霸权行为，可能给跨境数据流动带来公共安全风险。这一担忧尤其在斯诺登事件之后达到了顶点，并逐步上升为各国重点关注的政策领域。

2. 消费者隐私保护

受益于数字经济的蓬勃发展，数据作为新要素日益融入到了社交、零售、餐饮、交通、医疗等各个行业中，在为消费者和企业的日常生活带来极大便利化的同时，个人隐私泄露、贩卖等问题也层出不穷。当前，个人数据是跨境流动数据主要表现形式，从数据上看，2020年全球跨境数据流通量已经激增至 2010 年的 40 倍，这也使得针对个人隐私保护的规制需

---

① 汤婧. 国际数字贸易监管新发展与新特点[J]. 国际经济合作，2019(1)：75.

求凸显为全球各国的重要议题[①]。需要指出的是，跨境数据流动是全球数字经济发展的基石，限制跨境数据的自由流动能抑制数字贸易发展，而约束跨境数据流动的监管规制，有时会被视为贸易壁垒，并为倡导自由贸易的全球体系所排斥。因此如何能够制定合理的、实现兼顾驱动数字经济创新和个人隐私保护的数字监管成为各国努力寻求的焦点。

例如，日本在 2003 年颁布了第一部个人信息的综合法律：《个人信息保护法》(APPI)，该法律规定，当日本境内的数据持有者向境外传输个人信息等数据时，必须获得信息所有者的同意，符合个人信息保护委员会(PPC)的特殊规定除外[②]。2005 年对 APPI 进行了修订与完善：除非数据主体明确表示拒绝，默认数据处理者可以使用数据。该法律的不断完善也表明日本在保障个人隐私的同时也保证了数据的合法流动。欧盟一贯将个人隐私权视为基本人权，并用相关立法对其进行保护，坚持网络环境下的高标准隐私规则。2018 年出台的《欧盟一般数据保护条例》(GDPR)就被认为是史上最严格的个人信息保护的法律标杆。欧盟在服务贸易协定的谈判中指出，对个人隐私的监管不一定会造成数据贸易壁垒，反而可能会增强对消费者信息的保护。但近年来，欧盟虽然仍然强调严格的个人隐私保护，但也颁布了《欧盟非个人数据自由流动框架条提案》，以促进企业数据之间的自由流动，保障数字经济健康发展。

3. 数字知识产权保护监管

目前在数字知识产权保护领域，各国监管规制存在差异，主要包括三个方面：

(1) 源代码非强制本地化。源代码非强制本地化是中美在数字知识产权规则领域最严重的分歧之一。中国出于国家公共安全考虑，在 2017 年生效的《网络安全法》第 23 条中要求网络关键设备和网络安全专用产品必须由具备资格的机构安全认证合格或者安全检测符合要求后，方可销售或者提供。根据这一要求，外国企业如果要向中国提供网络关键设备，则应当将其源代码交给具备资格的认证机构进行审查。而美国出于知识产权保护，则担忧源代码会被其他企业盗窃，甚至可能会被交给当地的竞争对手，从而使美国的相关企业遭到损失。

(2) 数字内容版权保护。美国在数字视听领域具有强大的优势，为了保护其国内的利益相关者及其垄断地位，美国一直积极致力于制定更高标准的版权保护规则。以版权保护期限而言，TPP 时期将版权的保护期定为 70 年，USMCA 则延长至 75 年。而中国对应的版权期限还维持在 50 年。对于中国而言，较为严格的知识产权保护将会给发展中国家带来巨额的版权费，从而限制发展中国家产业的成长与升级。

(3) 互联网服务提供商责任与义务的认定。大部分国家对互联网服务提供商责任与义务的认定遵循"通知—删除"规则。该规则最早始于 1998 年美国克林顿总统签署生效的《数字千年版权法》，主要指在网络虚拟平台空间中如若用户上传了侵权的内容或者所发布的链接指向了其他网站中的侵权内容，权利人可以向网络服务供应商发出通知并提供相应的证据。网络服务供应商在接到通知后，如果及时删除了侵权内容或链接，在符合其他免责条件下，可以免予承担侵权责任。中国也制定了类似的规则，但于美国而言，其无论是在互联网服务上的定义上以及承担义务上都比美国的认定更加宽松。

---

① 崔景华. 中日数字贸易监管规制的差异分析[J]. 现代日本经济，2021(5)：68-78.

② 同①。

三、监管方式

从监管方式看，数字贸易中虚拟化的特点让传统依靠人力为主的监管方式难以为继。

(一) 面向数字贸易的法治监管

作为新的贸易方式，数字贸易不仅对传统贸易理论、贸易模式、贸易壁垒带来了巨大挑战，而且给原有的贸易监管模式和政策安排也带来了前所未有的压力。国际上尚未有成熟且统一的法律制度框架来规范数字贸易的发展，各国不得不根据各自利益诉求，结合自身的发展阶段及制定合理合规的监管规制，为数字贸易健康平稳发展提供相应的监管法律的支撑。表 11-3 给出了中、日、美三国数字贸易监管规制的比较分析。

表 11-3　中、日、美数字贸易监管规制的比较分析

监管法规类型	中国监管法规	日本监管法规	美国监管法规
数字基础设施	《规范云服务市场经营行为》(2016 年)、《关键信息基础设施安全保护条例(征求意见稿)》(2017 年)	《保护关键基础设施战略》(2000 年)、《外汇和外贸管制法》(2019 年)	《联邦政府云计算战略》(2011 年)、《外国投资风险审查现代化法案》(2018 年)、《网络安全法案》(2015 年)
数据流动与本地存储	《个人信息和重要数据出境安全评估办法》(2017 年)、《信息安全技术数据出境安全评估指南》(2017 年)	CPTPP(2017 年)	《消费者隐私法》(2018 年)、监管宽松
数字安全技术壁垒	《网络安全法》(2016 年)、《网络关键设备和网络安全专用产品目录》(2017 年)	《网络安全基本法》(2014 年)、《关于网络空间原则和行动的声明》(2016 年)	《外国投资风险审查现代化法案》(2018 年)、《网络安全法案》(2015 年)
跨境数据流量过滤	针对跨国互联网企业设置一定门槛	《数字平台公司交易透明化法案》(2020 年)	—
互联网支付限制	《非金融机构支付服务管理办法》(2010 年)，存在市场准入门槛	存在较高的限制	《电子转账法案》(1978 年)、《监管指令 E》(1978 年)，对国外机构存在较高门槛

资料来源：参考崔景华(2021)[①]及资料总结。

(二) 基于新兴数字技术的智能监管

新的贸易形态需要新的监管手段。数字贸易交易网络的复杂化以及相关统计数据的缺失共同加剧了数字贸易的监管难度。近年来，以互联网、大数据分析，物联网等新兴技术为依托，互联网远程监管、商品仓储信息联网比对和智能审图、非侵入式检查、智能化设

---

① 崔景华. 中日数字贸易监管规制的差异分析[J]. 现代日本经济，2021(5)：68-78.

备的应用等智能方式，开始成为数字贸易领域监管部门的新兴主流方法。其中，区块链技术有望成为数字贸易特别是基于信息流的新型监管手段。区块链是一个分布式账本技术，具有去中心化、不可篡改、全程留痕、可追溯、共同维护、公开透明的特点，为数字贸易监管中信息不对称等问题提供了全新思路与解决方案①。在这一新型技术下，交易信息更加透明，数据源头可追踪，交易记录不可篡改，不仅有利于促成参与主体之间的"信任互联网"的搭建，而且方便政府相关部门参与其中，形成嵌入式监管。

四、监管主体

传统意义上的线下贸易监管，主要是以实物为载体、以物流为依托的海关监管为主体。但数字技术的出现，使得贸易标的不用借助有形的载体，通过虚拟的互联网进行无明显地域限制的跨境流动，使得传统海关监管乏力，亟待引入新的监管机构，如跨境数据流动监管部门、跨境数字产品审核部门、处理境外平台垄断和算法歧视等问题的管理部门②。

五、监管范围

从监管范围看，外贸监管可能从国境内扩展至其他国家。传统意义上限定在国境内的外贸监管制度无法延伸到对数字贸易中的"在本国无实体存在企业的无实体存在的服务"进行监管③。

数字贸易作为新型的贸易模式对传统的监管对象、监管方式、监管主体、监管范围都产生了巨大的冲击，使得国家间的法律法规、监管体制等的协调问题日益突出。各国也正在积极在数字贸易监管方面努力寻求共识，切实保证全球数字贸易在全球范围内科学发展。

复习思考题

1. 现有的涉及数字贸易规则的贸易协定有哪些？
2. 数字贸易壁垒的种类有哪些？
3. 数字贸易规则中的关键议题有哪些，面临哪些挑战？
4. 简要阐述国际贸易体制下，数据跨境流动监管的困境。
5. 试述数字经济时代下，中国推动全球经济治理机制变革的机遇与挑战。

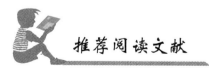

推荐阅读文献

[1]　汤婧. 国际数字贸易监管新发展与新特点[J]. 国际经济合作，2019(1)：74-79.

① 谷斌，陆美华. 基于区块链技术的数字贸易监管研究[J]. 中国经贸导刊(中). 2020(01)：12-14.
② 岳云嵩，霍鹏. WTO 电子商务谈判与数字贸易规则博弈[J]. 国际商务研究，2021,42(01)：73-85.
③ 同②。

[2]　张茉楠. 全球数字贸易战略：新规则与新挑战[J]. 区域经济评论，2018(5)：23-27.

[3]　王今非. 全球数字贸易规则谈判：核心议题与伙伴关系[D]. 杭州：浙江大学，2021.

[4]　KOSKE I, et al. The internet economy-regulatory challenges and practices[D]. OECD Economics Development Working Papers, No.1171.

[5]　OECD. Measuring Digital Trade: Toward a Conceptual Framework [EB/OL]. OECD Working Party on International Trade in Goods and Trade in Services Statistics, STD/CSSP/WPTGD，March, 2017.

第四篇　应用篇

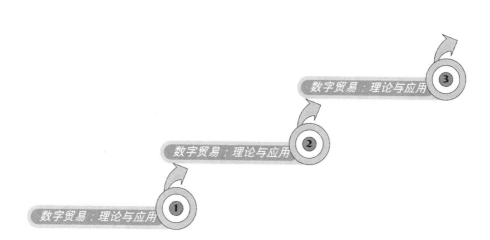

第十二章　中国与"一带一路"沿线国家数字贸易发展

　　通过本章的学习，了解数字中国和"一带一路"沿线国家数字贸易发展的特点，掌握中国与"一带一路"沿线国家数字服务贸易的发展情况和特点，熟悉中国和"一带一路"沿线国家跨境电商发展的特点，分析浙江跨境电商发展的经验和存在的问题，把握数字贸易未来的发展趋势。

　　2013 年 9 月和 10 月，中国国家主席习近平在出访哈萨克斯坦和印度尼西亚时先后提出共建"丝绸之路经济带"和"21 世纪海上丝绸之路"的重大倡议，即"一带一路"倡议。"一带一路"的本质是互利共赢的合作倡议，秉承"共商、共建、共享"原则，积极推进中国与"一带一路"沿线国家的相互对接，推动中国全方位对外开放。2019 年 4 月，第二届"一带一路"国际合作高峰论坛在北京召开，习近平主席发表了题为《齐心开创共建"一带一路"美好未来》的主旨演讲，指出"我们要顺应第四次工业革命发展趋势，共同把握数字化、网络化、智能化发展机遇，共同探索新技术、新业态、新模式，探寻新的增长动能和发展路径，建设数字丝绸之路、创新丝绸之路。"

　　近年来，随着大数据、云计算、互联网等通信技术的快速发展，数字经济已经成为全球关注的经济模式，越来越多的国家将数字经济列入重要发展战略议程，数字经济已经成为各国增强国际竞争力、实现经济可持续发展的重要动力之一。随着全球数字经济的蓬勃发展，源于各类数字技术的研发、生产而产生的数字贸易正在引领全球贸易的升级迭代，贸易方式与贸易对象的数字化逐渐成为全球贸易发展的新趋势。

　　随着"一带一路"建设的不断推进，中国与"一带一路"沿线国家的数字贸易发展如何？数字贸易发展对中国与"一带一路"沿线国家贸易的发展带来怎样的影响？如何进一步扬利抑弊？这些问题已成为我们关注和研究的重点。

第一节　中国与"一带一路"沿线国家数字贸易的发展概况

一、数字贸易发展前景广阔

　　"一带一路"倡议提出以来，我国与"一带一路"沿线国家的国际合作取得了长足进展。截至 2019 年 7 月底,中国政府已与 136 个国家和 30 个国际组织签署了 195 份政府间合作文件;截至 2019 年 6 月底,中欧班列累计开行数量近 1.7 万列,国内开行城市达 62 个,境外到达 16 个国家的 53 个城市[①]。"一带一路"沿线国家与我国的数字贸易呈现良好发展态势,数字贸易发展前景广阔,潜力巨大。

二、数字贸易指数排名

由于数字贸易的统计指标尚不完全统一,因此,"一带一路"沿线国家的数字贸易发展情况较难比较。本书利用《"一带一路"数字贸易指数发展报告(2020)》中的数字贸易指数来反映中国与"一带一路"沿线国家数字贸易的发展概况。该报告利用 2014 年到 2018 年的数据主要测算了我国与"一带一路"沿线的俄罗斯、泰国、土耳其、新加坡、印度、捷克等 30 个国家的数字贸易发展情况,范围涉及南亚、东南亚、中亚、中东欧等地区。通过贸易关系、贸易潜力、贸易基础、贸易环境、贸易风险、贸易水平 6 个一级指标,反映数字贸易发展情况和发展潜能。

根据报告,从整体来看,在 2018 年,亚洲国家与我国在"一带一路"数字贸易合作方面更为密切,综合指数排名前 10 的国家中,亚洲国家占了 7 个,其中 5 个位于东南亚,属于东盟国家,如表 12-1 和 12-2 所示。但是,部分国家的数字经济基础还较为薄弱,具有极大合作发展与开拓空间。

表 12-1 "一带一路"部分沿线国家数字贸易指数(2018 年)

等 级	国 家	数字贸易指数	贸易关系	贸易潜力	贸易基础	贸易环境	贸易风险	贸易水平
深度合作型	新加坡	195.43	172.82	108.29	192.43	146.49	137.82	374.60
	俄罗斯	95.19	160.00	68.35	87.95	119.63	119.53	60.24
	马来西亚	92.84	115.38	34.58	126.60	128.30	151.21	41.42
快速推进型	印度	87.09	51.79	161.75	80.05	96.12	124.52	9.36
	泰国	82.18	141.54	39.32	94.17	126.97	135.71	11.83
	阿联酋	80.17	13.85	66.73	124.90	112.92	153.50	12.64
	印度尼西亚	75.66	121.03	38.97	65.40	124.08	128.63	25.04
	捷克	71.41	24.62	37.09	109.04	102.84	157.86	16.85
	越南	70.69	50.77	29.18	123.07	97.13	133.73	11.81
逐步拓展型	波兰	69.59	18.46	47.36	103.18	105.77	151.99	6.42
	以色列	69.26	11.28	52.57	101.74	97.14	160.34	9.03
	菲律宾	65.98	127.69	21.98	113.06	64.67	128.73	1.95
	匈牙利	63.64	28.72	25.97	95.30	102.54	147.42	6.29
	土耳其	62.71	21.54	37.68	69.55	128.87	126.60	3.36

[①] 电子工业出版社,中国工业互联网研究院,中国电子学会."一带一路"数字贸易指数发展报告(2020 年) [R]. https://www.yidaiyilu.gov.cn/.

续表

等　级	国　家	数字贸易指数	贸易关系	贸易潜力	贸易基础	贸易环境	贸易风险	贸易水平
逐步拓展型	土耳其	62.71	21.54	37.68	69.55	128.87	126.60	3.36
	哈萨克斯坦	55.58	41.03	16.02	62.63	104.38	120.04	14.35
	沙特阿拉伯	55.44	4.62	46.01	80.33	81.63	122.62	5.62
	罗马尼亚	54.97	21.54	21.20	67.46	100.38	139.86	5.10
	克罗地亚	52.12	15.90	15.91	71.87	92.35	140.02	2.52
	塞尔维亚	51.51	30.77	9.24	65.98	98.11	136.00	0.82
	巴基斯坦	50.44	133.33	20.82	24.01	75.82	113.33	8.23
	保加利亚	50.25	19.49	12.35	63.02	95.00	138.93	1.65
有待加强型	伊朗	48.01	24.10	24.68	68.21	75.42	106.79	6.27
	肯尼亚	42.39	6.67	5.66	36.52	101.66	122.80	3.40
	蒙古国	42.06	62.05	4.61	42.91	70.68	109.11	6.52
	埃及	41.74	30.26	13.00	42.40	82.44	107.27	2.10
	吉尔吉斯斯坦	41.17	32.31	2.32	37.45	94.69	105.08	2.70
	阿塞拜疆	39.88	14.36	6.64	46.38	75.37	127.58	0.02
	约旦	38.19	1.03	6.15	45.93	75.49	125.14	0.30
	尼泊尔	37.31	18.46	2.62	39.33	78.28	112.67	0.73
	埃塞俄比亚	28.29	6.67	3.24	20.67	57.02	104.44	4.97

资料来源：电子工业出版社等．"一带一路"数字贸易指数发展报告 2020[R]. https://www.yidaiyilu.gov.cn/.

表 12-2　"一带一路"部分沿线国家数字贸易指数排名(2018 年)

国　家	指数排名	贸易关系	贸易潜力	贸易基础	贸易环境	贸易风险	贸易水平
新加坡	1	1	2	1	1	10	1
俄罗斯	2	2	3	11	6	23	2
马来西亚	3	7	12	2	3	5	3
印度	4	9	1	13	17	19	10
泰国	5	3	10	10	4	12	8
阿联酋	6	25	4	3	7	3	7
印度尼西亚	7	6	9	19	5	15	4
捷克	8	16	11	6	10	2	5
越南	9	10	13	4	16	13	9
波兰	10	22	6	7	8	4	14
以色列	11	26	5	8	15	1	11

续表

国 家	指数排名	贸易关系	贸易潜力	贸易基础	贸易环境	贸易风险	贸易水平
菲律宾	12	5	16	5	29	14	25
匈牙利	13	15	14	9	11	6	15
土耳其	14	18	10	15	2	17	21
哈萨克斯坦	15	11	19	21	9	22	6
沙特阿拉伯	16	29	7	12	22	21	17
罗马尼亚	17	19	17	17	13	8	18
克罗地亚	18	23	20	14	20	7	23
塞尔维亚	19	13	23	18	14	11	27
巴基斯坦	20	4	18	29	24	24	12
保加利亚	21	20	22	20	18	9	26
伊朗	22	17	15	16	26	28	16
肯尼亚	23	28	26	28	12	20	20
蒙古国	24	8	27	24	28	26	13
埃及	25	14	21	25	21	27	24
吉尔吉斯斯坦	26	12	30	27	19	29	22
阿塞拜疆	27	24	24	22	27	16	30
约旦	28	30	25	23	25	18	29
尼泊尔	29	21	29	26	23	25	28
埃塞俄比亚	30	27	28	30	30	30	19

资料来源：电子工业出版社等."一带一路"数字贸易指数发展报告 2020[R]. https://www.yidaiyilu.gov.cn/.

由表 12-2 可知，新加坡以综合指数 195.43 排名第一，在贸易关系、贸易基础、贸易环境和贸易水平等方面均呈现出明显的优势。在 2018 年，中国与新加坡完成两国自由贸易协定升级谈判，对原有协定的海关程序、原产地规则、贸易救济、服务贸易、投资、经济合作等 6 个领域进行升级，并新增电子商务、竞争政策和环境等 3 个领域，进一步加强了双方数字贸易领域合作。

第二节 中国与"一带一路"沿线国家数字服务贸易发展

近年来，随着数字丝绸之路建设的不断推进，数字服务贸易已经成为"一带一路"沿线国家新的贸易增长点，中国与"一带一路"沿线国家的数字服务贸易增长迅猛。本节从数字服务贸易[①]进出口规模、进出口贸易结构来分析。

一、中国与"一带一路"沿线国家的数字服务贸易规模

由于部分"一带一路"沿线国家数据缺失，本节选取在"一带一路"沿线国家数字服务贸易总额排名前 31 的国家，它们分别是中国、印度、新加坡、以色列、波兰、俄罗斯、阿联酋、泰国、菲律宾、马来西亚、捷克、罗马尼亚、土耳其、印度尼西亚、匈牙利、沙特阿拉伯、埃及、塞尔维亚、巴基斯坦、保加利亚、哈萨克斯坦、克罗地亚、越南、肯尼亚、阿塞拜疆、伊朗、埃塞俄比亚、蒙古国、尼泊尔、约旦、吉尔吉斯斯坦，分析其数字服务进出口贸易规模特点。

(一) 中国与"一带一路"沿线国家进出口规模

1. 从变化趋势上看

由表 12-3 可知，在变化趋势上，2017 年至 2020 年期间进出口规模逐年上升的国家有中国、印度、以色列、波兰、罗马尼亚、塞尔维亚，共计 6 个国家；2017 年至 2019 年期间进出口规模上升，但在 2020 年出现下降的国家有新加坡、俄罗斯、菲律宾、泰国、捷克、匈牙利、马来西亚、印度尼西亚、保加利亚、克罗地亚、埃及、尼泊尔、蒙古国，共计 13 个国家；2017 年至 2020 年期间进出口规模逐年下降的国家有约旦、伊朗、越南，共计 3 个国家。

表 12-3　"一带一路"部分沿线国家数字服务贸易进出口额及比重

国　家	年份	出口额 /百万美元	进口额 /百万美元	贸易差额 /百万美元	贸易总额 /百万美元	TC
中国	2017	102 567.461	105 384.082	−2816.621	207 951.543	−0.014
	2018	132 166.224	124 063.653	8102.571	256 229.878	0.032
	2019	143 547.643	128 262.643	15 285.001	271 810.286	0.056
	2020	154 375.150	139 609.756	14 765.394	293 984.905	0.050
印度	2017	122 293.518	60 338.141	61 955.377	182 631.659	0.339
	2018	132 830.765	64 818.388	68 012.377	197 649.153	0.344
	2019	147 929.141	73 071.218	74 857.923	221 000.359	0.339
	2020	154 775.139	77 665.348	77 109.791	232 440.487	0.332

[①] 根据 2015 年 UNCTAD 发布的《ICT 服务贸易和 ICT 赋能服务贸易》报告，扩大的国际收支服务分类 (EBOPS) 的 12 类细分服务贸易中有 6 类涉及可数字化交付的服务贸易，即数字服务贸易，分别是保险服务、金融服务、知识产权服务、ICT 服务、其他商业服务、个人文化与娱乐服务。

　　根据联合国贸发会议(2015 年)报告，其他商业服务、个人文娱服务分类下的服务贸易并非全部可以跨境数字交付。考虑到数据可得性，参考中国信息通信研究院《数字贸易发展白皮书(2020 年)》，本书将不会剔除其子一层分类中不可数字交付服务的部分，因此，细分子项占比实际上是与数字服务贸易相关的服务贸易大类所占比重。同时，参考中国信息通信研究院《数字贸易发展白皮书(2020 年)》，本书将可数字化服务贸易称为数字服务贸易。

续表一

国　家	年份	出口额/百万美元	进口额/百万美元	贸易差额/百万美元	贸易总额/百万美元	TC
新加坡	2017	95 383.819	98 027.264	−2643.446	193 411.083	−0.014
	2018	115 529.794	103 925.244	11 604.550	219 455.039	0.053
	2019	124 799.956	109 189.012	15 610.944	233 988.968	0.067
	2020	122 274.411	106 919.145	15 355.266	229 193.557	0.067
以色列	2017	29 702.500	11 804.000	17 898.500	41 506.500	0.431
	2018	35 336.100	12 063.800	23 272.300	47 399.900	0.491
	2019	39 622.700	12 881.700	26 741.000	52 504.400	0.509
	2020	41 668.621	13 327.533	28 341.088	54 996.154	0.515
波兰	2017	21 397.226	18 991.033	2406.193	40 388.259	0.060
	2018	26 185.386	22 098.178	4087.208	48 283.564	0.085
	2019	27 854.547	22 331.792	5522.755	50 186.339	0.110
	2020	30 961.888	23 766.017	7195.871	54 727.906	0.131
俄罗斯	2017	19 469.500	34 842.600	−15 373.100	54 312.100	−0.283
	2018	20 874.900	35 816.200	−14 941.300	56 691.100	−0.264
	2019	21 209.700	37 722.500	−16 512.800	58 932.200	−0.280
	2020	20 493.739	32 933.928	−12 440.190	53 427.667	−0.233
菲律宾	2017	21 613.695	8660.422	12 953.273	30 274.117	0.428
	2018	23 075.326	8669.731	14 405.595	31 745.057	0.454
	2019	23 972.787	10 135.837	13 836.950	34 108.624	0.406
	2020	23 469.456	8874.620	14 594.836	32 344.076	0.451
罗马尼亚	2017	9803.464	7381.346	2422.118	17 184.810	0.141
	2018	11 993.068	8634.942	3358.126	20 628.010	0.163
	2019	13 339.367	9759.726	3579.641	23 099.093	0.155
	2020	14 062.857	9619.115	4443.741	23 681.972	0.188
泰国	2017	10 990.279	18 740.710	−7750.431	29 730.989	−0.261
	2018	12 716.401	23 340.599	−10 624.198	36 057.000	−0.295
	2019	13 369.072	24 861.048	−11 491.976	38 230.120	−0.301
	2020	13 616.011	24 386.163	−10 770.152	38 002.174	−0.283
捷克	2017	10 444.998	9959.952	485.046	20 404.950	0.024
	2018	11 962.666	11 729.329	233.337	23 691.995	0.010
	2019	12 373.338	12 520.425	−147.087	24 893.763	−0.006
	2020	12 633.062	11 355.065	1277.997	23 988.127	0.053

续表二

国　家	年份	出口额/百万美元	进口额/百万美元	贸易差额/百万美元	贸易总额/百万美元	TC
阿联酋	2017	10 085.773	35 976.427	−25 890.655	46 062.200	−0.562
	2018	10 428.863	35 350.442	−24 921.579	45 779.305	−0.544
	2019	10 755.616	35 458.371	−24 702.755	46 213.987	−0.535
	2020	10 973.451	32 132.702	−21 159.250	43 106.153	−0.491
匈牙利	2017	11 074.171	10 630.045	444.126	21 704.216	0.020
	2018	11 986.063	11 637.802	348.261	23 623.865	0.015
	2019	12 090.581	12 249.280	−158.699	24 339.861	−0.007
	2020	10 928.881	10 948.644	−19.763	21 877.526	−0.001
马来西亚	2017	9808.326	14 565.522	−4757.196	24 373.848	−0.195
	2018	10 676.001	15 921.057	−5245.056	26 597.058	−0.197
	2019	11 258.041	16 673.398	−5415.357	27 931.439	−0.194
	2020	10 854.609	16 340.199	−5485.590	27 194.808	−0.202
土耳其	2017	6159.000	12 382.000	−6223.000	18 541.000	−0.336
	2018	6235.000	12 199.000	−5964.000	18 434.000	−0.324
	2019	6841.000	12 191.000	−5350.000	19 032.000	−0.281
	2020	8196.000	14 318.000	−6122.000	22 514.000	−0.272
印度尼西亚	2017	7080.985	13 394.133	−6313.148	20 475.117	−0.308
	2018	9213.420	14 253.690	−5040.270	23 467.110	−0.215
	2019	8683.623	15 151.951	−6468.328	23 835.574	−0.271
	2020	7279.937	14 713.081	−7433.144	21 993.018	−0.338
保加利亚	2017	2844.685	1857.801	986.884	4702.486	0.210
	2018	3488.600	2394.466	1094.134	5883.066	0.186
	2019	4204.255	2408.476	1795.779	6612.731	0.272
	2020	4259.568	2285.324	1974.244	6544.892	0.302
塞尔维亚	2017	2751.903	2027.122	724.781	4779.025	0.152
	2018	3476.125	2532.465	943.660	6008.590	0.157
	2019	4080.068	2953.189	1126.879	7033.257	0.160
	2020	4254.451	3003.700	1250.751	7258.151	0.172
巴基斯坦	2017	2547.000	3693.000	−1146.000	6240.000	−0.184
	2018	2799.000	4082.000	−1283.000	6881.000	−0.186
	2019	2974.000	3857.000	−883.000	6831.000	−0.129
	2020	3194.000	3814.000	−620.000	7008.000	−0.088

续表三

国　　家	年份	出口额/百万美元	进口额/百万美元	贸易差额/百万美元	贸易总额/百万美元	TC
克罗地亚	2017	2347.566	2246.267	101.299	4593.833	0.022
	2018	2809.311	2612.013	197.298	5421.324	0.036
	2019	3113.131	2731.843	381.288	5844.974	0.065
	2020	2731.901	2291.912	439.989	5023.813	0.088
埃及	2017	1483.400	6096.400	−4613.000	7579.800	−0.609
	2018	1613.700	6709.823	−5096.123	8323.523	−0.612
	2019	2006.000	7823.383	−5817.383	9829.383	−0.592
	2020	2286.600	6367.073	−4080.473	8653.673	−0.472
沙特阿拉伯	2017	1088.793	15 348.359	−14 259.566	16 437.152	−0.868
	2018	1553.563	16 310.163	−14 756.600	17 863.726	−0.826
	2019	2356.760	15 351.282	−12 994.522	17 708.042	−0.734
	2020	2264.194	8342.218	−6078.024	10 606.412	−0.573
哈萨克斯坦	2017	589.724	4731.157	−4141.433	5320.881	−0.778
	2018	678.579	5934.547	−5255.968	6613.126	−0.795
	2019	825.761	5335.107	−4509.346	6160.868	−0.732
	2020	823.708	4343.961	−3520.253	5167.669	−0.681
尼泊尔	2017	665.505	274.906	390.599	940.411	0.415
	2018	729.416	312.247	417.169	1041.663	0.400
	2019	704.835	357.177	347.658	1062.012	0.327
	2020	586.162	264.521	321.641	850.683	0.378
阿塞拜疆	2017	501.076	1706.943	−1205.867	2208.019	−0.546
	2018	632.599	1468.714	−836.115	2101.313	−0.398
	2019	758.964	2027.713	−1268.749	2786.677	−0.455
	2020	577.338	2496.903	−1919.565	3074.241	−0.624
埃塞俄比亚	2017	207.986	647.961	−439.975	855.947	−0.514
	2018	262.980	955.086	−692.106	1218.066	−0.568
	2019	298.619	905.359	−606.740	1203.978	−0.504
	2020	269.791	872.508	−602.717	1142.299	−0.528
约旦	2017	358.450	707.465	−349.015	1065.915	−0.327
	2018	363.943	659.859	−295.916	1023.802	−0.289
	2019	293.437	599.999	−306.562	893.436	−0.343
	2020	208.039	544.798	−336.759	752.837	−0.447

国　家	年份	出口额 /百万美元	进口额 /百万美元	贸易差额 /百万美元	贸易总额 /百万美元	TC
蒙古国	2017	217.795	760.031	−542.236	977.826	−0.555
	2018	261.791	850.335	−588.544	1112.126	−0.529
	2019	282.380	1137.788	−855.408	1420.168	−0.602
	2020	197.893	801.158	−603.265	999.051	−0.604
吉尔吉斯斯坦	2017	104.841	121.753	−16.912	226.594	−0.075
	2018	81.161	92.177	−11.016	173.338	−0.064
	2019	72.537	97.852	−25.315	170.389	−0.149
	2020	82.839	88.317	−5.477	171.156	−0.032
伊朗	2017	857.400	2285.380	−1427.980	3142.780	−0.454
	2018	886.660	1850.480	−963.820	2737.140	−0.352
	2019	916.919	1498.340	−581.421	2415.259	−0.241
	2020	948.210	1213.211	−265.001	2161.421	−0.123
肯尼亚	2017	1219.100	1062.133	156.967	2281.233	0.069
	2018	1566.867	1517.896	48.971	3084.763	0.016
	2019	1412.014	1479.181	−67.167	2891.195	−0.023
	2020	1592.241	1770.118	−177.877	3362.359	−0.053
越南	2017	1280.000	2514.000	−1234.000	3794.000	−0.325
	2018	1330.000	2436.000	−1106.000	3766.000	−0.294
	2019	1338.226	2408.001	−1069.775	3746.227	−0.286
	2020	1374.301	2346.668	−972.366	3720.969	−0.261

注：① 因以色列 2020 年进口额，伊朗 2019、2020 年进出口额，肯尼亚、越南 2020 年进出口额未公布，本表中使用的是预测数据。

② 全球数字服务贸易的进口总额未公布，本表中使用的是 UNCTAD 公布的全球 207 个国家数字服务贸易之和。

数据来源：UNCTAD.STAT。

2. 从规模上比较

由表 12-4 可知，在 2020 年，数字服务贸易总额排名前三的国家依次为中国(293 984.905 4 百万美元)、印度(232 440.487 5 百万美元)和新加坡(229 193.556 8 百万美元)，贸易总额均达到 200 000 百万美元以上，而位居第 4 的以色列数字服务贸易总额为 54 996.154 28 百万美元，位居第 31 位的吉尔吉斯斯坦数字服务贸易总额为 171.155 782 5 百万美元，表明各国数字服务贸易总额存在明显的差异。

表 12-4　2020 年"一带一路"部分沿线国家数字服务贸易总额排名

国　家	排　名	贸易总额/百万美元
中国	1	293 984.905 4
印度	2	232 440.487 5
新加坡	3	229 193.556 8
以色列	4	54 996.154 28
波兰	5	54 727.905 6
俄罗斯	6	53 427.667 05
阿联酋	7	43 106.152 87
泰国	8	38 002.174
菲律宾	9	32 344.076
马来西亚	10	27 194.808
捷克	11	23 988.127 31
罗马尼亚	12	23 681.972 21
土耳其	13	22 514
印度尼西亚	14	21 993.017 88
匈牙利	15	21 877.525 57
沙特阿拉伯	16	10 606.412
埃及	17	8653.673
塞尔维亚	18	7258.151
巴基斯坦	19	7008
保加利亚	20	6544.891 932
哈萨克斯坦	21	5167.669
克罗地亚	22	5023.812 745
越南	23	3720.968 889
肯尼亚	24	3362.359
阿塞拜疆	25	3074.241
伊朗	26	2161.420 702
埃塞俄比亚	27	1142.299
蒙古国	28	999.051
尼泊尔	29	850.683
约旦	30	752.8 372 117
吉尔吉斯斯坦	31	171.1 557 825

数据来源：UNCTAD.STAT。

(二) 中国与"一带一路"沿线国家出口规模

1. 从变化趋势上看

由表 12-3 可知，在变化趋势上，2017 年至 2020 年期间出口规模逐年上升的国家有中国、印度、以色列、波兰、罗马尼亚、泰国、捷克、阿联酋、土耳其、保加利亚、塞尔维亚、巴基斯坦、埃及、伊朗、越南，共计 15 个国家；2017 年至 2019 年期间出口规模上升，但在 2020 年出现下降的国家有新加坡、俄罗斯、菲律宾、匈牙利、马来西亚、印度尼西亚、克罗地亚、沙特阿拉伯、哈萨克斯坦、阿塞拜疆、埃塞俄比亚、蒙古国，共计 12 个国家。

2. 从规模上比较

由表 12-5 可知，在 2020 年，数字服务贸易出口规模排名前三的国家依次为印度(154 775.139 百万美元)、中国(154 375.15 百万美元)和新加坡(122 274.411 百万美元)，出口规模均达到 100 000 百万美元以上，而位居第 4 的以色列数字服务贸易出口规模为 41 668.621 百万美元，位居第 31 位的吉尔吉斯斯坦数字服务贸易出口规模为 82.839 百万美元，表明各国数字服务贸易出口规模存在明显的差异。所选样本国数字服务贸易出口总规模占世界数字服务贸易出口总规模的比例为 20.88%，而其中所选样本国数字服务贸易出口规模排名前 15 位国家占世界数字服务贸易出口规模的比例就达到了 20.10%，贡献了所选样本国数字服务贸易出口总额的 96.26%。

表 12-5　2020 年"一带一路"部分沿线国家数字服务贸易出口额排名

国　　家	排　　名	数字服务贸易出口额/百万美元	占全球比重/%
印度	1	154 775.139	4.886
中国	2	154 375.150	4.874
新加坡	3	122 274.411	3.860
以色列	4	41 668.621	1.315
波兰	5	30 961.888	0.977
菲律宾	6	23 469.456	0.741
俄罗斯	7	20 493.739	0.647
罗马尼亚	8	14 062.857	0.444
泰国	9	13 616.011	0.430
捷克	10	12 633.062	0.399
阿联酋	11	10 973.451	0.346
匈牙利	12	10 928.881	0.345
马来西亚	13	10 854.609	0.343
土耳其	14	8196.000	0.259
印度尼西亚	15	7279.937	0.230
保加利亚	16	4259.568	0.134

续表

国　家	排　名	数字服务贸易出口额/百万美元	占全球比重/%
塞尔维亚	17	4254.451	0.134
巴基斯坦	18	3194.000	0.101
克罗地亚	19	2731.901	0.086
埃及	20	2286.600	0.072
沙特阿拉伯	21	2264.194	0.071
越南	22	1374.301	0.043
肯尼亚	23	934.058	0.029
哈萨克斯坦	24	823.708	0.026
伊朗	25	681.082	0.022
尼泊尔	26	586.162	0.019
阿塞拜疆	27	577.338	0.018
埃塞俄比亚	28	269.791	0.009
约旦	29	208.039	0.007
蒙古国	30	197.893	0.006
吉尔吉斯斯坦	31	82.839	0.003

数据来源：UNCTAD.STAT。

(三) 中国与"一带一路"沿线国家进口规模

1. 从变化趋势上看

由表 12-3 可知，在变化趋势上，2017 年至 2020 年期间进口规模逐年上升的国家有中国、印度、以色列、波兰、塞尔维亚，共计 5 个国家；2017 年至 2019 年期间进口规模上升，但在 2020 年出现下降的国家有新加坡、俄罗斯、菲律宾、罗马尼亚、泰国、捷克、匈牙利、马来西亚、印度尼西亚、保加利亚、克罗地亚、埃及、尼泊尔、蒙古国，共计 14 个国家；2017 年至 2020 年期间进口规模逐年下降的国家有伊朗、越南，共计 2 个国家。

2. 从规模上比较

由表 12-6 可知，在 2020 年，数字服务贸易进口规模排名前三的国家依次为中国(139 609.756 百万美元)、新加坡(106 919.145 百万美元)和印度(77 665.348 百万美元)，进口规模均达到 75 000 百万美元以上，而位居第 4 的俄罗斯数字服务贸易进口规模为 32 933.928 百万美元，位居第 31 位的吉尔吉斯斯坦数字服务贸易进口规模为 88.317 百万美元，表明各国数字服务贸易进口规模存在明显的差异。所选样本国数字服务贸易进口总规模占世界数字服务贸易进口总规模的比例为 21.20%，而其中所选样本国数字服务贸易进口规模排名前 15 位国家占世界数字服务贸易进口规模的比例就达到了 19.71%，贡献了所选样本国数字服务贸易进口总额的 92.97%。

表 12-6　2020 年 "一带一路" 部分沿线国家数字服务贸易进口额排名

国　家	排　名	数字服务贸易进口额/百万美元	占全球的比重/%
中国	1	139 609.756	5.121
新加坡	2	106 919.145	3.922
印度	3	77 665.348	2.849
俄罗斯	4	32 933.928	1.208
阿联酋	5	32 132.702	1.179
泰国	6	24 386.163	0.894
波兰	7	23 766.017	0.872
马来西亚	8	16 340.199	0.599
印度尼西亚	9	14 713.081	0.540
土耳其	10	14 318.000	0.525
以色列	11	13 327.533	0.489
捷克	12	11 355.065	0.417
匈牙利	13	10 948.644	0.402
罗马尼亚	14	9619.115	0.353
菲律宾	15	8874.620	0.326
沙特阿拉伯	16	8342.218	0.306
埃及	17	6367.073	0.234
哈萨克斯坦	18	4343.961	0.159
巴基斯坦	19	3814.000	0.140
塞尔维亚	20	3003.700	0.110
阿塞拜疆	21	2496.903	0.092
越南	22	2346.668	0.086
克罗地亚	23	2291.912	0.084
保加利亚	24	2285.324	0.084
肯尼亚	25	1770.118	0.065
伊朗	26	1213.211	0.045
埃塞俄比亚	27	872.508	0.032
蒙古国	28	801.158	0.029
约旦	29	544.798	0.020
尼泊尔	30	264.521	0.010
吉尔吉斯斯坦	31	88.317	0.003

数据来源：UNCTAD.STAT。

(四) 中国与"一带一路"沿线国家数字服务贸易竞争力

由表 12-3 可知，2017 年至 2020 年期间数字服务贸易竞争力逐年上升的国家有新加坡、以色列、波兰、阿联酋、土耳其、塞尔维亚、克罗地亚、沙特阿拉伯、伊朗、越南，共计 10 个国家；2017 年至 2019 年期间贸易竞争力上升，但在 2020 年出现下降的国家只有中国 1 个国家；除去 2017 年，仅 2018 年至 2020 年期间贸易竞争力逐年上升的国家有保加利亚、巴基斯坦、埃及、哈萨克斯坦，共计 4 个国家；除去 2017 年，仅 2018 年至 2020 年期间贸易竞争力逐年下降的国家有印度、印度尼西亚、阿塞拜疆、约旦、蒙古国，共计 5 个国家。

2017 年至 2020 年期间数字服务贸易竞争力始终为正的国家有印度、以色列、波兰、菲律宾、罗马尼亚、保加利亚、塞尔维亚、克罗地亚、尼泊尔，共计 9 个国家；2017 年至 2020 年期间数字服务贸易竞争力始终为负的国家有俄罗斯、泰国、阿联酋、马来西亚、土耳其、印度尼西亚、巴基斯坦、埃及、沙特阿拉伯、哈萨克斯坦、阿塞拜疆、埃塞俄比亚、约旦、蒙古国、吉尔吉斯斯坦、伊朗、越南，共计 17 个国家；2017 年至 2020 年期间数字服务贸易竞争力由负转正的国家有中国、新加坡，共计 2 个国家。

二、中国与"一带一路"沿线国家的数字服务贸易出口结构

选取 2020 年数字服务贸易总额排名前 15 名的"一带一路"沿线国家，它们分别是中国、印度、新加坡、以色列、波兰、俄罗斯、阿联酋、泰国、菲律宾、马来西亚、捷克、罗马尼亚、土耳其、印度尼西亚、匈牙利，由于阿联酋数据缺失，本书主要分析其他 14 个国家的数字服务贸易的出口贸易结构。

由表 12-7 可知，在 2020 年各细分服务出口额上，中国、印度、新加坡三个国家与其他国家拉开了较大的差距，基本包揽了各服务出口额的前三，其中，保险与养老金服务出口额新加坡最高，为 6663.86 百万美元，中国(5450.49 百万美元)次之，印度(2352.64 百万美元)第三；金融服务出口额新加坡最高，为 31 608.16 百万美元，中国(4267.54 百万美元)次之，印度(4104.56 百万美元)第三；知识产权使用费出口额中国最高，为 8879.45 百万美元，新加坡(8280.17 百万美元)次之，印度(1253.66 百万美元)第三[①]；ICT 服务出口额印度最高，为 68 248.23 百万美元，中国(59 034 百万美元)次之，新加坡(15 338.89 百万美元)第三；其他商业服务出口额印度最高，为 78 042.49 百万美元，中国(75 446.43 百万美元)次之，新加坡(59 746.04 百万美元)第三；个人文化与娱乐服务出口额印度最高，为 2197.13 百万美元，中国(1297.24 百万美元)次之，新加坡(954.31 百万美元)第三。

表 12-7　2017—2020 年"一带一路"部分沿线国家细分数字服务贸易出口额　单位：百万美元

国家	年份	保险与养老金服务	金融服务	知识产权使用费	ICT服务	其他商业服务	个人文化与娱乐服务	总计
中国	2017	4045.96	3694.42	4762.12	27 767.41	61 538.26	759.28	102 567.46
	2018	4923.78	3482.38	5563.01	47 067.87	69 915.22	1213.96	132 166.22
	2019	4771.66	3903.78	6644.04	53 784.86	73 247.07	1196.22	143 547.64
	2020	5450.49	4267.54	8879.45	59 034.00	75 446.43	1297.24	154 375.15

---

① 以色列 2020 年数据缺失，但根据其发展趋势，预计 2020 年以色列 ICT 服务出口额实际高于新加坡。

续表一

国家	年份	保险与养老金服务	金融服务	知识产权使用费	ICT服务	其他商业服务	个人文化与娱乐服务	总计
印度	2017	2459.51	4485.05	659.63	54 382.20	59 866.31	1466.03	123 318.73
	2018	2579.79	5432.94	784.90	58 194.66	65 218.67	1881.75	134 092.71
	2019	2526.99	4821.23	871.61	64 933.26	74 003.65	2069.32	149 226.06
	2020	2352.64	4104.56	1253.66	68 248.23	78 042.49	2197.13	156 198.71
新加坡	2017	4873.98	25 116.86	7800.71	13 380.09	44 000.29	488.30	95 660.23
	2018	6695.89	28 528.11	8546.89	16 495.41	54 893.77	737.37	115 897.44
	2019	6539.93	30 840.12	8490.73	15 495.86	62 777.68	990.72	125 135.03
	2020	6663.86	31 608.16	8280.17	15 338.89	59 746.04	954.31	122 591.43
以色列	2017	37.60	1499.60	931.00	13 194.20	13 822.10	331.40	29 815.90
	2018	37.70	1800.90	1098.80	15 988.70	16 184.20	350.70	35 461.00
	2019	38.50	1624.70	1228.00	18 461.80	18 007.80	393.60	39 754.40
	2020	36.24	—	—	—	—	—	—
波兰	2017	462.27	916.88	571.76	6358.24	12 943.34	746.12	21 998.61
	2018	420.05	993.48	616.03	8013.12	15 969.14	881.87	26 893.69
	2019	455.02	1000.47	644.63	8611.60	16 973.02	945.74	28 630.48
	2020	457.89	1134.41	1132.02	9446.44	18 641.10	897.20	31 709.06
俄罗斯	2017	329.50	1086.80	732.80	4652.80	12 467.30	490.40	19 759.60
	2018	511.70	1327.30	876.10	5260.30	12 688.80	585.10	21 249.30
	2019	372.80	1100.80	1013.70	5489.30	12 994.30	524.00	21 494.90
	2020	468.51	1166.40	1163.95	5936.22	11 548.18	425.68	20 708.95
泰国	2017	81.39	752.33	101.46	450.11	9605.00	68.34	11 058.62
	2018	124.85	782.43	163.00	602.48	11 043.64	88.78	12 805.18
	2019	181.70	721.82	197.49	585.90	11 682.14	165.75	13 534.79
	2020	146.89	780.13	225.35	481.69	11 981.96	51.71	13 667.72
菲律宾	2017	85.34	237.27	16.91	5638.43	15 579.91	190.81	21 748.67
	2018	86.30	279.39	44.09	5939.98	16 653.19	149.04	23 151.99
	2019	90.06	233.63	27.88	6098.01	17 456.17	160.57	24 066.31
	2020	74.70	87.10	15.26	5567.97	17 624.74	136.31	23 506.07
马来西亚	2017	291.13	536.00	286.44	2680.32	6014.44	471.47	10 279.80
	2018	312.46	605.90	266.58	2832.65	6658.42	500.99	11 176.99
	2019	353.97	631.28	221.45	2990.63	7060.71	571.42	11 829.47
	2020	400.00	633.67	231.52	3185.20	6404.22	538.20	11 392.81

续表二

国家	年份	保险与养老金服务	金融服务	知识产权使用费	ICT服务	其他商业服务	个人文化与娱乐服务	总计
捷克	2017	266.34	467.82	419.62	3819.78	5289.34	234.13	10 497.03
	2018	393.26	478.12	500.20	4264.76	6118.83	286.57	12 041.74
	2019	327.31	408.24	688.98	4584.89	6116.32	323.17	12 448.90
	2020	287.91	425.94	687.75	5239.77	5781.28	257.14	12 679.80
罗马尼亚	2017	46.11	316.12	74.07	4521.46	4831.38	87.60	9876.75
	2018	38.61	397.08	100.95	5662.92	5779.10	120.20	12 098.86
	2019	94.62	375.00	108.28	6262.50	6449.38	123.39	13 413.16
	2020	110.36	339.85	132.02	7021.93	6435.61	98.61	14 138.38
土耳其	2017	1325.00	512.00	112.00	1175.00	2970.00	146.00	6240.00
	2018	1279.00	554.00	167.00	1430.00	2739.00	127.00	6296.00
	2019	1366.00	470.00	176.00	1565.00	3182.00	144.00	6903.00
	2020	2502.00	614.00	130.00	1581.00	3245.00	166.00	8238.00
印度尼西亚	2017	82.66	639.79	49.81	996.74	5260.85	131.12	7160.97
	2018	161.30	659.51	61.20	1225.74	6962.55	366.98	9437.28
	2019	209.19	418.01	58.92	1320.70	6591.62	218.45	8816.88
	2020	241.69	526.78	83.58	1275.68	5107.10	115.69	7350.51
匈牙利	2017	28.39	424.30	1683.10	2434.24	6033.54	609.40	11 212.97
	2018	35.05	486.46	1809.52	2799.55	6422.02	568.24	12 120.84
	2019	36.82	478.78	1483.13	2752.28	6609.30	853.71	12 214.03
	2020	26.57	467.01	1264.51	2753.81	6111.02	451.16	11 074.08

注："—"表示数据缺失。

数据来源：UNCTAD.STAT。

由表 12-8 可知，在 2020 年各细分服务出口占比上，所选样本国保险与养老金服务出口占比均值为 4.31%，中国保险与养老金服务出口占比为 3.53%，略低于平均水平，占比最高的国家为土耳其，达到了 30.37%；所选样本国金融服务出口占比均值为 5.89%，中国金融服务出口占比为 2.76%，低于平均水平，占比最高的国家为新加坡，达到了 25.78%；所选样本国知识产权使用费出口占比均值为 3.59%，中国知识产权使用费出口占比为 5.75%，高于平均水平，占比最高的国家为匈牙利，达到了 11.42%；所选样本 ICT 服务出口占比均值为 27.73%，中国 ICT 服务出口占比为 38.24%，高于平均水平，占比最高的国家为罗马尼亚，达到了 49.67%；所选样本其他商业服务出口占比均值为 56.63%，中国其他商业服务出口占比为 48.87%，低于平均水平，占比最高的国家为泰国，达到了 87.67%；所选样本个人文化和娱乐服务出口占比均值为 1.85%，中国个人文化与娱乐服务出口占比为 0.84%，低于平均水平，占比最高的国家为马来西亚，达到了 4.72%。

表 12-8　2017—2020 年"一带一路"部分沿线国家细分数字服务贸易出口占比 单位：%

国家	年份	保险与养老金服务	金融服务	知识产权使用费	ICT服务	其他商业服务	个人文化与娱乐服务
中国	2017	3.94	3.60	4.64	27.07	60.00	0.74
	2018	3.73	2.63	4.21	35.61	52.90	0.92
	2019	3.32	2.72	4.63	37.47	51.03	0.83
	2020	3.53	2.76	5.75	38.24	48.87	0.84
印度	2017	1.99	3.64	0.53	44.10	48.55	1.19
	2018	1.92	4.05	0.59	43.40	48.64	1.40
	2019	1.69	3.23	0.58	43.51	49.59	1.39
	2020	1.51	2.63	0.80	43.69	49.96	1.41
新加坡	2017	5.10	26.26	8.15	13.99	46.00	0.51
	2018	5.78	24.61	7.37	14.23	47.36	0.64
	2019	5.23	24.65	6.79	12.38	50.17	0.79
	2020	5.44	25.78	6.75	12.51	48.74	0.78
以色列	2017	0.13	5.03	3.12	44.25	46.36	1.11
	2018	0.11	5.08	3.10	45.09	45.64	0.99
	2019	0.10	4.09	3.09	46.44	45.30	0.99
	2020	—	—	—	—	—	—
波兰	2017	2.10	4.17	2.60	28.90	58.84	3.39
	2018	1.56	3.69	2.29	29.80	59.38	3.28
	2019	1.59	3.49	2.25	30.08	59.28	3.30
	2020	1.44	3.58	3.57	29.79	58.79	2.83
俄罗斯	2017	1.67	5.50	3.71	23.55	63.09	2.48
	2018	2.41	6.25	4.12	24.76	59.71	2.75
	2019	1.73	5.12	4.72	25.54	60.45	2.44
	2020	2.26	5.63	5.62	28.67	55.76	2.06
泰国	2017	0.74	6.80	0.92	4.07	86.86	0.62
	2018	0.98	6.11	1.27	4.70	86.24	0.69
	2019	1.34	5.33	1.46	4.33	86.31	1.22
	2020	1.07	5.71	1.65	3.52	87.67	0.38
菲律宾	2017	0.39	1.09	0.08	25.93	71.64	0.88
	2018	0.37	1.21	0.19	25.66	71.93	0.64
	2019	0.37	0.97	0.12	25.34	72.53	0.67
	2020	0.32	0.37	0.06	23.69	74.98	0.58

续表

国家	年份	保险与养老金服务	金融服务	知识产权使用费	ICT服务	其他商业服务	个人文化与娱乐服务
马来西亚	2017	2.83	5.21	2.79	26.07	58.51	4.59
	2018	2.80	5.42	2.39	25.34	59.57	4.48
	2019	2.99	5.34	1.87	25.28	59.69	4.83
	2020	3.51	5.56	2.03	27.96	56.21	4.72
捷克	2017	2.54	4.46	4.00	36.39	50.39	2.23
	2018	3.27	3.97	4.15	35.42	50.81	2.38
	2019	2.63	3.28	5.53	36.83	49.13	2.60
	2020	2.27	3.36	5.42	41.32	45.59	2.03
罗马尼亚	2017	0.47	3.20	0.75	45.78	48.92	0.89
	2018	0.32	3.28	0.83	46.81	47.77	0.99
	2019	0.71	2.80	0.81	46.69	48.08	0.92
	2020	0.78	2.40	0.93	49.67	45.52	0.70
土耳其	2017	21.23	8.21	1.79	18.83	47.60	2.34
	2018	20.31	8.80	2.65	22.71	43.50	2.02
	2019	19.79	6.81	2.55	22.67	46.10	2.09
	2020	30.37	7.45	1.58	19.19	39.39	2.02
印度尼西亚	2017	1.15	8.93	0.70	13.92	73.47	1.83
	2018	1.71	6.99	0.65	12.99	73.78	3.89
	2019	2.37	4.74	0.67	14.98	74.76	2.48
	2020	3.29	7.17	1.14	17.36	69.48	1.57
匈牙利	2017	0.25	3.78	15.01	21.71	53.81	5.43
	2018	0.29	4.01	14.93	23.10	52.98	4.69
	2019	0.30	3.92	12.14	22.53	54.11	6.99
	2020	0.24	4.22	11.42	24.87	55.18	4.07

注："—"表示数据缺失。

数据来源：UNCTAD.STAT。

三、中国与"一带一路"沿线国家的数字服务贸易进口结构

选取 2020 年数字服务贸易总额排名前 15 的"一带一路"沿线国家,它们分别是中国、印度、新加坡、以色列、波兰、俄罗斯、阿联酋、泰国、菲律宾、马来西亚、捷克、罗马尼亚、土耳其、印度尼西亚、匈牙利,由于阿联酋数据缺失,本书主要分析其他 14 个国家

的数字服务贸易的进口贸易结构。

　　由表 12-9 可知，在 2020 年各细分服务进口额上，除个人文化与娱乐服务进口外，与出口类似，中国、印度、新加坡三个国家在其余细分服务进口额上基本上与其他国家拉开了较大的差距，包揽了各服务进口额的前三，其中保险与养老金服务进口额中国最高，为12 343.81 百万美元，印度(5687.46 百万美元)次之，新加坡(5316.94 百万美元)第三；金融服务进口额新加坡最高，为 8117.39 百万美元，印度(4616.73 百万美元)次之，中国(3174.47百万美元)第三；知识产权使用费进口额中国最高，为 37 629.03 百万美元，新加坡(16 848.01百万美元)次之，印度(7241.11 百万美元)第三；ICT 服务进口额中国最高，为 32 967.53 百万美元，新加坡(17 441.67 百万美元)次之，印度(11 007.25 百万美元)第三；其他商业服务进口额新加坡最高，为 58 926.68 百万美元，中国(50 487.2 百万美元)次之，印度(48 595.19百万美元)第三；个人文化与娱乐服务进口额中国最高，为 3007.72 百万美元，印度(2751.33百万美元)次之，俄罗斯(1256.72 百万美元)第三，而新加坡仅为 500.96 百万美元。

表 12-9　2017—2020 年"一带一路"部分沿线国家细分数字服务贸易进口额　单位：百万美元

国家	年份	保险与养老金服务	金融服务	知识产权使用费	ICT 服务	其他商业服务	个人文化与娱乐服务	总计
中国	2017	10 409.20	1617.16	28 574.57	19 176.13	42 853.78	2753.23	105 384.08
	2018	11 881.28	2121.89	35 599.01	23 775.05	47 292.50	3393.94	124 063.65
	2019	10 759.69	2465.80	34 328.03	26 860.63	49 775.30	4073.19	128 262.64
	2020	12 343.81	3174.47	37 629.03	32 967.53	50 487.20	3007.72	139 609.76
印度	2017	6290.71	5796.65	6515.41	6068.24	35 437.00	2144.53	62 252.53
	2018	6745.78	4039.22	7905.96	7088.09	38 736.02	2538.35	67 053.41
	2019	6805.24	2280.82	7889.69	9602.83	46 062.20	2960.56	75 601.34
	2020	5687.46	4616.73	7241.11	11 007.25	48 595.19	2751.33	79 899.07
新加坡	2017	4018.10	5569.46	15 714.83	15 067.15	57 430.85	422.11	98 222.50
	2018	4932.01	6562.82	17 040.25	14 711.22	60 428.74	485.53	104 160.56
	2019	5536.38	7208.11	17 213.03	16 719.39	62 241.02	525.09	109 443.01
	2020	5316.94	8117.39	16 848.01	17 441.67	58 926.68	500.96	107 151.65
以色列	2017	621.20	836.20	857.80	2121.00	7242.20	182.00	11 860.40
	2018	593.10	899.40	868.60	2173.70	7400.80	184.90	12 120.50
	2019	696.90	944.40	924.40	2304.90	7874.60	196.60	12 941.80
	2020	646.30	—					
波兰	2017	980.30	949.88	3144.43	3934.82	9503.01	813.37	19 325.80
	2018	1083.75	1062.63	3651.23	4800.46	11 218.82	639.28	22 456.16
	2019	1087.45	932.75	3734.93	4887.30	11 459.67	627.17	22 729.27
	2020	1074.94	1008.17	3567.28	5792.69	12 154.46	536.16	24 133.70

续表一

国家	年份	保险与养老金服务	金融服务	知识产权使用费	ICT服务	其他商业服务	个人文化与娱乐服务	总计
俄罗斯	2017	1205.30	2243.00	5979.80	5383.40	19 322.00	1432.60	35 566.10
	2018	1004.50	1833.70	6288.20	5487.90	20 398.20	1825.60	36 838.10
	2019	1069.00	2341.30	6866.20	5243.70	21 356.90	1561.10	38 438.20
	2020	1023.04	2246.92	6809.11	5901.39	16 185.41	1256.72	33 422.58
泰国	2017	1816.55	985.45	4280.77	568.43	11 089.51	31.79	18 772.50
	2018	2299.72	1037.47	5274.35	646.31	14 082.75	37.24	23 377.83
	2019	2293.06	1268.93	5311.90	934.75	15 044.02	49.16	24 901.82
	2020	2434.57	1080.48	4503.70	902.85	15 450.26	33.28	24 405.13
菲律宾	2017	1501.96	505.68	751.39	851.79	4983.94	187.74	8782.49
	2018	1464.96	566.47	916.98	991.33	4628.05	274.38	8842.16
	2019	1643.66	772.18	832.72	1332.21	5475.23	186.64	10 242.65
	2020	1308.96	438.13	519.27	1518.12	5020.44	154.27	8959.20
马来西亚	2017	2283.23	552.00	1826.85	3040.21	6863.24	804.67	15 370.19
	2018	2448.49	640.63	2006.74	3262.32	7562.88	819.64	16 740.70
	2019	2342.26	665.21	2217.57	3530.21	7918.14	807.12	17 480.52
	2020	2261.58	606.00	2379.59	3996.02	7097.02	652.87	16 993.07
捷克	2017	759.84	214.20	1231.26	2288.29	5292.49	257.90	10 043.97
	2018	795.03	309.70	1497.87	2543.58	6381.80	292.71	11 820.68
	2019	873.34	351.82	1507.48	2452.35	7072.38	362.79	12 620.16
	2020	849.95	461.39	1385.54	2769.03	5665.37	295.66	11 426.93
罗马尼亚	2017	230.67	195.94	908.80	2161.91	3848.51	101.69	7447.53
	2018	259.76	246.07	961.83	2465.73	4675.71	111.58	8720.66
	2019	246.34	194.72	937.43	2811.51	5541.84	114.88	9846.73
	2020	258.10	184.91	885.58	3143.88	5134.49	57.80	9664.76
土耳其	2017	2496.00	685.00	1777.00	2387.00	4978.00	132.00	12 455.00
	2018	1966.00	687.00	2114.00	2131.00	5243.00	108.00	12 249.00
	2019	1850.00	507.00	2098.00	2173.00	5524.00	84.00	12 236.00
	2020	4045.00	1214.00	2086.00	1747.00	5184.00	82.00	14 358.00
印度尼西亚	2017	653.13	1081.57	1900.64	2533.07	7207.54	56.83	13 432.78
	2018	727.86	1117.96	1470.07	2876.64	8032.66	89.10	14 314.28
	2019	873.45	884.11	1804.72	3133.09	8424.05	101.67	15 221.09
	2020	943.27	1006.34	1640.50	3399.41	7700.93	70.73	14 761.17

续表二

国家	年份	保险与养老金服务	金融服务	知识产权使用费	ICT服务	其他商业服务	个人文化与娱乐服务	总计
匈牙利	2017	189.50	531.78	1591.62	1808.84	6044.25	602.19	10 768.17
	2018	227.77	518.32	1592.38	1905.94	7008.90	535.20	11 788.51
	2019	215.55	471.06	1532.94	1895.10	7667.48	632.00	12 414.14
	2020	244.51	450.70	1266.80	1984.81	6707.92	426.98	11 081.72

注："—"表示数据缺失。

数据来源：UNCTAD.STAT。

　　由表 12-10 可知，在 2020 年各细分服务进口占比上，所选样本国保险与养老金服务进口占比均值为 8.71%，中国保险与养老金服务进口占比为 8.84%，略高于平均水平，占比最高的国家为土耳其，达到了 28.17%；所选样本国金融服务进口占比均值为 4.98%，中国金融服务进口占比为 2.27%，低于平均水平，占比最高的国家为土耳其，达到了 8.46%；所选样本国知识产权使用费进口占比均值为 14.11%，中国知识产权使用费进口占比为 26.95%，占比在所选样本国家中最高；所选样本国 ICT 服务进口占比均值为 19.18%，中国 ICT 服务进口占比为 23.61%，高于平均水平，占比最高的国家为罗马尼亚，达到了 32.53%；所选样本国其他商业服务进口占比均值为 51.03%，中国其他商业服务进口占比为 36.16%，低于平均水平，占比最高的国家为泰国，达到了 63.31%；所选样本国个人文化和娱乐服务进口占比均值为 1.99%，中国个人文化与娱乐服务进口占比为 2.15%，略高于平均水平，占比最高的国家为匈牙利，达到了 3.85%。

表 12-10　2017—2020 年"一带一路"部分沿线国家细分数字服务贸易进口占比　　单位：%

国家	年份	保险与养老金服务	金融服务	知识产权使用费	ICT服务	其他商业服务	个人文化与娱乐服务
中国	2017	9.88	1.53	27.11	18.20	40.66	2.61
	2018	9.58	1.71	28.69	19.16	38.12	2.74
	2019	8.39	1.92	26.76	20.94	38.81	3.18
	2020	8.84	2.27	26.95	23.61	36.16	2.15
印度	2017	10.11	9.31	10.47	9.75	56.92	3.44
	2018	10.06	6.02	11.79	10.57	57.77	3.79
	2019	9.00	3.02	10.44	12.70	60.93	3.92
	2020	7.12	5.78	9.06	13.78	60.82	3.44
新加坡	2017	4.09	5.67	16.00	15.34	58.47	0.43
	2018	4.74	6.30	16.36	14.12	58.01	0.47
	2019	5.06	6.59	15.73	15.28	56.87	0.48
	2020	4.96	7.58	15.72	16.28	54.99	0.47

国家	年份	保险与养老金服务	金融服务	知识产权使用费	ICT服务	其他商业服务	个人文化与娱乐服务
以色列	2017	5.24	7.05	7.23	17.88	61.06	1.53
	2018	4.89	7.42	7.17	17.93	61.06	1.53
	2019	5.38	7.30	7.14	17.81	60.85	1.52
	2020	—	—	—	—	—	—
波兰	2017	5.07	4.92	16.27	20.36	49.17	4.21
	2018	4.83	4.73	16.26	21.38	49.96	2.85
	2019	4.78	4.10	16.43	21.50	50.42	2.76
	2020	4.45	4.18	14.78	24.00	50.36	2.22
俄罗斯	2017	3.39	6.31	16.81	15.14	54.33	4.03
	2018	2.73	4.98	17.07	14.90	55.37	4.96
	2019	2.78	6.09	17.86	13.64	55.56	4.06
	2020	3.06	6.72	20.37	17.66	48.43	3.76
泰国	2017	9.68	5.25	22.80	3.03	59.07	0.17
	2018	9.84	4.44	22.56	2.76	60.24	0.16
	2019	9.21	5.10	21.33	3.75	60.41	0.20
	2020	9.98	4.43	18.45	3.70	63.31	0.14
菲律宾	2017	17.10	5.76	8.56	9.70	56.75	2.14
	2018	16.57	6.41	10.37	11.21	52.34	3.10
	2019	16.05	7.54	8.13	13.01	53.46	1.82
	2020	14.61	4.89	5.80	16.94	56.04	1.72
马来西亚	2017	14.85	3.59	11.89	19.78	44.65	5.24
	2018	14.63	3.83	11.99	19.49	45.18	4.90
	2019	13.40	3.81	12.69	20.20	45.30	4.62
	2020	13.31	3.57	14.00	23.52	41.76	3.84
捷克	2017	7.57	2.13	12.26	22.78	52.69	2.57
	2018	6.73	2.62	12.67	21.52	53.99	2.48
	2019	6.92	2.79	11.94	19.43	56.04	2.87
	2020	7.44	4.04	12.13	24.23	49.58	2.59
罗马尼亚	2017	3.10	2.63	12.20	29.03	51.68	1.37
	2018	2.98	2.82	11.03	28.27	53.62	1.28
	2019	2.50	1.98	9.52	28.55	56.28	1.17
	2020	2.67	1.91	9.16	32.53	53.13	0.60

国家	年份	保险与养老金服务	金融服务	知识产权使用费	ICT服务	其他商业服务	个人文化与娱乐服务
土耳其	2017	20.04	5.50	14.27	19.16	39.97	1.06
	2018	16.05	5.61	17.26	17.40	42.80	0.88
	2019	15.12	4.14	17.15	17.76	45.15	0.69
	2020	28.17	8.46	14.53	12.17	36.11	0.57
印度尼西亚	2017	4.86	8.05	14.15	18.86	53.66	0.42
	2018	5.08	7.81	10.27	20.10	56.12	0.62
	2019	5.74	5.81	11.86	20.58	55.34	0.67
	2020	6.39	6.82	11.11	23.03	52.17	0.48
匈牙利	2017	1.76	4.94	14.78	16.80	56.13	5.59
	2018	1.93	4.40	13.51	16.17	59.46	4.54
	2019	1.74	3.79	12.35	15.27	61.76	5.09
	2020	2.21	4.07	11.43	17.91	60.53	3.85

注："—"表示数据缺失。

数据来源：UNCTAD.STAT。

第三节　中国与"一带一路"沿线国家跨境电商发展

在"一带一路"建设中，依托中国现有的互联网技术，以跨境电商为基础推进数字基础设施、智能支付和物流体系建设，进而推动合作机制建立，成为"一带一路"国际合作的新引擎。自"一带一路"倡议提出以来，跨境电商持续发力，有力推动了外贸发展。据海关统计，2020年我国跨境电商进出口额达1.69万亿元，同比增长了31.1%。跨境电商迅速发展得益于系列政策利好，截至2020年底，我国已与16个国家签署"数字丝绸之路"合作谅解备忘录，与22个国家建立"丝路电商"双边合作机制。在2020年，新增46个跨境电商综试区，增设9710、9810跨境电商B2B出口贸易方式，推动通关便利化；广交会等展会云端举办开辟了外贸发展新通道。中国与"一带一路"沿线相关国家的跨境电商交易额同比增速超过20%，与柬埔寨、科威特、阿联酋、奥地利等国的交易额同比增速超过100%。

近年来，我国持续推进跨境电商综试区建设，线上综合服务平台注册企业已经超过2万家，带动了168个配套园区，超万家企业转型升级。各个综试区与"一带一路"沿线相关国家和地区积极开展政策、技术和贸易标准对接，探索专线物流的跨境电商物流新模式，鼓励海外仓和跨境电商基础设施连通合作。例如，宁波跨境电商综试区与拉脱维亚投资发展署合作启动了中国(宁波)—拉脱维亚跨境电商港湾项目，西安开通长安号(西安—明斯克)跨境电商出口专列。据不完全统计，我国跨境电商综试区在80个"一带一路"沿线相关国家和地区建设了 200 多个海外仓。2021 年 1 月份至 9 月份，我国对"一带一路"沿线相关国家和地区的跨境电商零售出口同比增长超过一倍，明显高于外贸的整体增速[①]。

浙江省是电商大省，2021 年，浙江省全年实现跨境电商进出口 3302.9 亿元，较上年增加 1915.8 亿元，同比增长 138.12%，规模约占全国六分之一，其中出口 2430.2 亿元，同比增长 39.3%[②]。跨境电商网络零售额名列全国前茅。与传统外贸相比，跨境电商具有集渠道、品牌、定价权和供应链体系于一体的竞争新优势，因而跨境电商已成为当前防控疫情和贸易摩擦常态化下促进外贸稳定发展的重要突破口。本节以浙江省为研究对象，分析浙江省跨境电商发展现状和特点、跨境电商对"一带一路"建设的引擎作用以及浙江省跨境电商发展面临的问题与挑战，并探讨浙江省立足跨境电商的先发优势和产业集群的传统优势，大力发展跨境电商，使浙江省成为中国乃至全球跨境电商高地的对策建议。

一、浙江省跨境电商发展现状和特点

(一) 经营主体规模逐年扩大

目前，浙江省在速卖通、Wish、eBay、亚马逊等全球性大型跨境电商平台上，经营主体规模不断扩大，到 2020 年 12 月底，全省在主要第三方平台上的跨境电商出口活跃网店约 11.8 万家，如表 12-11 所示。涌现出了全国最大的跨境电商平台——阿里巴巴速卖通，和以杭州全麦、杭州子不语、浙江执御、义乌潘朵、义乌吉茂等为代表的跨境电商领军企业。

表 12-11 浙江省跨境网络零售出口基本情况(2016—2020 年)

指标	2016 年	2017 年	2018 年	2019 年	2020 年
跨境网络零售出口/亿元	319.26	438.1	574.4	777.1	1023.0
跨境网络零售进口/亿元	—	165.8	236.0	274.4	364.1
跨境网络零售额/亿元	—	603.9	810.4	1051.5	1387.1
活跃出口网店数/万家	6.436 8	6.675 9	—	9.7	11.8

数据来源：中国电子商务研究中心，浙江省商务厅。

在 2015 年，我国在杭州设立国内首个跨境电商综试区；不到一年，宁波设立综试区；2018 年增设义乌综试区；2019 年增设温州、绍兴综试区；2020 年，丽水等 5 地新设综试区；2021 年 1 月，金华和舟山新设综试区；浙江共获批 12 个综试区，率先实现了省域全覆盖，设区市综试区覆盖率全国第一。

目前，在跨境电商综试区已集聚了阿里巴巴、聚贸、敦煌网等一大批跨境电商产业链龙头企业，跨境 B2B 新商业模式不断呈现，产业互动不断增强，通过创新"互联网＋跨境贸易＋中国制造"商业模式，重构生产链、贸易链、价值链，帮助传统企业拓展海外市场，扩大利润空间，建立自主品牌，为新常态下经济转型发展提供新的动力。

---

① https://new.qq.com/omn/20210127/20210127A048SC00.html.

② 浙江省电子商务促进会. 浙江省跨境电商 2021 年度报告[R]. http://www.zjepa.com.html.

(二) 跨境交易产品种类丰富

随着全球消费需求的增长，跨境电商经营的产品种类也更加多样化。根据《浙江省跨境电子商务发展报告(2017)》[①]统计，服饰鞋包、家居家装、3C 数码等 3 大行业居全行业网络零售额前三名，分别占比为 38.4%、16.7%、10.7%，相当于全行业网络零售额的 65.8%。销售区域已覆盖美国、欧洲、俄罗斯、巴西等 200 多个国家和地区。

(三) 跨境电商销售渠道仍以第三方平台销售为主

由表 12-12 可知，目前浙江省跨境电商主要销售渠道还是通过第三方平台销售，约占 95%，约有 5% 的销售量是企业自建平台产生。

表 12-12　浙江省跨境电商主要销售渠道

渠　道	第三方跨境平台	企业自建平台
市场比例	约 95%	约 5%
典型企业	速卖通、eBay、亚马逊、Wish 和敦煌网	全麦、执御

数据来源：中国电子商务研究中心，浙江省商务厅。

(四) 跨境电商地区发展不均衡

浙江省各地区因为先天基础条件不同，在发展跨境电商方面具备的优势不一，跨境电商发展也存在较大差异。浙江省跨境网络零售出口从 2016 年的 319.26 亿元增加到 2018 年的 574.4 亿元，再增加到 2020 年的 1023.0 亿元，其中，金华市、杭州市、宁波市 3 地合计分别为 2016 年 272.71 亿元、2018 年 479.9 亿元、2020 年 830.5 亿元，2016 年、2018 年和 2020 年占全省跨境网络零售出口的比重分别为 85.4%、83.5% 和 81.2%，如表 12-13 所示。

表 12-13　浙江省各地区跨境网络零售出口额及占比

地区	2016 年		2018 年		2019 年		2020 年	
	出口额/亿元人民币	占比/%	出口额/亿元人民币	占比/%	出口额/亿元人民币	占比/%	出口额/亿元人民币	占比/%
杭州	58.23	18.24	115.5	20.1	167.8	21.6	236.4	23.1
宁波	27.33	8.56	54.1	9.4	76.6	9.9	119.8	11.7
温州	25.67	8.04	52.5	9.1	73.2	9.4	101.6	9.9
湖州	1.37	0.43	2.6	0.4	3.6	0.5	7.0	0.7
嘉兴	4.79	1.50	9.7	1.7	13.3	1.7	23.2	2.3
绍兴	4.88	1.53	9.0	1.6	13.0	1.7	20.8	2.0
金华	187.15	58.62	310.3	54.0	402.1	51.7	474.3	46.4
衢州	1.98	0.62	3.7	0.6	4.6	0.6	6.1	0.6

[①] 浙江省商务厅. http://www.zcom.gov.cn/art/2018/8/15/art_1384591_20460945.html.

地区	2016 年		2018 年		2019 年		2020 年	
	出口额/亿元人民币	占比/%	出口额/亿元人民币	占比/%	出口额/亿元人民币	占比/%	出口额/亿元人民币	占比/%
舟山	3.19	0.10	1.0	0.2	1.2	0.2	1.3	0.1
台州	5.20	1.63	10.7	1.9	15.0	1.9	23.3	2.3
丽水	2.30	0.72	5.3	0.9	6.8	0.9	9.1	0.9
全省	319.26	100	574.4	100	777.1	100	1023.0	100

数据来源：中国电子商务研究中心，浙江省商务厅。

(五) 发展呈现集聚化趋势

为推动浙江省跨境电商优势和块状产业集群优势相结合，浙江省商务厅于 2016 年会同有关部门出台《浙江省大力推进产业集群跨境电商发展工作指导意见》[①]，实施首批试点工作(25 个)。2018 年 8 月又启动浙江省第二批产业集群跨境电商发展试点(34 个)，试点达到 59 个。通过以点带面，可培育一大批龙头企业，进一步提升全省跨境电商发展水平，为实现外贸稳中提质、有效应对经贸摩擦贡献更大力量。

(六) 配套支撑体系日渐完善

除了跨境电商经营企业、第三方交易平台以外，跨境电商服务商也随之兴起，国际物流快递公司、货代公司纷纷推出了支持跨境电子商务的专项业务，PingPong、连连等一批省内跨境支付机构快速成长，招商银行、贝付公司、深圳钱海等机构在浙江省创新开展跨境电子商务结汇业务，其中，支持企业建设一批出口产品海外仓，是促进跨境电商快速发展的重要举措。到 2019 年年底[②]，浙江分四批次累计支持了 43 个省级公共海外仓，分布在美、德、英、日等 20 个国家，基本形成了与全省全球贸易格局相匹配的智能化、本地化的跨境外贸服务体系。

二、跨境电商对"一带一路"建设的引擎作用

随着与"一带一路"沿线相关国家的合作不断深化，沿线的数字基础设施、智能支付和物流体系建设不断完善，跨境电商利好政策持续出台，贸易总量和市场规模不断扩大。目前，浙江对"一带一路"沿线国家的出口占全省出口的比重约为三分之一，出口规模名列全国前茅，而跨境电商则是其重要的引擎。浙江省已对"一带一路"沿线国家的跨境电商零售出口进行了全覆盖。

---

① 浙江省商务厅等七部门关于印发《浙江省大力推进产业集群跨境电商发展工作指导意见》的通知，浙江商务年鉴，2017.

② 浙江省财政：聚焦公共海外仓建设，打通出口"最后一公里"，https://zj.zjol.com.cn/qihanghao/100054707.html.

(一) 跨境电商推动浙江省融入"一带一路"建设的作用

跨境电子商务通过利用信息通信技术和网络空间系统，实现物流、人流、资金流、信息流的自由流动与畅通，改变了传统贸易模式，为"一带一路"沿线国家企业提供了更多的发展机遇，推动了"一带一路"建设。具体来说，跨境电子商务以"一带一路"网络零售终端市场、自主品牌市场和中高端市场，逐步替换了传统外贸中的中间市场、贴牌市场和中低端市场，有利于浙江省以渠道和供给的增加引领"一带一路"贸易和投资的发展，有利于促进浙江省与"一带一路"沿线国家间的生产分工协作，有利于扩大浙江省与"一带一路"国家之间的相互市场开放。

(二) 浙江省跨境电商实现了"网上丝绸之路"的全覆盖

"一带一路"建设推进以来，浙江省对"一带一路"沿线国家贸易在全国对"一带一路"沿线国家外贸总值中所占份额逐年稳步提升。2014 年为 9.6%，名列全国第四，2015 年上升至 10.7%，2016 年上升至 11.1%，排名全国第三，其中，出口份额从 2014 年的 13.8% 提升至 2016 年的 15%，排名从第三位提升至第二位。2016 年，浙江省对"一带一路"沿线 64 个国家均有跨境电商零售出口，实现了"网上丝绸之路"的全覆盖[①]。

2018 年浙江省与"一带一路"沿线国家的进出口额为 8966.6 亿元，名列全国第三；出口额为 6821.8 亿元，名列全国第二。2022 年浙江省与"一带一路"沿线国家的进出口额为 17 261 亿元，占全国总额的 12.48%，其中，出口额为 11 920 亿元，占全国总额的 15.11%。可见，浙江省充分利用跨境电商的优势，持续推动"一带一路"建设[②]。

三、浙江省跨境电商发展面临的问题与挑战

(一) 跨境电商物流发展尚需加快

目前存在着物流发展与需求不匹配、物流费率高、速率慢等问题。当前跨境出口的物流渠道主要分为五种[③]：邮政小包、国际快递、专线物流、国内快递的跨国业务、海外仓。邮政小包在价格上有优势但时效上难以满足跨境电子商务主体的需求；国际快递尤其是 UPS、Fedex、DHL、TNT 在时效性和安全性都有保证但费用较高；专线物流价格适中，时效性基本也能满足需求，成为大批量发往特定国家和地区的首选；国内快递的跨国业务，国内顺丰、"三通一达"也开始进入跨境物流市场，但成熟度还未达到跨境电子商务主体的要求；海外仓由于其自身具备物流速度快、商品成本低、售后服务有保证等特点，已成为最具潜力和发展空间的跨境物流方式，越来越多的电商开始在销售终端国家建立仓库，提供存储、发货、物流、退换货等一站式服务，极大提升了消费者的购物体验。由于我国跨境电子商务物流存在物流时效和物流成本难以平衡、物流的安全性难以保障等突出问题，故我国各地区都在鼓励有实力的企业建设海外仓。

---

① 浙江省商务厅，http://www.zcom.gov.cn/.

② 同①。

③ 朱理，李元，曾璋勇. 我国跨境电子商务发展及运作模式选择[J]. 商业经济研究，2018(12)：94-96.

"一带一路"沿线国家物流基础设施存在诸多障碍,"一带一路"建设中存在着文化多元化、语言多样化、基础设施薄弱、信息化水平不均衡、各国基础设施建设标准不同等问题,制约着"一带一路"沿线国家跨境电商的发展。因此,对浙江省来讲,加强海外仓建设和服务水平提升是一个有效的途径。

(二) 质量良莠不齐,品牌经营不足,跨境电商出口包裹退货比例较高

跨境电商出口的产品质量良莠不齐,2016 年浙江省抽检跨境电商进口商品,近 6 成不合格。根据浙江省海关统计数据显示,2016 年出口退运 1791 起,主要原因是产品质量[①]。

国际品牌营销缺乏。企业自身品牌意识不强,有些企业不了解国际市场的需求,不同国家风俗习惯不同、语言障碍等也影响了一些企业的品牌营销。

据海关调研数据显示,跨境电商出口包裹退货比例约为 5%,不同品类的退货比例在 5%～30%,其中服装等部分品类商品退货比例达 10% 以上[②]。随着跨境电商出口业务的发展,出口商品退货渠道不畅成为制约其发展的因素之一。从 2020 年 1 月 3 日起,跨境电商出口退货海关监管业务正式启动。海关进一步优化监管制度,建立高效退货通道,实现跨境电商商品出得去、退得回。因此,浙江省要积极对接,进一步完善省级监管制度。

(三) 电商人才缺失,培养成效不明显

创新综合型电商人才缺失。据调研[③],浙江省目前约 90% 的电商从业人员年龄在 20～40 岁之间,大多数是大专学历,对于跨境电子商务运营、国际营销、物流清关、退换货、金融服务、质检、保险等没有足够经验。电商人才培养与市场需求对接不紧密。

(四) 支付费率高,支付环境的安全性难以保障

跨境电子商务的支付费率高,要收取 1%～3% 的手续费,不同国家的金融支付体系存在差异,资金周转慢。存在着资金回收安全风险,Wish、Amazon 等都遭遇了被海外消费者投诉账户,资金被平台冻结,造成巨额经济损失。

跨境电子商务较普通电子商务的资金交易环节增加了结售汇环节,对资金交易环境提出了更高要求。尽管 2013 年 9 月国家外汇管理局为支付宝、财付通等 17 家企业颁发了跨境电子商务支付业务试点资格,能为客户办理跨境收付汇和结售汇业务,但还是会出现以下几类问题[④]:一是客户信息安全性问题。黑客通过技术手段对网络发起攻击,容易造成客户交易、支付信息泄露,甚至是财产安全隐患。二是对个人外汇管理政策有冲击。电子结汇一般由第三方支付机构以客户名义代办结汇模式,但是在代为办理业务过程中未按《个人外汇管理办法实施细则》要求提供委托书和相关证明材料。如果第三方支付机构线下以自己名义为客户办理结汇业务时,银行则无从了解第三方支付机构代为办理的情况,如此管理难以完全杜绝有心之人甚至犯罪分子利用跨境电子支付平台转移资金。三是备付金管

---

① 浙江跨境电商抽查近 6 成产品不合格,http://www.xinhuanet.com//info/2017-02/15/c136057046.html.

② 跨境电商出口退货通道成功打通,https://www.sohu.com/a/365850314_763455

③ 浙江省电子商务人才发展报告,http://zcom.zj.gov.cn/art/2016/8/12/art_1389625-13889989.html.

④ 朱理,李元,曾璋勇. 我国跨境电子商务发展及运作模式选择[J]. 商业经济研究,2018(12):94-96.

理监管有难度。跨境交易中，由于涉及环节多、物流时间长，部分资金置于第三方支付机构控制中，若支付机构违规使用资金，则极易发生支付风险，危害电商利益。

(五) 跨境电子商务对知识产权的保护尤显不足

跨境电子商务准入门槛低，价格竞争是主要卖点。目前许多跨境电商出口企业对于知识产权的概念较为薄弱，对于国际知识产权法更是缺乏了解。从市场情况来看，B2C 模式中很大一部分商品都是技术含量低、批量生产的中低端产品，部分企业假冒伪劣产品侵犯知识产权的情况时有发生，容易遭受侵权投诉。另一方面，我国许多自主品牌企业缺乏知识产权保护意识，未及时申请海外商品商标、专利保护，被竞争对手钻空子的同时也造成了巨大的利益损失。

四、大力发展跨境电商促进外贸发展的建议

(一) 重视培育一批龙头跨境电商企业与平台企业

1. 加快培育一批具有国际水准的龙头平台企业

截至 2020 年 12 月，浙江省在主要第三方平台上的跨境电商出口活跃网店 11.8 万家。要建立和完善跨境电商全流程辅导平台等相关平台，进一步鼓励推动各类经营主体开展跨境电子商务业务，夯实跨境电商经营主体。引导传统外贸和制造企业运用数字贸易平台实现在线化发展、数字化转型，做大做强数字贸易。支持生产企业和商贸流通企业利用跨境电子商务方式开展国际贸易，实现数字化转型，促进跨境电子商务企业持续发展。着重培育壮大一批大电子商务平台企业，并通过平台整合资源和供应链的优势，形成资源集聚和配置中心，辐射带动整个区域的跨境电商发展。

2. 加快培育一批产业生态完整的跨境电子商务产业园

重点围绕跨境电商集聚发展载体(园区)、物流、支付等服务和配套支撑体系建设，完善跨境电子商务生态链。建议充分发挥数字经济先发优势，支持电商、社交网络等流量平台以数字化方式链接工厂，创新网络定制、社群定制等产业数字化新业态，形成全数字化产业链条；持续探索产业园和产业集群生态平台的产业互联网模式，通过平台连接生产、设计师、买手、品牌、工厂、销售渠道、数据分析等资源，建立数据化柔性供应链，打造产业集群跨境电子商务产业链和生态链[①]。截至 2018 年 8 月，浙江已有产业集群跨境电商发展试点单位59 个，要遴选具有较大影响力的产业集群跨境电商，进一步整合电商、服务商资源，推进电商平台、优质卖家和优质制造商、特色优势产业在品牌体系、营销渠道、供应商网络的专业化分工和全面合作，探索"网货供应"原始设计制造商(Original design manufacturer，ODM)模式、电商＋工厂店模式等精品电商模式，持续推动跨境电商产业园高质量发展。

3. 加快推进跨境电商标准化和品牌化发展

跨境电商高质量发展，首先是标准先行。浙江省要以《世界海关组织跨境电商标准框架》为指导，实施标准强省战略，大力推进跨境电商标准化建设。其次是品牌战略。鼓励企业积极应用大数据、人工智能、物联网、区块链等新一代数字技术，重塑跨境电子商务

---

① 徐德顺. 国际电商发展趋势与中国电商发展对策[J]. 海外投资与出口信贷，2019(4): 28-31.

产业链上的各个环节，不断促进跨境电商模式创新和效率提升；与 eBay、亚马逊、Wish、速卖通等国际平台，以及贝店、环球捕手、云集等社交电商平台加强战略合作，提高品质，增强竞争力，打造跨境电商品牌。

(二) 加大力度建设海外仓

截至 2019 年，浙江省有 43 个省级公共海外仓，分布在美、德、英、日等 20 个国家，基本形成了与全省全球贸易格局相匹配的智能化、本地化的跨境外贸服务体系。但是，随着跨境电商的快速发展，公共海外仓亟需在数量上增加、质量上提高和经营模式上创新。

1. 遴选一批公共海外仓，实施海外仓示范工程

要进一步完善公共海外仓试点标准，在全省 43 个公共海外仓中遴选 10 家在国内外影响力较强、运营效率较好、信息化管理程度较高的海外仓示范标杆，推动海外仓和电商平台智能化联网，着力建设成国内领先、具有国际水准的公共海外仓先行示范工程。

2. 遴选一批跨境电商企业，实施公共海外仓培育工程

相对于跨境电商进出口 35%的增长，浙江省公共海外仓不足。建议围绕浙江重点目标市场及全球贸易枢纽地区，在全省遴选 20 家跨境电商企业，实施贸易型、物流型及平台型的公共海外仓培育工程，进一步推动跨境电商出口 B2B2C 供应链体系发展，促进跨境电商的快速发展。

3. 搭建跨境电商公共海外仓云平台，实施公共海外仓运营模式创新工程

目前，跨境电商物流环节普遍存在着物流成本较高、资源利用率较低等问题。要运用共享经济的理念，创新公共海外仓的经营模式，搭建一个浙江省跨境电商公共海外仓云平台，实现仓储资源的共享，这样既可以节约建仓成本，又可以在全球范围内配置资源。云平台要整合浙江的物流和海外仓资源，并对这些资源提供数据和信息化支持。平台的有效运作还需要加快物流行业的标准化建设和信用信息体系建设。平台建设前期，可以由政府介入和引导，后期实行市场化运作。

(三) 加强发挥跨境电商在"一带一路"建设中的引擎作用

浙江省对"一带一路"沿线国家的出口占全省出口的比重约为三分之一，出口规模名列全国第二，而跨境电商则是其重要的引擎。目前，新冠疫情的防控和贸易摩擦的常态化进一步凸显"一带一路"建设的重要性，做大做强跨境电商，对浙江省意义重大。

1. 发挥跨境电商综合试验区建设优势，前瞻布局网上丝绸之路建设

目前，浙江省已有杭州、宁波、义乌等 12 个跨境电商综合试验区，要发挥跨境电商综合试验区建设优势，打造线上线下融合发展的网上丝绸之路，探索制定贸易新规则，打造 eWTP 电子世界贸易平台，构建"一带一路一网"新格局。继续支持市场采购与跨境电商融合发展。加强进口市场培育的顶层设计，实现进口跨境电商、进口贸易、海外供应链品牌合作、优质电商平台合作、社交电商、新零售分销渠道等多模式发展。

2. 主动参与"一带一路"沿线国家基础设施和跨境电商生态体系建设

互联互通的网络基础设施是跨境电商服务"一带一路"的基础。但是，目前"一带一

路"沿线国家网络基础设施水平不一，根据国际电信联盟(ITU)发布的信息通信技术发展指数(IDI)，37%的国家处于中等或低水平。因此，要继续鼓励跨境电商企业拓展海外市场，通过海外并购、联合经营等方式，参与网络基础设施投资与建设，提供工业云、供应链管理、大数据分析等网络服务。结合境外经贸合作园区建设和人才培训，在沿线国家推广浙江跨境电商业务流程和商业模式，支持开展跨境电商业务和合作，加强区域性互联网＋平台研究，构筑一批由特色区域互联网平台、云供应链系统、互联网金融等组成的多边互联网业态，推动"一带一路"沿线国家跨境电商协同发展。

3. 完善便利化通关制度

进一步深化通关一体化改革，积极谋求建立与"一带一路"沿线国家海关的联系沟通机制，整合关、检、税、汇、商、物、融以及电商平台和相关电商服务企业平台数据，不断完善单一窗口等一系列快捷通关措施，为跨境电商商品和服务流通提供便利。

(四) 建立和完善跨境电商监管体系

1. 研究出台完善跨境电子商务进出口监管工作的实施细则

按照世界海关组织《关于全球贸易安全与便利标准框架》，2018 年六部委联合印发的《关于完善跨境电子商务零售进口监管有关工作的通知》和 2020 年我国海关出台的跨境电子商务出口商品退货监管方案，深化线上海关改革，全面理顺并构建一套符合跨境电商业务的监管流程，研究出台各地区完善跨境电子商务进出口监管工作的实施细则，促使跨境电商的正向物流和逆向物流形成完整闭环；积极推动建立和完善规制跨境电商行为的国际协调机制，探索利用数字技术加强知识产权侵权防范和监管的新途径，尝试建立司法协助和联合执法机制，从而使跨境电商商品退货率较高、知识产权侵权等问题得到高效便捷地解决。

2. 完善网络跨境支付的监管制度

要建立和完善跨境支付业务大数据库及智能风控监控系统平台，引导企业利用区块链等先进技术提升交易数据的不可篡改性和可追溯性，以确保及时、有效识别出虚假贸易。进一步完善监管制度，允许第三方支付机构联网核查的权利，并加强对第三方支付机构备付金的管理，从而提升交易安全性和交易效率。

3. 完善跨境电商的质量监管体系

运用新版 ISO9001 质量管理体系、质量追溯技术等国际先进标准，构建跨境电子商务质量认证体系，通过与专业第三方质量认证机构合作或由行业协会主导成立专业的质量检测团队，对跨境电子商务卖售进行认证，并充分运用大数据技术和信息共享平台，推行"互联网＋认证监管"方式，建设网络声誉机制和搭建网络声誉评价平台，通过动员社会力量的方式来健全既有的跨境电商质量监管体系。

复习思考题

1. 中国与"一带一路"沿线国家数字贸易发展的特点有哪些？

2. 中国与"一带一路"沿线国家数字服务贸易发展的特点有哪些？存在什么问题？应怎样加快数字服务贸易发展？

3. 跨境电商在中国与"一带一路"沿线国家贸易发展中的作用如何？跨境电商发展的机遇与挑战如何？跨境电商在未来的发展趋势如何？

4. 浙江省的跨境电商发展有何经验和启示？

5. 你认为我国应怎样加快数字贸易发展？

推荐阅读文献

[1] 李晓钟. 数字经济下中国与"一带一路"沿线国家贸易发展理论分析与实证研究[M]. 北京：经济科学出版社，2020.

[2] 电子工业出版社、中国工业互联网研究院、中国电子学会. "一带一路"数字贸易指数发展报告 2020[R]. https://www.yidaiyilu.gov.cn/.

[3] 董小君，郭晓婧. 美日欧数字贸易发展的演变趋势及中国应对策略[J]. 国际贸易，2021(03)：27-35.

[4] 王娟，等. 中美欧数字经济与贸易的比较研究[J/OL]. 西安交通大学学报(社会科学版). https://kns.cnki.net/kcms/detail/61.1329.C.20220418.1248.002.html

[5] 张亚斌，马莉莉，刚翠翠. "一带一路"数字服务出口增加值、价值链地位及其决定因素：基于全球多区域投入产出模型的实证研究[J]. 经济问题探索，2021(07)：177-190.

[6] 白树强，肖雯. "一带一路"沿线国家文化多样性利于中国数字服务出口吗？[J]. 上海经济，2021(06)：33-48.

[7] 沈玉良，彭羽，高疆等. 数字贸易发展新动力：RTA 数字贸易规则方兴未艾：全球数字贸易促进指数分析报告(2020)[J]. 世界经济研究，2021(01)：3-16＋134.

第十三章　数字贸易典型案例

学习目的与要求

通过本章的学习，了解数字贸易企业发展的实际状况和特点，进一步深刻理解数字贸易的内涵和类别，深化对数字贸易与传统贸易差异的理解。

在数字技术创新的驱动下，国际贸易在经历了传统贸易和价值链贸易之后，将进入数字贸易时代，贸易主体、贸易模式、交付模式、贸易对象和贸易监管政策正在面临全方位的变革。在影响贸易的传统因素中，技术创新、劳动力禀赋、有形基础设施、市场规模等仍将对数字贸易发挥作用，但其显著性或影响机制却已发生变化，而数字基础设施、信任与风险管理等新决定因素将产生重要的影响。根据本书数字贸易的定义，我们可以把数字贸易行业类别分为数字服务贸易和数字平台贸易两大类，其中，数字服务贸易还可以分为数字内容和数字技术。为更好地分析数字贸易企业发展的特点，本章从数字内容、数字技术、数字平台贸易三方面来剖析典型企业案例。

第一节　数字内容的典型企业案例

一、MEGAMEDIA 数字文化内容跨境交易服务平台[①]

浙江华麦网络技术有限公司于 2014 年 3 月搭建了我国首个音视频内容跨境交易服务平台(MEGAMEDIA，www.megamai.com)，是集高品质、多功能、可扩展为一体的国际文化传输及交易平台，中英文双语全球云同步，为传媒影视行业的从业者、制片方、发行方、电视台、新媒体等国内外企业与机构提供专业的线上线下服务。

(一) MEGAMEDIA 数字文化内容跨境交易服务平台的功能与作用

该平台由项目大厅、企业库、交易市场、商务活动、行业资讯、增值服务六大板块构成，并辅助以五项商务配套服务工具，全方面、多元化为影视动漫游戏等数字文化内容提供相关交易服务。线上＋线下的双线模式，多维度运行，旨在为国内外数字文化企业提供

---

① 浙江华麦网络技术有限公司提供。

一个领先的、国际化的跨境交易平台。

1. 项目大厅

根据行业大类,以剧集、电影、动画片、纪录片、游戏五大类为主的项目展示,并根据年份、国家(地区)以及语言辅助分类与查找。对用户上传内容进行独立的、详细页面的展示,帮助国内外用户浏览项目内容和相关信息。

2. 企业库

数字文化企业在平台进行自主注册与信息完善,通过审核后放在企业库板块,以企业为单位建立完整且独立的板块,并细分33项业务范围以关键词分类,帮助快速查找需求企业及相关联系方式。

3. 交易市场

将有版权交易需求的项目进行归纳展示,注册者可根据自身需求进行了解,向符合需求的项目上传者发起交易问询与交流。进一步以自主对接的方式提高商务合作的沟通效果,帮助提升交易内容的成功率。

4. 商务活动

借助平台企业及项目优势,将以中国国际动漫节国际动漫游戏商务大会(iABC)、戛纳电视节中国(杭州)国际电视内容高峰论坛(MIPChina)、杭州青年影像计划、芬兰坦佩雷电影节等为代表的各类国内外线下活动延伸至平台以及在疫情后所发展的系列线上对接项目;建立起服务于线上及线下的各类行业活动,成为产业发展、商务合作、交易的双向桥梁。

5. 行业资讯

在大信息流量时代,有选择性地展示当前热门的、具有可参考性的行业资讯,通过原创编辑、行业盘点、外文翻译、采访调研等展示国内外最新的行业发展态势;选择标志性事件或现象进行中英双语的实时跟踪与实时翻译,以便及时向国内外行业者提供一手资讯,帮助了解与拓宽对彼此行业市场的把握。

6. 增值服务

(1) 音视频制作服务。根据客户需求及实际情况,向行业公司提供各类定制化的音视频制作服务,类型涵盖广告片、宣传片、概念片等。并针对产品及品牌背景,提供从创意脚本到拍摄脚本,再到成片的一系列相关服务,也可提供流量客户群体的推广服务,进一步加强和完善服务方向与类型。

(2) 多语言配音服务。基于平台的跨境服务理念及国际化的内容资源,平台也提供多语言的配音服务,以帮助项目更好地落地于本土,推动中外文化内容往来。平均每年完成意大利语、西班牙语、法语、阿拉伯语等配音3000多分钟。

(3) 多语言翻译服务。平台向会员提供英语、阿拉伯语、西班牙语、格鲁吉亚语等语种的翻译服务,涵盖动画片、纪录片、电视剧、电影等,播出翻译后的字幕或本土化译制后的优秀国产影视内容。至今,完成译配及播出的覆盖面已达埃及、匈牙利、巴西、希腊、意大利、德国、黎巴嫩等数十个国家与地区。

7. 商务配套服务工具

(1) 专属看片库。根据每项活动要求，建立专属看片库。对应板块、主题，各活动拥有独立且安全的看片链接，符合要求的评审用户可进入专属渠道在规定时间内进行审片、阅片等，既有高效便捷的实用性，也符合版权所有者的安全性要求。

(2) 评审系统。在看片功能的基础上，进一步完善了评审系统的操作流程，对有需要进行评定的活动如打分、选择项目、评审意见等，开设对应的评审细化功能，便于观看者自主评定，也进一步提高了统计结果的时效性和快捷性。

(3) 配对系统。为了进一步提高商务合作的效率，提升谈判双方对于彼此的了解，平台特别开发了针对商务合作洽谈的配对系统，根据大数据、关键词等信息项对双方的业务需求进行系统自动初匹配后，再进行人工检查与精细筛选。快速精准的分析与定位提高了商务合作的成功率。

(4) 一对一商务洽谈系统。一对一商务洽谈系统率先将用户的需求放置线上，以便其他用户尽早了解和自主发起预约，双向考虑，双向选择，可根据自身情况进行处理；实时无卡顿，全程高效自主，提高谈判效率。对于线上对接和线下对接都有着极大的操作和发挥空间，可随时根据活动进行调整，可攻可守。

(5) 大文件跨境传输。在面对国内外用户的文件传输问题上，平台特别开设了大文件传输的功能。利用私有网络(Virtual Private Cloud，VPC)、弹性云服务(Elastic Cloud Service，ECS)、对象存储(Object Storage Service，OSS)和函数工作流来实现低成本、高弹性、高安全性的大文件跨境传输平台。利用大文件对象化存储并实时自动压缩解压机制，实现大文件传输的低成本，同时在传输过程中通过加密函数对文件进行安全性保证，并在接收端无感解压解密，保证数据传输的安全性、完整性和准确性。解决了在时差、地域和软件等不同问题下所造成的一些繁琐问题和困难，简化了跨境传输的流程，节约了时间成本，优化了业务流程，提升了服务水平。

(二) MEGAMEDIA 数字文化内容跨境交易服务平台实现的成效

截至 2020 年底，MEGAMEDIA 平台拥有来自 36 个国家和地区的 3167 个专业媒体用户，版权出口额近 1000 万美元；有超过 5000 多个在线影视样片，内容涵盖动漫、电视剧、电影、纪录片等；通过平台达成中外影视合作项目超过 7000 万美元。同时也借助平台开展了一系列辅助工作，在技术层面为国内外用户群体提供服务。

(三) 经验和启示

(1) 大量数据从业务系统中产生，而业务系统又需要数据分析的结果。在创新性方面，企业主要结合业务需求进行了数据中台的设计及后端模型级别的构建。即利用数据中台技术链接大数据计算存储能力，用业务连接数据应用场景能力；依据企业特有的业务模式和组织架构，构建了一套持续不断把数据变成资产并服务于业务的机制。在模型方面，根据业务需求构建具有泛化性的人工智能推荐及过滤算法，为企业发展赋能，降本增效。

(2) MEGAMEDIA 平台以影视文化产品为例，通过技术手段的运用达到推动产品交易的目的。其中，数据中台技术及数据可视化交互方面具有可复用性——数据中台将数据加工后封装成一个公共的、可复用的、服务于前台业务的数据产品或服务。在最终数据呈现方面，平台采用了前端模块化的设计理念，即通过用户分类、维度数据、交互模式等方面进行模块化，实现跨业务复用。在其他业务领域中，平台提供对应的需求及接口，可快速实现可视化层的构建。这种方式适用于多产业的发展和运用。

(3) 在国内外影视文化交流日渐显著的当前，文化产业亟需与国际市场保持多元互动，维系其内容产出后的文化往来，以贸易带动后续力量的探索与挖掘。尤其是在线上互动成为新态势的当下以及未来，将 MEGAMEDIA 这样的数字化平台通过技术支撑，拓展文化内容的交易，在整个影视动漫游戏文化的跨境使用交流上存在较大的可推广空间。其既有符合以企业、项目为代表的展示及交易功能，又有服务于线上＋线下的产业功能，是集多方需求为一体的跨境交易平台，在整个文化产业的发展过程中能够承担起相应的联动全球的作用。

(4) 在 MEGAMEDIA 平台目前已有的资源积累上，证明其联动全球影视动漫游戏内容的方式是具有较强的操作空间和较高利用率的，其在实现跨境参展、参赛、交易、互动等服务上，可实现多线联动，发挥一个平台多种用途的功能性。平台利用数字化技术，对潜在用户进行挖掘，并对行业新用户进行有效产品推荐，有助于进一步打破国际文化交易的壁垒，实现多元共赢的贸易往来。MEGAMEDIA 与全球影视动漫游戏文化内容进行跨境交易服务，帮助本土文化内容走出去，也推动国外优质文化内容引进来，为促进产业升级、推动国内国际双循环和促进贸易高质量发展发挥了积极的作用。

二、"非常英雄救世奇缘"手游[①]

党的十九大以来，中央进一步明确了新时代我国社会的主要矛盾，即人民日益增长的美好生活需要和不平衡不充分的发展之间的矛盾，指出必须坚持以人民为中心的发展思想，不断促进人的全面发展、全体人民共同富裕。因此，对于文化创意企业来说，致力于以产品研发为核心，通过打造高品质游戏，为玩家提供优质的体验感，创造融合中国传统优秀文化并体现时代特色的文化精品，是其立身之本，也是其履行社会责任的重要体现。

在中国传统文学名著中，很少有作品能拥有《西游记》同等的地位，既能以学术研究、专业译介传播到全世界，又能在文化衍生层面通过影视改编、游戏动漫等形式被全球大众所熟知，兼具本土性与世界性。"非常英雄救世奇缘"是一款 2D 横版动作冒险类游戏，由完美世界自主研发。该项目以游戏为载体，推动我国西游文化向全球化发展，实现西游文化从走出去到走进去。

(一)"非常英雄救世奇缘"手游的功能作用

作为全球化的游戏开发商、发行商、运营商，完美世界在端游、手游、主机游戏、VR游戏以及云游戏等多个领域进行布局，旗下产品出口 100 多个国家和地区，为全球用户提供了优质的互联网文化内容，也为中国文化在全球传播起到了积极的作用。

"非常英雄救世奇缘"故事取材自中国古典名著《西游记》，融合了中国传统文化和西方审美元素，讲述了四位英雄受观音大士所托，重新收集真经拯救世界的故事。在西游

---

① 完美世界股份有限公司提供。

· 204 · 数字贸易：理论与应用

文化的展现上，该游戏从场景、角色、剧情、技能、服饰等多方面着手，以简明易懂的诙谐对白，软化和舒展硬核的中国神话故事内容，更有利于中华优秀文化的输出。同时制作团队将勇气、坚持、信任和智慧等普世价值观融入到游戏设计中，在遵照原著的基础上增添了游戏活力，使西方人眼里的西游故事更加耿直无畏和多元，让人觉得颇有趣味。

在视觉特效、动画、音频和游戏性方面，"非常英雄救世奇缘"项目团队结合了业内最权威和专业的研发人员，花费多年时间精心制作，在技术和设备上，完美世界提供了国内乃至世界上一流的硬件，保障整个项目的进展顺利。

除此之外，"非常英雄救世奇缘"的美术工作采用了手绘这一创作方式，保证了项目在不同阶段可以实时修改画面，同时借助完美世界自主研发的 ERA 引擎工具的便利性，使 2D 美术师也能够在引擎中将静态插图转换为动态的 3D 环境。技术团队还制作了专用的编辑器，把每个关卡都分成了三个独立场景，以便关卡设计师、美术师和声音设计师可以同时进行工作，提高工作效率。

(二) "非常英雄救世奇缘"手游的成效

PC 版本的"非常英雄救世奇缘"已于 2017 年 6 月正式发布，一经亮相便吸引了众多游戏玩家的注意，且获得了众多游戏评测机构"画面华丽，玩法有趣"的评价。移动端版本"非常英雄救世奇缘"于 2021 年 2 月 22 日在全球范围内开启预约，邀请媒体并公布游戏的发售日和售价，并积极参加国内外各个游戏奖项的评选，实现最大程度的曝光和宣发，截至 2021 年 3 月 14 日，全球各渠道预约人数为 54.4 万。在 2021 年 3 月 18 日，该 PC 版本在 168 个国家与地区的 Google 商店和 App Store 正式发售。

"非常英雄救世奇缘"端游版本从 2018 年至 2021 年 6 月，已揽获 2020 游戏金狮奖、优秀独立游戏、2019 安妮奖最佳游戏角色动画奖等权威奖项，并获得了 2020 Made with Unity 最佳 2D 游戏奖提名、2019 INDIECADE EUROPE(欧洲独立游戏节)最佳独立游戏提名、2019 TIGA 年度最佳动作冒险和最佳美术两项提名、2018 拉美 BIG FESTIVAL AWARDS(最佳美术奖提名)、2018 Unity 年度最受期待游戏提名、2018 巴塞罗那游戏展最佳主机游戏奖、2018 斯特拉斯堡独立游戏节最佳独立游戏提名等诸多殊荣。

(三) 经验和启示

(1) 当前中国游戏产业正迎来发展的黄金时代，处于粗放式开拓向精细化发展的转型阶段。游戏研发企业的定位不仅仅是为用户提供娱乐服务，而更应当关注到我国传统文化中的精髓部分，并通过游戏的形式引导用户建立正确的价值观，起到在全球范围内推动中华优秀文化传播的作用。此举不仅有利于企业实现自身价值，也是履行社会责任的有力举措。

(2) "非常英雄救世奇缘"的项目正是基于从游戏角度输出我国"西游文化"的目的，其在故事性上不仅忠于原著，而且还融入了现代元素，更容易被世界范围内的玩家所接受。项目组根据原著中各个角色的特点为他们重新设计了各自有趣的职业，为"西游文化"赋予了游戏更强的生命力和趣味性。同时，游戏设计中融入勇气、坚持、信任和智慧等普世价值观，使西方人眼里的西游故事比原著更加多元，让人觉得颇有趣味的同时，也拉近了中华优秀文化与世界玩家之间的距离。

第二节　数字技术的典型企业案例

一、人工智能、大数据与区块链技术在数字内容版权保护与全球分发变现领域的创新应用①

全球经济正经历新一轮大变革,5G 网络、短视频、全球生活新常态带来产业链加速重构,数字服务贸易加快数字经济发展,成为引领经济高质量发展的新引擎。阜博集团自 2005 年成立以来,专注于网络视听节目,包括影视、音乐和短视频内容在全球的网络版权保护、管理、分发与变现,将数字服务贸易与行业应用深度融合。阜博集团以软件即服务(SaaS)的模式向国内外众多客户提供稳定技术服务 15 年,自主研发人工智能大数据技术并结合区块链技术,在数字内容版权保护与全球分发变现领域实现了创新应用。

(一) 数字技术交易平台的内容

1. 人工智能、大数据及区块链技术的研发与应用

阜博集团自主研发的人工智能内容识别影视基因(Video DNA)技术,多年保持业界领导地位,在行业内最先提出了快速识别、全面覆盖、迅速隔离版权保护体系,被全球众多大型内容方广泛使用,成为行业的事实标准。

人工智能内容识别影视基因技术通过对图片、音视频内容的快速学习(提取基因)之后,可在海量的图片、音频、视频大数据中找到与基因一致的内容,无论内容被剪辑、插播、篡改,还是格式、码率、分辨率等被改变,都可以快速、精准识别出所对应的内容。结合区块链技术去中心化、不可篡改的特性,赋能版权登记、监测、存证、维权诉讼及交易流通,全流程上链、全链路可信,全方位提高了数字版权内容方的维权和变现效率。

2. 有效保护数字内容版权、降低侵权损失

阜博集团在人工智能大数据与区块链技术基础上搭建的融合媒体版权保护平台,能够追踪 200 多个国家近 30 万的媒体站点,监测范围覆盖全球视频发行渠道,包括各类广播站点、中小网站、流媒体、搜索引擎、P2P、直播平台、直接下载渠道、链接网站等,并实现行业监测重点难点,包括社交媒体、APP、IPTV/OTT、云盘网盘、直播网站的突破性覆盖,无论何种形态的盗版内容,都能实时识别侵权,并向侵权方发出警告,通知其下架侵权内容,帮助版权方减少因盗版传播带来的收入损失。平台日均新增 2000 万以上的待识别视频,日均处理视频时长超过 150 万小时,累计进行数十亿次音视频内容识别与精准管理,覆盖了互联网 95%以上音视频内容,实际运行误判结果为零,数据服务规模业界最大。

同时,平台通过引入蚂蚁区块链技术,在数字版权维护全流程中做出突破。确权存

---

① 杭州阜博科技有限公司提供。

证方面，基于区块链特性，实现发布即确权存证，将权利人身份信息、唯一身份 ID 和登记时间等安全上链。电子取证方面，通过影视基因技术全网精确识别侵权行为后，通过网页截屏、视频录屏等方式在线取证，提供可靠的司法证据。维权服务方面，引入最高法及人民法院、互联网法院、权威律所、仲裁和司法鉴定机构上链，提供全流程高效维权服务。

目前，集团已与世界顶级内容制作商建立了长期信任的合作关系，拥有稳健的客户群，包括好莱坞制片公司、电视网络及主流媒体平台、我国广电传媒单位与影视公司等，并与国内外各大影视内容聚合分享平台建立了深入合作，在全球网络视频版权保护市场占有率名列第一。

3. 创新文化进出口模式，帮助数字内容在全球网络视频媒体平台大规模变现

基于数字内容技术优势，以及多年来与全球数百家内容合作伙伴的信赖关系，阜博集团搭建了融合媒体版权变现平台，为全球内容方创新提供基于分账模式的数字内容分发变现服务。

内容出海方面，集团为我国数字文化内容提供面向欧美、"一带一路"、东南亚等多个国家，YouTube、Facebook 等多个视频社交平台，广告、会员费分成、按次点播付费等多种收益模式的分发变现服务，全方位激活版权价值与影响力：① 通过平台高级合作伙伴享有的 API 接口，获取最全数据资料库与交互权限，对播放数据和用户行为进行深度分析，通过渠道管理提升内容观看流量以创造收益；② 通过与平台建立的合作机制，为版权所有者提供其所在视频平台的全流量跟踪服务，监测平台其他内容上传者对版权内容的盗版使用和传播行为，确认这些内容产生的广告收入并追回，进一步提升文化出口收入。

内容引进方面，在国内零成本引进大量海外优质影视内容，大幅降低视频播放平台的版权采购压力，并基于播放效果进行三方分账，以更加规模化和多样性的影视内容服务中国数亿用户。已和海外 50 余家电影公司达成合作，获取境外影片千余部，引入国内近 20 家视频平台，涉及用户逾 7 亿。

目前，阜博集团已成为全球唯一与 YouTube、Facebook、Instagram、SoundCloud 四大社交媒体平台合作运营的独立版权管理服务商，通过对版权的监测保护及分发变现，多方面为文化内容健康生态护航。

(二) 数字技术交易平台的成效

1. 保护创作者利益

阜博集团的融合媒体版权保护平台，使用人工智能内容识别影视基因技术及区块链技术，以 SaaS 化技术服务取代传统人工监测及基于关键词、关键帧的监测技术手段，为客户提供最全面、最准确的监测数据，在发现侵权后根据客户需求，立即启动下线阻断或批量取证、证据保全服务，并与最高法司法链跨链互信，证据可直接用于诉讼，从立案到判赔，最快 7 天完成，实现了版权信息、侵权数据等全链路信息多方透明、快速共享。平台通过保障内容只在被授权的渠道流通，减少盗版导致的收入损失，有效保护创作者利益。截至 2020 年年底，阜博集团已累计为近 1000 万部国内外内容提供线上监测和版权保护服务，2018 年北美地区票房排名前 100 部影片，100%由阜博集团提供版权技术服务。保守

估计，阜博集团所提供服务保护的电影和电视节目版权，价值已经超过了 1000 亿美元。尤为重要的是，阜博集团的技术发明和应用将逐步建立更加健康的、可持续的内容制作、版权发行的商业模式，逐步增强整个社会的版权意识和对文化作品知识产权保护工作的重视，促进行业持续繁荣发展。

2. 推动中外文化在交流中繁荣发展

依托本地化专业团队近十年经验积累，阜博集团深谙外国观众的审美情趣、市场需求及平台规则，有效帮助数字内容方生产与挖掘大量优秀作品，使出口产品的内容、质量逐渐贴合海外市场需求，并为其提供面向多个国家、多种渠道类型的创新发行渠道和变现模式；同时，为视频内容提供有力的版权保护，通过技术手段监测追回收入，进一步增加文化出口收入。作为 YouTube 平台最大的独立第三方版权管理服务商，阜博集团目前管理有 2 个千万级订阅海外频道、17 个百万级订阅海外频道及近 50 个 10 万+ 级订阅海外频道，并积累有超 1 亿全球粉丝，管理的内容总播放量超 670 亿次，2018 年为版权内容方带来亿级人民币收入。阜博集团致力于让每个创作都能实现价值，激发文艺创作积极性，促进产业的持续繁荣。

3. 注重数字技术的自主研发

阜博集团自主研发的人工智能大数据技术及引入的蚂蚁区块链技术，拥有国内外发明专利 112 项，并在海内外一系列技术测评及产业化应用中得到认可和大规模推广，成为行业事实标准。

(三) 经验和启示

1. 保护创作者利益，增强社会版权意识，实现行业持续繁荣

目前，我国文化产业正进入前所未有的繁荣期，强化知识产权全链条保护、构建大保护工作格局已成为国家战略。但是，在数字内容版权保护领域，还普遍存在权属自证繁琐、发现侵权成本高，取证难、诉讼难、周期长、成本高等成为行业痛点，数字作品复制便利性带来的侵权盗版问题仍然直接影响着版权方和创作者利益，冲击着行业秩序。阜博集团依托全球领先的人工智能内容识别影视基因技术和区块链技术，致力于最大程度激发数字版权内容的价值，助力新型数字服务贸易的加速崛起，引领服务贸易发展的重要趋势，驱动数字经济高质量发展。

2. 激发文艺创作积极性，推动中外文化在交流中繁荣发展

阜博集团拥有完备的影视基因数据库，利用融合媒体版权管理变现平台提升内容盈利能力，打造新一代智能线上内容生态系统，以数字服务贸易促进中外优秀文化融通，推动中华文化出海，帮助中国品牌走向世界。同时，阜博集团在政策支持下探索"以出带进"、特殊境外优质视听内容引进配额方案等试验，松绑引进海外影视内容在数量上的政策性限制，探讨创新文化贸易发展的体制机制和政策措施，推动中外文化交流对话、合作共赢，推动以优质作品充实我国文化媒体平台内容库存、以分账发行的创新商业模式降低国内版权进口采购压力，并以更加规模化和多样性的影视内容丰富中国用户的精神文化需求，促进人类文化在交流中迸发活力、发展繁荣。

二、Jet Commerce 跨境代运营服务及数据化 SaaS 软件服务[①]

Jet Commerce(必腾品牌管理有限公司)成立于 2017 年，为 OPPO 体系公司，是阿里巴巴在东南亚的电商合作伙伴，也是东南亚销售额及规模最大的全价值链专业电商服务公司。

(一) 平台功能作用

东南亚市场原无线上营销概念，优秀的国内品牌商品很难在当地打开市场，但随着电商不断的发展，线上运营营销迫在眉睫，Jet Commerce 应运而生。该公司通过为品牌商进行线上商品网页优化、营销推广等业务的开展，现已在印度尼西亚、泰国、越南、菲律宾、马来西亚及中国等地区开展业务，为包括 OPPO、资生堂等超过 120 个国际品牌在东南亚国家及中国地区超过 250 个线上店铺提供针对品牌电商的一站式服务及解决方案。公司旗下业务主要包括电商运营、仓储履约、数字营销、大数据及软件服务四大板块，针对东南亚电商体系开发了 UPFOS 系统管理软件，并已取得软件著作权登记证书。合作的品牌包括瑞典皇室御用水晶玻璃杯品牌 Kosta boda(科斯塔博达)、澳大利亚知名保健品品牌 Swisse(斯维诗)、Chemist Warehouse(澳洲大药房)、东南亚一线美妆品牌 Y.O.U 等。

Jet Commerce 是国内唯一获得 Lazada(来赞达)、Shopee(虾皮)和天猫三个平台同时认证的运营服务商。Jet Commerce 运营的 Chemist Warehouse 在 2020 年双 12 活动中在马来西亚 Lazada 保健品销售量名列第一；Swisse 在 2020 年双 12 和 2021 年第一季度均获得 Lazada 跨境快消类品牌销量第一。

(二) 平台成效

(1) 通过东南亚市场 6 个国家 800 位本地员工为品牌提供东南亚本地化的电商运营服务，帮助优质中国品牌出海东南亚。

(2) 围绕本地消费者打造全渠道电商生态，实现声量和销量最大化，让声量变销量，线上全媒体声量布局，引流购物平台，利用数字营销链接声量媒介和销售媒介，更快地推动品牌影响力和销量提升。

(3) 通过大数据及软件服务支持，优化企业内、外部业务流程管理，帮助电商企业提升业务处理效率，降低企业成本，提高企业利润。

(三) 经验和启示

(1) Jet Commerce 自主研发的 SaaS 服务系统集库存管理、OMS、WMS 等多种技术服务于一体，通过数字化、信息化、智能化等技术手段，为品牌方提供全渠道可视化系统性解决方案。

(2) Jet Commerce 服务系统的一体化管理与 SaaS 深度融合，充分解决了因系统分散带来的信息延迟、管理效率等问题，品牌方可以轻松实现对线上线下业务及供应链各环节的高效管理，降低运营成本，从而提升品牌方供应链的整体运营能力。

---

① 杭州必腾品牌管理有限公司提供。

(3) Jet Commerce 基于东南亚深耕多年的领先电商经验，充分运用团队本土化优势，提供以品牌电商为核心的全链路一站式商业解决方案，包含战略咨询、店铺运营、整合营销、客服及消费者管理、仓储物流、技术支持等系列服务，赋能众多优秀品牌快速落地新兴电商市场，促进品牌内生可持续发展。

第三节　数字平台贸易的典型企业案例

一、全球中心仓[①]

2017 年乐链最早在全国提出了全球中心仓的概念，指出全球中心仓应分阶段探索，逐年、逐个功能分步实现，并且通过业务验证及强化。全球中心仓的特点是一区多功能，一仓多形态；海外仓储与国内保税仓储线上线下打通融合，实现无国界全球库存的调拨与管理，助力数字贸易交付和售后服务畅通。至 2020 年 10 月，全球中心仓已完成数字端的全球链接、全球管理与实物端的一盘库存买全球、卖全球的完美融合。

(一) 全球中心仓的功能作用

全球中心仓创新模式可满足企业同时供应国内、海外两个市场，并且同时存在多种贸易方式的需求，使原来需要存储于多个地区、多个仓库的多种物流及多种贸易形态可以在保税区内的中心仓一站式完成。

(1) 在全球中心仓模式下，允许国内非保税货物以非报关方式入区存储，海关通过电子账册等方式实施分类监管，同时允许杭州综保区内不同管理账册下货物的互联互转，运用信息技术手段拆除了园区内非保税账册、普通保税账册、电商账册等贸易管理账册之间的"围墙"，并用数字交互手段直接链接了海外的物流商，提前介入交付准备。

(2) 全球中心仓具有四个同仓特征。一是非保税货物与保税货物在同一个仓库不同库区共同存储(2017 年 11 月实现)；二是 2B 与 2C 的同仓发货，一般贸易项下交付给企业的货物与跨境电商项下交付给消费者的货物(包裹)在同一个仓库不同库区同仓发货(2018 年 1 月实现)；三是内贸与外贸的同仓一体，内贸货物与外贸货物在同一个仓库不同库区共同存储(2019 年 6 月实现)；四是出口货物与进口货物可在同一个仓库不同库区调拨(2020 年 8 月实现)。

(3) 乐链实际操作案例分享。全球中心仓针对 1210 保税出口模式，亚马逊大卖家杭州安致电子商务股份有限公司(简称安致公司)，根据市场预期提前备货入杭州综合保税区，跨境销售的库存可提前完成出口手续，通过各个出口电商平台面向全球终端消费者。在安致公司产生线上电商订单后，乐链快速高效地完成商品订单处理、商品报关手续、最后搭乘杭州机场货运航班，快速配送至全球各地消费者手中，跨境航班直达地区配送速度可比拼当地海外仓配送速度。而利用国内相对低成本的人工及仓储成本，在轻小件包裹方面综合物流成本甚至低于海外仓直发。中国制造、中国品牌产品直接出口至杭州综合保税区的

---

① 杭州乐链网络科技有限公司提供。

保税区域，享受入仓即退税的便利，有了订单再打包成小包出区，还可以与进口商品合单发运，也可以先运至综保区内的非保税区域，等有订单再转到同仓的保税区域，完成出口。在非保税区域的库存可随时退回国内，兼顾了国内电商订单。也有海外卖家从第三国采购商品，在中国定制包装，在全球中心仓整合成零售包装直接发往亚马逊 FBA(Fulfillment by Amazon，亚马逊提供的物流配送业务)备货，在 FBA 的退货或者尾货可以回到综保区，经过保税维修整理重返海外市场。

(二) 全球中心仓的成效

全球中心仓大幅度提升了进出口贸易的便利性，区内货物可以在不同账册间结转。截至 2020 年年底，杭州综保区在进口业务上，跨境零售和保税货物可以互转；出口业务上，9610 模式下和 1210 模式下的商品可以同个包裹发货，出口额累计 5.5 亿元。海关在进出口贸易之间的互相调拨已经获系统支持并打通。全球中心仓一方面通过建立一套数字化系统实现高效的库存管理，另一方面线下定期委托经海关备案的会计师事务所进行库存核查，实现风险可控。

依托持续优化的物流基础设施与不断迭代的平台算法，杭州综保区将通过全球中心仓模式的逐步升级，高效地将数字商品贸易的商品流、信息流、资金流融为一体，构建一个全球库存集中管理、调拨和交付的枢纽，通过数字化手段提高企业的仓储利用率、仓库周转率，大幅度地节约运营成本，拓展了企业国际国内业务范围，无缝连接国际、国内两个市场，助力全球商品进得来、出得去和退得回，构筑全球数字商品贸易中心。

(三) 经验和启示

1. 全球中心仓大幅度提升了进出口贸易的便利性

非保税的商品可以按照非报关的方式进入到中心仓，区内企业可改变原来要同时设立区内保税仓库、区外非保税仓库的做法，解决了以往普通商品进入综保区的不便，实现普通商品与其他商品进行集中仓储、调动，大幅降低管理和资金成本。

2. 区内货物可以在不同账册间结转

区内企业可以根据市场需求，混合经营内外贸、跨境电商、保税仓储、非贸货物等不同贸易形态，实现多种贸易方式的分拨、集拼和混成，解决了原有的由于货物进出流向不同而导致的仓库分散的问题，有效提升了物流和商品管理的集约化水平，提高了仓库管理的综合效率。

二、以 Chinagoods 平台建设为核心的义乌市场数字贸易转型[①]

市场贸易模式变革和电子商务的迭代发展对实体市场形成了前所未有的挑战和冲击，特别是疫情背景下，以采购批发为主的各大 B2B 电商平台相继发力，社交电商、直播等电商业态层出不穷，改变着采购商的采购习惯，蚕食着实体市场的份额，也削弱了义乌引以为豪的贸易生态圈优势。而反观义乌市场，在贸易数字化、信息技术变革的大潮中，始终

---

① 义乌中国小商品城大数据有限公司提供。

缺乏一个线上市场承载平台，市场贸易数据碎片化，数据通道不畅，传统优势削弱，市场数字化转型升级迫在眉睫。义乌小商品城综合贸易服务平台"义乌小商品城"(www.chinagoods.com)应运而生(简称 Chinagoods 平台)。

Chinagoods 平台由浙江中国小商品城集团股份有限公司全资打造并建设运营。平台以贸易数据整合为核心驱动，对接供需双方在生产设计、展示交易、市场管理、物流仓储、金融信贷等环节的需求，致力于实现市场资源有效、精准配置，构建真实、开放、融合的数字化贸易 B2B 综合服务平台。

(一) Chinagoods 平台的功能作用

Chinagoods 平台于 2020 年 2 月底启动建设，10 月 21 日实现正式上线，英文站同步上线。2020 年，平台注册采购商近 80 万，SKU 总量超 260 万，日访问用户达 10 万，访问 PV 达 400 万，上线后交易额达近 30 亿元。

相比国内其他成熟电商平台，Chinagoods 至少具备四大核心后发优势。

1. 义乌贸易生态优势

长期以来，义乌贸易生态圈集合了商贸、产业规模、物流集散以及贸易服务政策高地等几大优势，尤其是 2011 年，国务院批准义乌开展国际贸易综合改革试点，让义乌在转变国际贸易发展方式上拥有了先行先试权。2020 年，义乌小商品城正式迈入自贸试验区时代，为义乌传统贸易向数字化转型提供了充分的发展基础。

2. 享誉世界的货源优势

平台依托全球最大的小商品市场，聚合义乌中国小商品城 7.5 万家实体商铺，对接小商品产业上游 200 万家中小微企业，覆盖 26 个大类，210 万个单品，具有天然的货源优势。

3. 线下实体的履约保障优势

平台所有网店均与线下实体商位一一对应，由商城集团统一管理，建立了严格的商户审核和准入机制，确保交易履约更有诚信保障。

4. 国企资源整合优势

平台拥有国企背书，可更有效地整合政府资源，推动平台展示交易、国际国内物流、关检汇税、海外数字贸易枢纽等全链路贸易的闭环打造。

Chinagoods 平台将全面集成线上展示交易、便利化通关、信息化物流、数字化仓储、全球化供应链服务、信用数据采集及应用、供应链金融赋能等功能，构建云上一平台，地上一张网，实现商城集团向国际贸易综合服务商转型，助力义乌建设成为国际小商品自由贸易中心、数字贸易创新中心，以高质量高水平建成世界小商品之都。经过 3～5 年的努力，基本建成线上线下融合、国内外贸易联动的全链路、全场景、数字化的市场贸易生态圈，争取实现千亿级交易规模。

(二) Chinagoods 平台的成效

1. 义乌市场数字贸易生态体系初具雏形

Chinagoods 平台上线以来，核心框架基本建设完成，市场数字贸易生态体系初具雏形，一是数字化展示交易模块：实现了商户商品展示、直播、导航导购、会员管理等功能；二是支付结算模块：与连连支付合作，开通了网银支付、云闪付、快捷支付等多个支付通道，超 4 万商户开通支付功能；三是数字物流模块：环球义达平台实现了短驳、快递、国际物流等一站式数字化物流服务功能；四是数字监管模块：综保区数字监管模式已在孵化区进行试点，e-WTP 公共服务平台已完成跨境电商监管功能的开发。

2. 提升供给侧资源整合能力，助力义乌打造世界货地

Chinagoods 整合资源，充分发挥义乌市场的商品优势，建设一站式供应链平台，支持一件代发，打造由供应商赋能渠道商共同服务于 C 端的 S2B2C 模式，目前中台搭建已完成，并整合 MCN(Multi-Channel Network，多频道网络)机构、社区团购等多个渠道的分销能力，为商户赋能。同时，也将通过义乌好货城市经理人模式向线下分销商品。

3. 外贸履约闭环初步形成

公司搭建数字化控货体系，研发核心产品，打造外贸履约闭环。一是义乌集货仓 + 环球义达专线 + 海外仓数字化控货体系已基本成型。义乌集货仓(环球义达供应链产业园)近期投用，已形成"义乌集货仓 + 53 条专线 + 53 个海外仓"的物流基础设施网络。二是聚焦市场贸易痛点解决方案开发核心产品。基于数字化控货体系，2021 年 3 月 Chinagoods 正式推广货款宝，该产品具有提前垫付货款、数字化控货、信用保险兜底、一站式履约等优势，通过货款宝可快捷收款，保险和全程控货双保障，阳光化正规结汇通道，赊销订单放心接、新客订单安心接，货不出义乌，先垫付 60%货款，吸引市场采购贸易出口业务线上化，抢占出口赛道，义乌市场在数字化贸易征程上又向前迈进了一步。

(三) 经验和启示

Chinagoods 平台的搭建推进了商城集团数字化转型，进一步提升了义乌市场的综合竞争力，有效实现市场资源有效、精准配置，赋能市场发展。

1. Chinagoods 平台为市场主体提供了精准、高效、便捷的全方面贸易服务

一直以来，小商品城作为义乌市场创新发展道路的探索者和实践者，致力于为数万商户提供全方位贸易服务。Chinagoods 平台以数据驱动，对接供需双方在生产设计、展示交易、物流仓储、金融信贷等各环节需求，集成线上展示交易、便利化通关、信息化物流、数字化仓储、全球化供应链服务、信用数据采集及应用、供应链金融赋能等功能，打造市场主体 + 业务平台 + 服务平台 + 基础设施框架体系，提供精准、高效、便捷的市场贸易综合服务。

2. Chinagoods 平台提升了义乌市场的综合竞争力

义乌市场将通过国内外上百万专业采购商覆盖全球 219 个国家和地区，依托国内二级批发市场以及各个海外站点，在 Chinagoods 平台上导入大量的贸易资源，嫁接更多服务，开发更全面的功能，建立更完善的生态体系，用更大的力度和决心推进义乌市场线上线下无缝对接，获取更多的贸易机会，让贸易更简单，让义乌市场更具竞争力和发展活力。

3. Chinagoods 平台上线推进了义乌小商品城全面开启数字贸易新征程

Chinagoods 平台正式上线，是小商品城立足贸易数字化转型风口，顺势而为，开启市场发展的新篇章；是坚持充分把握商户价值和市场需求，让技术、资源更好服务贸易，构建完善全链路、全场景、数字化的市场贸易生态圈的新尝试；是在已然成熟的线下市场运营体系之上，集中发挥小商品市场的整体资源优势，进行透明化、高效化的产业链整合，赋予传统市场贸易新形式、新内涵的重要战略支点[①]。

三、顺联动力创新型社交电商平台助推扶贫模式创新[②]

近年来，以互联网、大数据等为代表的数字经济已经深刻融入到我国经济社会各领域。社交电商拥有体验式购买、用户主动分享、销售场景丰富等独特优势，实现了对传统电商模式的迭代，成为电商创新的主力军。

作为数字经济下的企业，顺联动力积极响应国家数字经济的发展战略，从创建之初就通过发挥平台、资源、渠道优势，推出电商助农计划，推动农户增收致富。同时在助力数字经济产业发展方面，出台了更多有力举措，打造多个信息管理系统，为商家用户提供大数据服务，助推平台产业升级，获得计算机软著权 17 项，知识产权 75 项，被认定为国家高新技术企业。截至 2020 年年底，顺联动力平台汇集 2000 家合作厂商、5000 多个知名品牌、80 万款在线商品、1000 万 SKU，并拥有 1000 万创客(店主)和 9000 万用户，快速跻身国内社交电商第一阵营。

(一) 顺联动力平台的功能和作用

作为国内领先的社交电商服务平台，顺联动力从创建之初起就非常重视标准化建设工作，大力推进服务行业的质量提升，坚持将更好的品质与服务带给平台消费者，在带动社交电商行业构建平台标准化的过程中不遗余力。

1. 在保证消费者权益方面

在保证消费者权益方面，顺联动力通过成立供应链子公司，对平台供应链精挑优选，完成供应链端的优胜劣汰，为消费者提供高品质的产品与服务。2018 年 10 月 12 日的第三届中国农村电子商务大会分论坛，在品质建设基础上，顺联动力现场完成了与中国标准化研究院、一甄优品关于绿色商城的签约仪式，将以标准化建设将顺联动力打造成为绿色可持续发展的综合性购物平台，积极发挥平台在促进绿色循环消费方面的示范作用，绿色商城项目于 2018 年 12 月 25 日宣布正式运行。

2. 在诚信建设方面

在诚信建设方面，顺联动力倡导公平竞争、规范发展，并将其落实到企业文化、合同履约、产品服务及社会责任当中，传递社会正能量，带动更多的人弘扬"诚信兴商、诚信创业"的理念。2018 年 3 月正式成立浙江省电商企业诚信发展专业委员会，顺联动力董事长郭洪安被选为首任会长，该委员会的成立，对推进浙江乃至全国电商行业的健康发展，建设文明诚信的电商生态圈有着非常重要的意义。

---

① Chinagoods 平台上线　义乌小商品城全面开启数字贸易新征程[N]. 浙江日报，2020-10-21.

② 浙江顺联网络科技有限公司提供。

3. 在配合政府工作方面

在配合政府工作方面，顺联动力积极配合主管部门的监管，提供相关部门所需材料。始终坚守规范发展、合规经营，在产品与服务的源头上精准把控，不断提升平台的品质与服务，助力更多的人创业就业，用实际行动去引领社交电商行业走上规范发展之路。

顺联动力平台涵盖的商品筛选、商家准入、创客管理、售后服务等全过程的标准化服务体系，已逐步发展成为社交电商行业规范发展的通用体系，对后来者有着重要的借鉴意义，为丰富电商发展模式，促进创业创新注入新的活力。

2019 年 11 月 29 日，聚焦未来电商发展方向与机遇的 2019 中国电商质量与标准建设峰会在杭州圆满落幕。作为 2018 年度国家级服务业标准化试点项目单位，峰会为顺联动力颁发电商标准化建设——金盾奖。分论坛活动中，阿里巴巴、京东、苏宁易购、云集、贝贝集团、顺联动力还联合发起《电子商务品控与信用管理规范》团体标准制订，并正式签订《电商质量与标准建设战略合作协议》，搭建电商质量与标准建设生态链，实现创新融合。

(二) 顺联动力平台的成效

顺联动力凭借其交互性强、沟通方便快捷、用户对接精准等突出优势，迅速成为助力农产品上行的一股重要力量，在农村电商、带动创业就业中发挥出巨大势能。

1. 开启助农扶贫绿色通道，打造千款农产品爆品

顺联动力通过大数据解决信息共享，开通农产品助农扶贫绿色通道。针对滞销或贫困县农特产品，坚持派专人实地考察，并为其策划专场活动，给予流量支持。近年来，陕西苹果、天目山小香薯、永定蜜柚、广西芒果、赣南脐橙等农产品在平台助推下，从田间地头的土特产，一跃成为互联网爆品，并为传统农业生产注入互联网因子，为农业生产供应链的完善和产业升级提供了动能。

2020 年 1 月疫情期间，平台收到海南省乐东县佛罗镇人民政府的助农扶贫邀请函。督察中心负责人亲赴海南种植基地，实地考察，对蜜瓜采摘包装过程进行监督反馈。3 月 5 日，海南香岚网纹玫瑰蜜瓜正式开售，当天下单量逾 25 000 斤，并持续一周热销，为当地果农增收数十万元。

2020 年 8 月 9 日，平台受邀参加以"茂县有'李'——'线上直播'引领茂县电商＋产业融合发展"为主题的直播采摘节，并在顺联动力直播间开售"茂县李"。当日共售出"茂县李" 78 115 斤，GMV 成交总额超过 50 万元。

2. 政企合力推动全国特产馆上线，培育新农人

顺联动力以互联网＋农业为驱动，通过平台会员推荐和地方政府扶持的方式，积极与各地电商中心、扶贫办、农业合作社等联系合作。自 2017 年起，通过政企合力，在全国 14 个省共开设 23 个线上特产馆，通过线上助农活动、直播带货等方式帮助上行产品 5000 余款。据后台数据统计，农产品累计销售额已达到 3 亿元。

3. 启动"优农计划"，多维度助力脱贫攻坚

从 2017 年到 2019 年，顺联动力相继主办、承办了包括 2017 年中国(丽水)绿色创业创新峰会暨移动电商发展论坛、2018 年第三届中国农村电子商务大会社交电商·赋能农村平行分论坛、2018 年中国社交电商节、第四届中国农村电子商务大会分论坛等多个论坛，汇

聚国内知名专家学者、政府各级相关领导以及知名浙商企业家，一同探讨社交电商助农新模式，分享社交电商助农新样本。2019 年 10 月，在第四届中国农村电子商务大会以"人育品，聚力乡村振兴发展"平行分论坛上，顺联动力的优农计划助农项目正式启动。计划通过培养千名致富能人、开设千家县域特产馆、打造千款农产品爆品、举办千场惠农活动，以人育品，吸引人才返乡创业，带动乡村振兴发展。

4. 顺联动力直播间上线，助农带货促发展

2020 年 4 月 18 日 20 点，顺联动力直播间正式开启，当天在线观看人数破百万。据截至目前，首批 1044 位主播入驻直播间，开展 6800 余场直播，日均用户浏览时长增长 57%，参与直播的商家，46.9% 以上的商家的销售额环比增长超 50%，10% 以上的商家的销售额环比增长超 500%。

顺联动力充分发挥自身直播平台的优势，因地制宜，创新扶贫模式和举措，通过直播带货帮助全国各地的农特产品实现网上销售，解决销路难的问题，精准实现助农增收。2019 年 8 月，浙江省舟山市直供野生梭子蟹正式在顺联动力上线销售。在 2 小时的直播中，开场首分钟售出 500 单，自首轮开售结束，累计销售梭子蟹 5 万多斤。2019 年 12 月，蒙山县扶贫产业产品推介会在广西蒙山县隆重举行，顺联动力开启农产品溯源地采摘直播活动。据统计，直播活动进行不到 1 小时即产生超过 3000 个订单，共售出 20 000 多斤蒙山砂糖橘。

2020 年，顺联动力响应政府号召，结合自身特点，推出了直播＋短视频板块，在实现自身向娱乐社交电商转型的同时，通过打造电商直播体系，为中小企业及平台店主赋能。基于顺联动力短视频＋直播功能，商家与创作达人得到顺联动力平台私域流量的加持，进行商品宣传，引导观众完成购物，从而达到转化目的，获得收益；对消费者来说，大大减少了操作环节，带来了效率上的提升以及更好的购物体验；对于平台而言，则是实现了商业闭环。

五年多来，顺联动力从业界黑马快速成长为全国创业创新典型，逐步走出了一条独具特色的社交电商发展之路。顺联动力用行动和业绩开启平台农产品上行新高度，为农业产业赋能，为电商助农树立新典型和新范本，为国家数字经济和电商行业的大发展注入新动能、新力量。

(三) 经验和启示

(1) 顺联动力平台彰显了社交电商的正能量，积极赋能用户和企业。自 2015 年上线以来，顺联动力以实际行动响应国家号召并扛起社会责任，不断发挥电商优势，整合自身资源，扶持中小企业。尤其在疫情期间，顺联动力用直播＋社交＋电商的方式，打通链路，为消费者与商家、企业之间搭建数字化销售平台，通过流量倾斜、课程指导等方式，扶持中小企业，助力中小企业去库存、扩销路，解决工厂生产经营困难。

(2) 顺联动力以国内市场作为主要驱动力，不断完善和创新供应链，提升产业链水平。后疫情时期，顺联动力瞄准下沉市场，推出多项举措：一是结合平台助农相关举措，在带动农产品上行同时，将自身下沉到农村，积累农村用户；二是根据下沉市场用户消费特点和购买习惯，推出高性价比专区，如天天特惠等；三是通过技术创新手段，推出娱乐化的内容，从而促进消费增长。

（3）电商行业成为数字经济发展的重要推动力量。助力扶贫、促进消费、带动就业，社交电商正成为数字经济发展的新动能。随着"互联网＋创业创新"的推进，5G 等新一代信息基础设施加快建设，新电商产业迎来茁壮成长的新春天，电商企业要持续优化完善平台社交电商生态建设，积极推动行业的良性发展，努力成为促进数字贸易发展的中坚力量，为社会创造更多价值。

四、TradeChina 数字外贸综合营销平台①

TradeChina 数字外贸综合营销平台通过不断的优化升级，已于 2021 年初全面投入使用，现已覆盖国内各省市地区。

（一）TradeChina 数字外贸综合营销平台的功能和作用

TradeChina 通过数字化方式为外贸企业提供外贸大数据、数字建站和搜索优化、数字广告投放、数字分销、开展电子商务及跨境电商应用培训、数字供应链等服务。

（1）大数据营销。利用全球进口商数据搜索和全球观众数据搜索，深度挖掘买家贸易情报，包括潜在买家的贸易往来记录、交易规模和商品种类，潜在买家的基础信息、工商注册信息和企业资讯，潜在买家的社媒信息、联系人的数字信息等大数据挖掘服务，实现一键数据挖掘。

（2）数字建站 SEO(Search Engine Optimization，搜索引擎优化)营销。为外贸企业提供一键建站和多语言服务，通过搜索引擎优化，提高网站在搜索引擎中的自然排名，吸引更多的用户访问网站，提高网站的访问量、销售能力和宣传能力。

（3）数字广告。根据广告主和广告内容，以数字化的方式选择特定的目标用户和区域，采用文字、图片或视频等形式，精准地将广告投放到特定的媒体端，实现广告营销的一键投放。

（4）数字分销。基于大数据服务体系，通过一键开店模式，推出主店＋多分销子店的网络分销模式，快速搭建网络分销平台，立足 2B 分销兼顾 2C 零售。

（5）电子商务及跨境电商应用培训。向外贸企业提供外贸大数据、数字建站和搜索优化、数字广告投放和数字分销等应用培训。

（6）数字供应链。主要包括数字化的支付、物流、仓储、金融等多项服务内容。

（二）TradeChina 数字外贸综合营销平台的成效

截止至 2021 年 2 月 28 日，TradeChina 数字外贸综合营销平台共服务 4255 家会员企业。通过该平台的服务，会员企业已完成 209 单样品单，预计采购金额 2 687 003 美元，获得外贸企业一致好评。

（1）有效助力中国外贸企业数字化转型升级，打开数字经济新领域；

（2）直击外贸企业痛点，有效解决了国内外贸企业通过碎片化平台的方式开拓更多、更优的国际市场；

---

① 米米奥兰特(浙江)网络科技有限公司提供。

(3) 打通数字贸易中线下、线上参展，B2C 平台对接、支付、金融、仓储和物流等各个环节，协助国内外贸企业在疫情下更加高效、快速地与世界市场对接；

(4) 通过整合公司自身优势资源，完成一键建站、一键分销、一键优化、一键参展的目标，引领行业发展。

(三) 经验和启示

(1) TradeChina 数字外贸综合营销平台通过一个独立站 + 多个海外店铺的经营模式，帮助国内外贸企业基于传统的 B2B 业务，延伸跨境电商 B2C 业务；通过开设多个海外店铺，一站式实现发货管理、结算回款，实现品牌全球发货，增加产品的全球化铺货速度。

(2) 公司借助历年展会积累资源和海外团队，建立了线上外贸全链路服务系统——网展贸，将线下展览入口和线上展会的互联网入口合并，通过互联网技术及大数据为传统展览赋能、提效，实现线上线下数据贯通、互动，创造了互联网展览创新模式。

(3) 公司聚焦中国走出去战略，打造自主产权、自主品牌、独立运营且布局全球的会展服务平台，为中国制造量身打造全球市场，特别是"一带一路"市场的会展营销解决方案。公司在土耳其、波兰、墨西哥、巴西、印度、阿联酋等 14 个国家举办数字展览，覆盖纺织服装、机械、家居、建材、汽配、五金、3C、食品等 8 大行业，在"一带一路"沿线国家已经形成广泛的影响力。

五、物产安橙跨境电商平台①

浙江物产安橙科技有限公司(以下简称"物产安橙")作为跨境电商行业的先行者，通过数字赋能，融合跨境电商和物流优势资源，以数字贸易作为支撑、新业态的拓展为发展目标，打造全新链路，提供以技术、标准、质量、品牌、服务为核心的跨境电商标准化服务，推动跨境行业进步。

(一) 物产安橙跨境电商平台的功能和作用

物产安橙作为跨境综合服务平台，聚焦跨境电商服务领域，数字化赋新国际贸易，目标是搭建融合跨境出口贸易、国际结算结汇、物流服务、金融服务、数据监测的政企联动桥梁，打造集孵化、研发、运营、营销、设计于一体的综合服务载体，为企业提供一站式跨境电商综合服务。

通过物产安橙平台，集聚跨境电商各环节服务商，打通跨境电商的订单流、物流、信息流、资金流，实现"四流合一"，多维度支撑跨境电商贸易主体，为企业带来更加优质的跨境服务，并服务政府加强行业系统性监管。

物产安橙聚焦核心产业生态，通过数字技术赋能，以打造智慧供应链为抓手，整合跨境电商物流体系，进一步打通空运、海运等一线关区通路，建设跨境物流服务平台，降本增效，产业集群效应进一步凸显。

通过物产安橙"平台 + 系统 + 配套"的成熟模式，融合"产业集群 + 跨境电商"的特色，物产安橙不断完善跨境数字化服务平台体系，为推进商业数字化变革制定跨境行业新

---

① 浙江物产安橙科技有限公司提供。

服务标准，拥抱新趋势、新时代、新外贸，创造巨大的企业价值和社会经济效益：① 搭建跨境电商生态系统，围绕"在线化、数据化、智能化"的服务理念，运用新兴数字技术，融合交易系统、平台系统、结算结汇系统等搭建政企联动桥梁；② 升级物流体系，打造跨境专线，形成跨境物流集聚效应，实现降本增效；③ 搭建跨境电商综合服务体系，助力传统进出口外贸企业从"线下"走向"线上"，增加传统企业新动能，提升跨境电商氛围和发展空间，主流跨境电商出口产品产业集聚带优化升级；④ 助力跨境贸易阳光化、合法化、规模化以及可持续发展，协助政府对跨境新业态统一监管，有利于跨境数据留存，便于精准落地跨境电商扶持政策。

风控方面，物产安橙与机场海关成功签署关企风控合作备忘录，联合共建风控体系，在发展业务的同时，做好风险防控措施。通过开发完善的风控信息系统，结合事前、事中、事后的审核工作，协助机场海关切实做好风控前置的工作，及时制定和完善风险防控措施，为企业和海关把好关，有效降低风险发生率。

(二) 物产安橙跨境电商平台的成效

2020 年的政府工作报告中指出，稳定加工贸易，发展跨境电商等新业态新模式，支持企业开拓多元化市场。跨境电商连年成为两会热词，行业发展呈现良好趋势，越来越多的企业涉足跨境电商行业。

物产安橙专注跨境电商领域，拥有独具特色的业务体系与信息化系统建设，为外贸企业提供一站式跨境出口综合服务，提供跨境 B2B、B2C 的在线交易、国际结算结汇、跨境物流仓储、供应链金融等一站式跨境电商数字化服务，让企业集中精力做好生产经营。物产安橙聚焦核心产业生态，通过数字技术赋能，打造跨境物流供应链集成"四流合一"综合服务枢纽中心，协同各主体数据，业务流转，互为流量入口，合理配置资源利用，精准化物流体系。目前，物产安橙已服务于中小微电商卖家超万家，在跨境电商行业拥有一定地位。

2020 年，物产安橙在疫情期间实现逆势增长，全年共完成出口额 2.8 亿美元，较 2019年增长约 130%。同时，物产安橙的成熟模式——平台＋系统＋配套的推广已初见成效，在浙江省嘉兴、嘉善、湖州、衢州等地逐步落地，该模式获得浙江省政府的高度认可。物产安橙跨境出口系统拥有独立知识产权。

(三) 经验和启示

(1) 物产安橙跨境电商平台通过数字赋能，综合服务体系不断完善。物产安橙跨境综合服务平台融合各跨境板块专业人才，形成信息化服务体系、智能物流体系、金融服务体系、风险防控体系、跨境新营销体系、跨境橙课堂体系六大服务体系。

(2) 物产安橙跨境电商平台通过与优质的电商平台建立合作关系，与供应链资源实现对接，逐步储备更多、更优质的供应商资源。随着物产安橙品牌影响力的提升，通过平台的集聚效应，物产安橙集中了越来越多的优质供应商资源、电商平台资源以及物流资源。通过数据赋能，物产安橙不断对综合平台进行升级改造，为企业提供各种增值服务，包括供应链金融、大数据分析等，并通过多渠道实时获取数据，实现供应链端到端可视，并最大化利用数据，为传统供应链实现转型，加快实现信息化战略目标。

(3) 物产安橙聚焦产业集群＋跨境电商特色，提升跨境电商氛围和发展空间。物产安橙依托跨境电商综合试验区优势资源，通过数据赋能，融合新兴数字技术的应用，不断进行综合平台的升级改造，整合打通全链路跨境物流通道，为企业提供各种增值服务，助力传统进出口外贸企业从线下走向线上，增加传统企业新动能，带动主流跨境电商出口产品产业集聚优化升级，有力地推动跨境电商生态圈培育和产业多元化发展。

(4) 公司深入加强业务合作，完善系统建设，不断总结与探索打造一站式跨境电商数字化服务平台的经验及方法，促进跨境贸易阳光化、合法化、规模化以及可持续发展，切实履行跨境电商服务行业的社会责任、政治责任和经济责任，为建设数字化跨境综合服务新模式，促进经济贸易高质量发展做出新的贡献。

六、跨境电商 B2B(9710、9810)出口供应链综合服务项目[①]

浙江保宏境通供应链管理有限公司专注于提供跨境电商综合服务。公司以中国(杭州)跨境电商综合试验区发展为契机，致力于帮助浙江省特别是杭州地区传统生产制造业、外贸企业的跨境电商业务提供一站式综合服务，赋能中国制造，在开展跨境新业态新业务方面优化并整合跨境物流供应链。作为浙江省重点培育的跨境电商平台企业，保宏境通可提供包括在线跨境交易，在线 B2B 国际结算、结汇，跨境 B2B、B2C 及 B2B2C 通关、物流、供应链金融，库存管理操作等一站式综合服务。

(一) 平台的功能和作用

公司于 2017 年成立，在杭州海关、综试办单一窗口备案并顺利走单。短短三年多时间，深耕杭州辐射周边，不仅能提供 B2B、B2C、B2B2C 跨境全渠道综合服务，并以母公司海盟控股集团(国际物流供应链赋能平台)为依托，为广大制造业从传统外贸转型跨境电商，提供全方位、全链路的咨询和服务。

1. 产品和服务

自建的服务链路包括：跨境 B2B(9710、9810)、B2C 报关，跨境 B2B(9710、9810)物流(海运、公路运输、航空运输、铁路运输)，海外仓储、分拨、派送，海外清关服务，海外仓一件代发服务，退运服务，供应链金融服务，退税代理服务，跨境电商阳光化数据服务等，为制造业转型跨境电商解决后顾之忧，助力提升被服务企业的竞争力，推动传统企业转型发展。

2. 技术与创新

(1) 线上平台建设内容包括：① 开发软件，拥有软件著作权，设立 9710、9710、9810 订单系列、物流单系列、清单系列、总分单系列操作模块。② 构建跨境电商 B2B(9710、9810)出口运价发布系统(移动端＋PC 端)。③ 与集团现有的国际物流业务操作系统进行打通，构建接口。④ 跨境电商 B2B(9710、9810)物流业务操作系统。

(2) 线下建设内容包括：① 信息化团队扩充，现有信息化技术开发团队 10 人。② 一体化通关功能打造，配备自有报关团队，为本土企业提供一体化通关服务。③ 平台资源整

---

① 浙江保宏境通供应链管理有限公司提供。

合，整合境外知识产权服务机构、品牌运营机构，签订战略合作协议；打造全链路的跨境B2B(9710、9810)物流(海派＋空派＋海外仓)等整合系统。

3. 营销战略与实施计划

通过杭州综试区9710、9810业务工作推进会，推广企业的跨境电商B2B(9710、9810)出口供应链综合服务；通过与各区、县、市商务局联动，帮扶当地企业尽快实现跨境电商B2B(9710、9810)合规化申报；通过网络直播会、视频号等新媒介，传播推广跨境电商B2B(9710、9810)出口供应链综合服务。

(二) 平台成效

2020年4月，商务部在总结杭州作为全国首个跨境电商综试区经验时指出，综试区主要的发展方向还是以B2B为主，5年来，出口和B2B的模式占到综试区跨境电商交易额的70%。

首先，作为一家深耕浙江的跨境电商B2B出口供应链综合服务企业，企业以跨境电商出口B2B为主、B2C为辅，尤其是以杭州萧山、余杭、建德等庞大的制造业为基础，帮助制造业从传统外贸向跨境电商B2B转型，提供包括：电商企业资质备案、境外商标注册、品牌运营、跨境人才培训、跨境通关申报、跨境物流方案设计、跨境电商数据阳光化、海外仓储分拨、海外仓一件代发、结汇退税等全流程一站式的供应链服务，参与到本产业供应链的全链路中。

2020年7月1日，海关总署明确了跨境电商B2B新监管模式——9710、9810，本项目计划通过打造跨境电商B2B(9710、9810)出口供应链服务体系，帮助传统制造业、外贸企业转型跨境电商B2B(9710、9810)，实现出口贸易的去中间化，将传统工厂—出口商—海外批发商—海外零售商—海外消费者的外贸环节，缩减到工厂(外贸企业)—零售商—消费者三个环节，甚至缩减到工厂(外贸企业)—消费者两个环节，降低渠道成本，提升制造业出口利润空间。

其次，在传统外贸面对疫情影响持续低迷的情况下，发展跨境电商出口业务成为重中之重，这将是有效应对疫情影响、逆全球化思潮和贸易保护主义的最有利举措。

最后，通过打造跨境电商B2B(9710、9810)出口供应链服务平台，利用平台对工厂(外贸企业)碎片化订单的物流信息进行整合，形成集约运输优势、降低物流成本的目的。

平台的主要价值体现在以下几方面：

其一，业务规模。保宏境通积极开拓业务，提高自身服务水平，2018年纳入官方统计的被服务企业跨境出口GMV(Gross Merchandise Volume)成交总额1.2亿美元；2019年纳入官方统计被服务企业跨境出口GMVB2B 8943.88万美元；2020年纳入官方统计的被服务企业跨境出口GMV1.05亿美元。

其二，市场地位。平台于2017年3月正式上线，在跨境电商物流供应链领域开历史先河，创造了数个区域第一，为推动跨境电商B2B出口作出积极贡献：在杭州萧山陆路口岸跑通DS/0110杭州综试区跨境电商B2B业务第一单；在杭州机场跑通9610跨境B2C第一单；在杭州邮政二枢纽跑通邮路9610跨境B2C萧山第一单；在钱江海关萧山办事处跑通萧山跨境卖家出口9710第一单；成为本土化的跨境电商B2B综合服务领跑型企业。在

2020 年抗疫防疫中，公司积极发挥自身优势，成立境外捐赠物资特别服务组，免费为社会各界提供全程进口解决方案。

(三) 经验和启示

(1) 跨境电商 B2B 交易模式降低了企业成本，提高了商务效率。跨境 B2B 出口，突出了新业态信息化程度高、平台交易数据留痕等特点。与传统贸易模式相比，B2B 电子商务交易的优势是买卖双方信息交流快捷、降低了企业间的交易成本、减少了企业的库存、缩短了企业生产周期。它的利润来源于相对低廉的信息成本带来的各种费用的下降，以及供应链和价值链整合的好处。

(2) 跨境电商 B2B 出口政策顺应跨境电商企业批量出口需求，可以让众多跨境电商企业更便捷、规范地出口海外。与跨境电商 B2C 出口不同，跨境电商 B2B 出口是指境内企业通过跨境物流将货物运送至境外企业或海外仓，并通过跨境电商平台完成交易的跨境电子商务出口模式。海外仓具有物流成本低、送达时效高、售后服务好等优势，有助于企业提升竞争力，吸引更多海外客户。跨境电商 B2B 出口全称为跨境电商企业对企业出口，包括两种模式：一是跨境电商 B2B 直接出口货物至境外企业，采用海关监管代码 9710 申报；二是跨境电商出口海外仓的货物至境外企业，采用海关监管代码 9810 申报。作为一种新模式，跨境电商出口拓宽了外贸企业出口通道，报关方式更简单便捷，可降低企业通关成本，提高货物通关时效。

(3) 提升通关便利化水平，提高通关效率。海关进一步提高贸易便利化水平，采用企业一次登记、一点对接、简化申报、便利通关、优先查验等有针对性的监管创新措施。通过简化申报、允许转关、优先查验等一系列的便利化通关措施，通关效率得到较大的提高，这有助于企业增强业务韧性、提升抗风险能力，更好地发挥跨境电商新业态对于稳外贸、稳就业、保市场主体等方面的积极作用。

复习思考题

1. 数字贸易发展对外贸企业竞争力提升有何影响？
2. 数字贸易与传统国际贸易的区别在哪里？有何特点？
3. 我国数字贸易企业发展的优势及其存在的问题有哪些？有何对策建议？

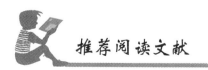

推荐阅读文献

[1] 盛斌，高疆. 数字贸易：一个分析框架[J]. 国际贸易问题，2021(8)：1-18.
[2] 胡登峰，黄紫微，冯楠，等. 关键核心技术突破与国产替代路径及机制：科大讯飞智能语音技术纵向案例研究[J]. 管理世界，2022，38(05)：188-209.

[3]　宋华，韩思齐，刘文诣. 数字技术如何构建供应链金融网络信任关系？[J]. 管理世界，2022，38(03)：182-200.

[4]　吴瑶，夏正豪，胡杨颂，等. 基于数字化技术共建"和而不同"动态能力：2011—2020年索菲亚与经销商的纵向案例研究[J]. 管理世界，2022，38(01)：144-163 + 206 + 164.

[5]　邢小强，汤新慧，王珏，等. 数字平台履责与共享价值创造：基于字节跳动扶贫的案例研究[J]. 管理世界，2021，37(12)：152-176.

[6]　戚聿东，杜博，温馨. 国有企业数字化战略变革：使命嵌入与模式选择：基于 3 家中央企业数字化典型实践的案例研究[J]. 管理世界，2021，37(11)：137-158 + 10.

[7]　肖静华，吴小龙，谢康，等. 信息技术驱动中国制造转型升级：美的智能制造跨越式战略变革纵向案例研究[J]. 管理世界，2021，37(03)：161-179 + 225 + 11.